中国文化艺术
与景观设计研究

庞筑丹 著

吉林出版集团股份有限公司

图书在版编目（CIP）数据

中国文化艺术与景观设计研究 / 庞筑丹著. –– 长春:
吉林出版集团股份有限公司, 2020.11
ISBN 978-7-5581-9395-8

Ⅰ.①中… Ⅱ.①庞… Ⅲ.①中华文化—关系—景观
规划—景观设计—研究 Ⅳ.①K203②TU983

中国版本图书馆CIP数据核字(2020)第243349号

中国文化艺术与景观设计研究

作　　者 / 庞筑丹
责任编辑 / 蔡宏浩
封面设计 / 万典文化

开　　本 / 787mm×1092mm　1/6
字　　数 / 280千字
印　　张 / 13
印　　数 / 1—500
版　　次 / 2020 年 11 月第 1 版
印　　次 / 2022 年 9 月第 2 次印刷

出　　版 / 吉林出版集团股份有限公司
发　　行 / 吉林音像出版社有限责任公司
地　　址 / 长春市福祉大路 5788 号
印　　刷 / 北京世纪海辉制版技术有限公司

ISBN 978-7-5581-9395-8　　　　　　　定价 / 79.00 元

前言

QIAN YAN

当一种文化，与另一种文化碰撞时，自然就会产生融合，从另一种意义上讲，文化的碰撞与融合必然产生一种新的文化形式。中国有着近五千年的文明，文化是自然而然传承下来的，这种文化的积淀就形成了传统。生活在这块土地上的人们都会自觉或不自觉地沿袭。传统越久的国家或民族，其文化底蕴、文明程度就会越高。只要设计师以开放、接纳的态度去吸收西方理念、现代科技，并将传统文化的精髓巧妙运用，而不是简单地照搬，结合现代手段对其进行发掘、再造和创新，创造出具有时代感和中国特色的设计新元素，赋予作品持久的生命力。那么，中国的现代设计定会走向世界前列。

面对祖先创造出的文化奇迹，面对祖先留下的博大的文化精神和文化元素，我们每一个中国设计工作者有责任和义务，在国际的舞台上开拓中国本土化设计。衷心希望中国的设计在今后的探索前进中早日形成自己成熟的理论体系。当然"工欲善其事，必先利其器。"做到这一点还需要我们对传统文化、对民族文化进行更深入的认识和探索，并使之成为设计师如影随形的习惯，只有这样，设计师才能在设计中将其运用得得心应手、游刃有余。

城市化进程的不断加快，带来了不少环境污染与生态破坏，使我们常常担忧自己的生存环境，而景观规划设计，能够从较大程度上起到改善生态环境、净化空气质量、获得视觉享受的作用。不仅如此，它对一个城市的形象、文化乃至肌理展示都有重要意义，肩负着将城市的自然与人文延续下去的重任。如何定位景观规划设计的意义、作用及未来的发展方向，成为我们当今需要着重研究的课题。

本书的撰写，虽然经过反复斟酌和推敲，但鉴于水平和时间的有限，还有很多有待深入讨论、研究的问题和不足之处，真诚期待广大专家、读者的宝贵意见，以便在今后工作中予以改正。

目录
MU LU

第一章

艺术设计概述

第一节　现代艺术设计的发展历程

一、现代设计艺术先导

（一）工艺美术运动（thwarts & craftsmovement）

工艺美术运动创造了一种质朴、清新的风格，装饰图案以自然的花草为母题，构图对称、稳定，但弯曲的线条和雅致的轮廓线表现出植物的生机,各种设计都力求格调高雅。

工艺美术运动并不是真正意义上的现代设计运动，因为威廉·莫里斯所推崇的是复兴手工艺，反对大工业生产，虽然威廉·莫里斯也看到了机器生产的发展趋势，在他后期的演说中承认我们应该尝试成为"机器的主人"，把它用作"改善我们生活条件的一项工具"。他一生致力的工艺美术运动却是反对工业文明的，但他提出的真正的艺术必须是"为人民所创造，又为人民服务的,对于创造者和使用者来说都是一种乐趣"及"美术与技术相结合"的设计理念正是现代设计思想的精神内涵，后来的包豪斯和现代设计运动就是秉承这一思想而发展的。

（二）新艺术运动（artnouveau）

新艺术运动形成的风格完全放弃了传统的参照。与工艺美术运动相比，新艺术运动的线条更为自由、流畅、夸张，抽象的造型常常从实体中游离出来而陶醉于曲线符号中。其主题多是绵长的流水、变形的花草、苗条漂亮的年轻女郎，更多地带有令人憧憬和幻想的色彩，且新艺术运动带有极为明显的唯美色彩，因此，在工业化进程中新艺术运动也仅仅是昙花一现。

新艺术运动是一次范围广泛的装饰艺术运动，在各国又呈现出不同的特点。但采用富有生命力的线条及抽象的动、植物纹样是其共同特点。而这一运动所产生的设计也为我们今天的设计提供了有价值的参考。

（三）装饰艺术运动（artdeco）

这一艺术运动是工艺美术运动和新艺术运动的延伸，也是设计师在接受了机械化和新材料后的装饰活动，它在风格上还受到了当时西方流行的现代艺术流派如"野兽派""立体派"和"未来派"的影响，这些影响既体现在此时期的招贴画上，也反映在一些器皿的设计上。

装饰艺术运动喜欢直线和对称的抽象构成形式、极富光泽的材料、具有强烈色彩效果的颜色，还喜欢采用机械、钢筋混凝土、合成树脂、强化玻璃等新材料。这种既有现代设计特征，又具有装饰趣味的艺术运动，反映出艺术家在工业化生产发展进程中对装饰艺术留念的矛盾折中心理，装饰艺术运动的设计创造了 20 世纪初新生活的景观，成为极富时代特色的艺术运动。

二、现代设计运动

在欧洲一些国家开展的现代设计运动与工艺美术及新艺术运动不同，设计师们明确希望为普通的平民提供设计服务，具有理想主义色彩。这些设计思想和实践活动为现代设计提供了精神和物质基础。

（一）荷兰风格派（destijl）

1918 年，几个具有前卫思想的设计家和艺术家聚在一起，以《风格》（destijl）为宣传阵地，开始探索艺术、建筑、家具设计、平面设计等的新方法和新形式，形成了对现代设计影响很大的荷兰"风格派"。他们的探索成果至今仍影响着设计师的造型和风格。

荷兰"风格派"的精神领袖是陶斯柏（theovandoesberg），重要成员有著名画家蒙德里安（P.MOndrian）等，蒙德里安几何纯色块组成的抽象画面对"风格派"风格的形成产生了极大的影响。

（二）俄国的构成主义运动（Constructivism）

俄国的现代设计探索被称为"构成主义运动"，构成主义以表现设计的结构为目的，设计师和艺术家把设计当作工程师建设桥梁或水渠一样操作，他们富有机械美感的设计也影响了包豪斯的设计风格。构成主义的代表人物有马列维奇（kasimirmalevich）和塔特林（tatlin）等。

（三）流线型设计（streamlining）

这种主要用于交通工具的风格，改变了产品设计的外观，颇具现代感，带有浪漫的美学特征，也成为新世纪速度的象征。流线型风格尤其受到美国设计师的青睐，在 20

世纪 30 年代的美国产品设计中，大到飞机火车，小到铅笔刀，均体现了这一风格的滥觞。

三、战后工业设计的恢复和发展

第二次世界大战残酷地摧毁了人们在漫长的时间里创造的精神和物质财富，二战结束时，许多国家几乎是在一片废墟上重建自己的家园，西方各国都把建设的重点转移到发展经济上来。战后严重的物资匮乏和消费群体的增大以及迅速恢复起来的经济为现代设计的发展提供了客观条件，现代设计成为满足人们生活需求的重要手段，在包括亚洲在内的整个世界发展起来。

欧洲开展的现代设计运动，其成果在美国迅速发展。美国现代设计的发展首先得益于其未受战争的破坏。二战期间，美国虽然参与了战争，但战场并未在美国本土，所以美国的生产没有因为战争而中断。另外，美国是一个移民国家，没有传统需要打破，对机械化的生产方式没有抗拒的心理。他们建立的民主制度也成为现代设计发展的良好基础。同时，美国还是一个商业味极浓的国家，销售至上的原则也为现代设计提供了发展的契机。另外，包豪斯学校受纳粹迫害被迫解散时，很多教师包括格罗佩斯和学生都到了美国，他们把现代主义设计思想带到美国，在美国办起了类似包豪斯的设计学校，从而迅速带动了美国的现代设计运动，美国很快成为战后现代主义设计发展最快的国家。

经济的发展导致中产阶级的增多，50 年代美国进入富裕社会，为了满足人们求新求异的消费心理，通用汽车公司制定了计划性废止制的设计原则。通过在短时间更换汽车的外观来淘汰旧的车型，以此吸引消费者，占领市场，使设计偏离了其实用的目的而误入了追求外型的歧途。其他国家随着物质生活的提高，人们也不再满足纯功能性的产品，开始追求更丰富多样和更高层次的生活方式。战后成长起来的新一代把功能突出、形式简单的设计品看成是乏味的东西，由此引发了 20 世纪 60 年代的波普设计潮流，设计开始呈现多姿多彩的局面。人机工学的发展带来了设计的改革，产品设计开始更具科学性。

四、波普设计

二战结束后，在功能主义思想的影响下，世界各国在设计风格上趋于一致，"玻璃盒子"般的高层建筑遍及世界每个角落。现代主义设计的理性特点发展到 20 世纪 60 年代已引起了人们的普遍不满，尤其是战后成长起来的年轻一代，他们把造型简单、色彩单调、功能突出的机械产品理解为古板、乏味的东西，人们开始希望出现丰富多彩的设计品。

波普（POP）设计首先在英国产生，来源于美国的大众文化和沃霍尔为代表的美国的波普艺术运动。在英国的年轻人眼中，摇滚乐、好莱坞影星、汽车和大众文化消费品是美国富裕生活的象征，大西洋声色相映的景观激发了他们对新的生活方式的向往，现代主义冷漠、理性、色彩单调的设计品已远远不能表达他们的生活观念。英国的波普设

3

计正是顺应年轻的消费群体而发展起来的。波普设计很快就波及其他国家的设计领域，成为设计潮流。波普设计带有浓厚的反现代主义色彩，主要是增加产品的多样性和趣味性。

五、后现代设计（Post-Modern）

后现代设计是 60 年代进入以计算机为标志的后工业时代后，人们对设计的更高要求设计为适合新时代要求做出的相应调整，也是整个世界文化的发展在设计领域的反映。

20 世纪 80 年代达到高潮，形成了所谓的后现代设计运动。有关后现代设计的定义和评论虽然至今都没有定论，但这一思潮无疑影响了 20 世纪末的设计观念，丰富了设计的外形和内涵。

后现代设计并没有明确提出旗帜鲜明的宣言、理论或设计原则，但设计师们的实践打破了现代主义设计理论在设计领域所造成的沉闷气氛，这显然是对现代主义设计准则的反叛和超越。后现代设计的特点表现为对古典视觉语言的复兴，模糊产品的功能性，强调产品的装饰意味，运用了大胆艳丽的色彩，有意识地恢复了手工艺时代产品的单一或手工制作特点，把精英文化和大众文化融合起来。

后现代设计表明人们已经对现代主义的发展前景产生了怀疑，世纪末普遍的怀旧情绪和在新的文化背景下产生的复杂情感替代了纯粹的功能性的审美需求。另一方面，高科技的发展使我们生活在一个信息的软件时代，大众传媒在操纵着我们的生活，后现代主义者企图摆脱在日益技术化和商品化社会发展中人类的异化命运，他们渴望在被符号淹没的世界中追求对人性的更大自由和彻底解放，追求更大程度的自我表现和自我满足，因此，他们把对于一种新型生活方式的追求表达在后现代的设计中。

后现代设计因其反功能的特点并没有成为设计的主流，但其恣意大胆的设计实践对设计领域造成了极大的冲击力，在现代设计语言的贫乏和单调已成为设计师们的共识后，后现代设计的出现无疑丰富了设计的语汇，使城市和人们的生活变得更加丰富多彩。

六、斯堪底纳维亚的设计

以芬兰、丹麦和瑞典为代表的斯堪底纳维亚地区，在发展现代设计的过程中，强调功能也注重设计的人情味，把功能和美观完美地结合起来，其设计成为优雅设计的代名词。

地处北部欧洲的斯堪底纳维亚国家，包括芬兰、丹麦、瑞典、挪威和冰岛五国，这里冬天寒冷而漫长，气候反差大，人口密度小，森林覆盖面很广，宁静幽清，制陶、纺织和玻璃制作工艺有悠久的传统和历史。在现代设计的发展过程中，芬兰、丹麦和瑞典快速、稳步地发展了具有地方特色的设计风格。

在传统和民间的样式及自然的造型和色彩中获得设计的灵感，北欧的设计师喜欢采用自然的材质,注重材料生命的纹理和温暖的肌理感,他们的设计单纯、稳定、舒适、实用。在产品设计中把重功能、重理性和细致的做工、简洁的形式美感结合起来,在功能主义的基础上又展示出典雅的审美效果。北欧设计的发展也深受世界设计潮流的影响,但他们往往能在潮流中迂回变化,甚至使后现代风格的设计也变得简练、实用,可以大批量、标准化生产。北欧的设计重传统,但他们并不拘泥于传统的符号和形式,而是把传统作为一种内在的精神从极富现代感的设计中展示出来。

七、中国现代设计发展

(一)20 世纪初至 1949 年以前

中国近代史可以说是西学东渐的过程。鸦片战争之后,一切发生变化,西方文明以前所未有的浩大声势进入中国。国家受到强烈震荡,旧制度濒临崩溃,新事物被迫接受。中国人"在黑暗中摸索,探求一条适应时代巨变的生存之路。"

中国的现代设计,即在这样的历史背景下应运而生。面对无序的社会以及中国人对西方文明由好奇到认同、从蔑视至崇拜的巨大转变,中国的设计师首先感到焦虑和困惑。丰子恺在其《工艺实用品与美感》一文中,准确地描述了当时社会的混乱状态:"回顾向来用惯的我国物品,有一部分是西洋的产物,一部分是东洋的产物,又有一部分是外国人迎合中国人心理而为中国人特制的,又有一部分是中国人模仿外国的皮毛而自制的,还有一部分是中国旧有而沿用至今的东西,混合而成。混合并非一定不好。混合中也许可以寻出多种趣味。

焦虑和困惑后,中国近现代设计的转型者和改革家开始了自己的行动。他们首先需要完成的任务是"建设"。1917 年,蔡元培发表《以美育代宗教说》,阐明了以美育提升社会大众精神的宏愿。李叔同、丰子恺、陈之佛、庞薰、雷圭元等一批留学海外的艺术家在归国后,一方面,他们参照日本或欧美的办学模式,创立美术专业学校,将新的艺术形式和教学方法引入国内,培养适应新环境的专业人才;另一方面,他们也成为艺术设计的从业者、实践者,他们借鉴西方艺术流派,创造出令人耳目一新的装帧风格,为中国图案的实践与教学注入新鲜血液。

而对于传统文化,对于"古与今""中与西"的争论,设计师又在其著作和实践中,树立着自己的价值观。在感叹中国建筑没有专家的指导后,梁思成身体力行,通过多年潜心研究《营造法式》《工部工程做法》等古代典籍,克服时事、兵燹等诸多困难,以常人难以想象的意志撰写《中国古代建筑史》,确立中国建筑史的研究体系,总结中国建筑的特征及传统,并将建筑与艺术、文学、历史综合起来,推至民族文化传统的高度。这是中国的第一部艺术门类史,实际上,之后的专著都在延续它的套路。同时,作为建筑教育家的梁思成,与林徽因及同事,学习美国大学建筑系的学科设置和教学方法,开拓中国的现代建筑学，并在教育实践中不断完善建筑教育理念、确立建筑师的标准与职责，为中国培养了一大批优秀的建筑人才。

在建筑中，另一位里程碑式的人物是吕彦直。中山陵是国家级建筑，它以公开招标的形式选择设计方案。年轻的吕彦直得以中标，除了他的才干与能力胜人一筹外，也反映出当时竞赛的公平与公开。他将旧建筑中所包含的特质提炼出来，应用于现代生活和现代建筑，尝试对中国现代建筑民族形式的探索，完成了中国人对国家建筑的想象，也为传统文化寻找到一条现代生存之路，而这种延续与坚持，是中国现代设计另一条贯穿至今的重要线索。

（二）1949 年至 20 世纪 80 年代

杨士惠、沈福文和顾景舟等人都是在 1949 年以后达到其事业高峰的重要工艺美术大师。正是那一时期国家经济建设和出口创汇对工艺美术的需要，给予了他们广阔的表现舞台，精品佳作层出不穷。他们的成就得益于特殊的环境，同时也反映出当时政府及民众对工艺美术的定位和对设计理解的偏差。那时，手工业，特别是牙雕、贝雕、织绣、景泰蓝、玉器、雕漆、艺术陶瓷等特种工艺，成为中国工艺美术的主要形态。以工业化为基础的设计遭到漠视，设计师的作品不批量生产、不进入市场、不参与商业，只作为高档礼品馈赠国际友人。在这样的价值判断下，设计师几乎没有选择余地。但是在学校，设计教育家将自己的理想与理念融入课堂。

学院坚持着这一办学方向。与之观点相和的，还有丘陵、潘昌侯等人。中国的现代设计在"韬晦"中蓄势，等待回归设计的本质。20 世纪 80 年代至今改革开放赋予中国现代设计新生。国家经济技术的发展，让设计有了更坚实的制造基础；文化的开放，让设计蕴含的价值观更丰富；思想的相对自由与信息的广阔，也让设计所受的影响愈发多元化。

（三）20 世纪 80 年代至今

在 80 年代后期，新的与设计对应的工业设计作为一个学科、作为一个专业，逐步确定下来，并设置在美术学院与理工类院校中。1986 年国家机械工业部教育司在工科院校内成立了工业设计专业教学指导委员会，主要对所属工科院校开展工业设计进行指导与协调。工业设计也被正式列入国家教育部指定的专业教学目录中，成为机械学科下的一个正式专业。同年，中国机械工程学会工业设计分会成立。1987 年，中国工业设计协会正式成立。这一系列的事件都表明工业设计在取得一定的社会认同之后，获得了行政机构的认可，成了与设计对应的学科、专业。

在艺术学的范围内，由于已有了工艺美术学科，新的设计（工业设计）显然无法并存，并且，新的设计（工业设计）也一直在竭力与艺术划清界限。"工业设计"作为一，个工科学科正式得以确认，并配备相应的行政管理体系，这无疑为新的设计（工业设计）提供了一个合法、合理的舞台。工业设计的倡导者有许多身处艺术学科工艺美术专业的管理框架下，但这种身份并不妨碍他们参与工科类的工业设计研究，并以"工业设计"的名义对"工艺美术"进行批判。

工业设计在其自身的发展中持续着对工艺美术的批判，工业设计批判工艺美术依附于美术教育，以此突出自身作为多学科交叉的新兴学科形象；工业设计批判工艺美术的传统"美术"观念，以此突出自身"创造合理使用方式"的"设计"观念；工业设计批判工艺美术作为农业时代的手工业生产方式，以此突出自身作为工业时代、信息时代的生存方式。

工艺美术与工业设计都是以产品作为设计的核心对象，并都希望自己能在中国工业化的过程中大显身手。但由于中国的制造业太落后，在改革开放后甚至直至今天，都依然是以来料加工、仿制仿冒的初级生产为主，缺乏自主品牌。这种现实使得产品在设计理论中处于中心的地位，但却始终没有在设计实践中占主导地位。经济的蓬勃发展带动了建筑业、广告业的兴盛，室内外装饰设计、广告设计跟着红火起来。随着新理念、新技术的不断引进，企业形象设计、三维动画设计也流行开来。（由于这些设计在实际操作中没有太高的技术门槛，并且一般大众对设计的评价仍然只是停留在"美观"的标准上，因此在设计实践中从业人员主要是以"纯美术"出身为主。）这些设计实践自然充实着设计的领域。以设计（desing）的名义，工艺美术与工业设计将这些设计类别划归到自己名下。对工艺美术而言，在艺术学的框架下，它本身就是相对于音乐、美术这些"纯艺术"的所谓"实用艺术"的集合体，以产品为中心的工艺美术当然无可厚非地将其他设计门类包含下来。对工业设计而言，既然工业设计可以理解为"工业时代的设计"，那当然就包括一切设计。

由此，工艺美术与工业设计这两种设计思想产生、对立、并延续了下去。它们是中国设计艺术领域最具代表性的思想。作为两种设计思想的工艺美术与工业设计的关系，并不等同于它们作为学科的关系。作为两个学科，它们是不对等的，工艺美术是艺术学科门类的几级学科，包括陶瓷设计、染织设计、装潢设计、书籍装帧、服装设计、装饰绘画、装饰雕塑、金属工艺、漆工艺、环境艺术、工业造型艺术等专业；而工业设计是机械学科类中二级学科机械工程之下的一个专业，其专业内容近似于工艺美术之下的工业造型艺术专业。但它们作为设计艺术领域内的两种思想是存在并且对等的。工艺美术是在20世纪初作为设计的对应学科被引入中国的，而工业设计则是在20世纪80年代初作为设计的对应学科被引入中国的，它们都是设计的对应学科，都将对设计本质的阐释作为自身理论的中心，并且，它们之间的主要争论也是围绕着设计本质而展开，在这一意义上，它们的目标是一致的：传播"现代"设计观念，建立"现代"设计学科。

从学科设置的角度来看，20世纪80年代初与设计对应的学科是艺术门类中的工艺美术学科，工艺美术思想与工业设计思想都是在工艺美术学科中产生的，只是在实际的行政管理体制中，工艺美术思想是占主导地位的。20世纪80年代中期出现的与设计对应的工科类的工业设计专业则是笔者所述的工业设计思潮与当时的轻工业相关专业所共同推动的，其中，工业设计思想对工科类工业设计专业的发展产生主要的影响。工科类工业设计专业的建立，及与之相关的教育部工业设计专业教学指导委员会、中国机械工程学会工业设计分会、中国工业设计协会等一系列行政管理机构的建立，在很大程度上强化了工业设计思潮的存在。从那时直到现在，在专业性很强的教育部工业设计专业教学指导委员会与中国机械工程学会工业设计分会中，有不少主要职务的担任者来自艺术类工艺美术学科（或之后的设计艺术学科）。工科类工业设计专业很容易被等同于工艺美术学科下的工业造型艺术专业，在专业范围的界定上两者是很相似的，但在实际操作中，不少理工科学校开办的工科工业设计专业是将自己与工艺美术学科等同的，它们在工业设计专业下分出工业设计、环艺设计、平面设计等方向，并逐步发展成独立的设计学院或设计艺术学院。这亦显示了"工业设计"这一名词概念具有与"工艺美术"相对等的意义。

改革发展后，现代设计逐渐成熟发展，不仅吸取西方艺术设计精华，同时将本国传统文化元素运用到现代设计中，达到古今设计的融合，这也是我国设计发展的又一个方向。

八、最新设计和设计的发展趋势

面对一个新世纪的到来，设计的发展趋势成为设计师所关注的问题。设计发展趋势不仅是一个有关未来的话题，它也是一个有关过去的话题，它建立在人们对过去的反思和经验总结的基础之上。在设计发展了一个多世纪后，作为物质的设计已被注入更多的精神和文化内涵，设计领域开始探讨设计的民族化和个性化语言以及设计的文化含量。随着人们对工业化危害的认识，旨在保护生态环境的"绿色设计"成为设计界的热门话题。

工业化进程和现代设计给人类生活带来了便利，但同时也给地球和人类造成了无法挽回的灾难性破坏。环境污染、生态失衡、资源浪费、交通堵塞是工业发展所造成的直接影响，国际主义风格把世界所有的都市都变成了玻璃幕墙和钢筋混凝土的森林，人们在对现代设计整体反思的基础上，也开始了对设计发展趋势的思考。

"绿色设计"（greendesign）是旨在保护环境、节约能源的设计浪潮，其中"组合设计"和"循环设计"是这一设计思想的实现。许多大公司在设计中尽量采用可以回收再利用的材料和不对环境造成污染的材料，以减少对环境的污染和对资源的浪费。法国最近还设立了无汽车日来提醒人们提高对环境保护和回归自然的认识。

"为人的设计"是设计发展过程中设计师对使用者的关注，自70年代设计师提出来后，为人提供更好的生活方式成为设计师更高的责任。为人的设计要求设计师除了用设计的产品关怀正常人，为人们提供更好的使用功能外，尤其是通过对设计品的独特处理方式，关怀那些特殊的人群，包括老年人、儿童和残疾人。在新的时代里，设计已不仅仅是为人类提供使用的功能，还应该体现出对人的精神关怀，让人们在设计里感受到人与人之间的温暖。单纯考虑设计的功能和是否可以大批量、标准化生产已远远不够，设计的系统性和对于设计使用环境的整体认识已越来越重要。

高科技的发展，尤其是微型处理器的发展把设计师从造型的局限里解放出来，路易斯·沙里文提出的"形式服从功能"已不再是设计师所必须考虑的问题。电脑辅助设计软件的应用把人从复杂的手工制图中解脱出来，电脑在设计领域的参与必定使设计的外观和内涵都发生变化，技术的发展对设计师提出了新的要求。技术的发展越来越尖端，也越来越不容易被非专业人员所了解，因此，如何更好地使人与机器之间更容易沟通，如何使人更容易掌握技术产品，就成为摆在设计师目前的课题。设计师需要通过富有创意的设计来达到产品成为"友善使用者"的目的，而不是让人们在一个看起来高深莫测的机器目前不知所措。

在国际主义设计风格普遍遭到异议后，设计开始强调个性化、民族性和文化内涵。在全球经济一体化、激烈的市场竞争中，设计出具有个性化语言、民族风格和本国传统文化底蕴的产品就显得尤其重要。许多大公司在把产品打入国外市场时也充分注意到尊重别国的民族习惯，而且，与此同时，设计也成为传播本民族文化的一种手段。这样，新时代就要求设计师在设计产品时更多地注入文化的因素。

在现代设计发展了一个多世纪后，设计已经成为一门不断发展的、复杂的交叉性学科，随着时代的发展，对设计和设计师的评价标准也发生了变化。评判一件设计产品是否是好设计，已不仅仅具有良好的功能和美观的造型，它还被与是否可以节约能源、是否对环境产生污染、是否符合道德标准联系起来。产品的审美标准在新时代里与道德联系在一起。人们对设计师的要求也越来越高，他们除了要具备造型的基本技能和创造性的头脑外，他还应该是一个了解技术进步、把握时代脉搏、紧随时代潮流的人，对社会的责任感和职业道德感被认为是设计师所应该具备的更重要的素质。因为人们已逐渐认识到设计不仅仅是提供一件有用的物品，它还提供一种生活方式，提供一种代表着时代、文化、民族以及生活质量的生活方式。

第二节　现代艺术设计的分类与原则

一、现代艺术设计的分类

（一）现代艺术设计的概念

以现代主义的理念贯穿整个设计过程的设计活动简称"现代设计"。它是基于现代社会、现代生活的计划内容，受现代市场营销、一般心理学、人体工程学约束，具有高度应用性的设计活动。现代设计不仅仅提供人类以良好的人际关系，提供舒适、安全、美观的工作环境和生活环境，提供人类以方便的工具，同时，也是促进人类在现代社会中能够方便自然交流的重要活动。现代设计是一个不太准确的称谓，与其说是一个设计风格概念，还不如说是一个时间概念。应该说它是现代建筑、现代工业产品、现代平面设计的总称。

（二）现代艺术设计的宏观分类研究

艺术的分类不同，本质上体现出来的是对艺术概念理解的不同。这一现象也同样反映在设计艺术的宏观分类之中。为了更深入研究、从事以及识别现代艺术设计，从19世纪末开始，人们就意识到给现代艺术分类的重要性。人们猛然间发现许多人类原以为可以固守的传统手工艺领域已越来越多地出现了机器的影子。可以预计，在不久的将来，伴随着现代计算机信息产业、微电子技术工业、现代材料科学等新技术领域的不断发展，这一进程将不断加快。机器改变的不仅仅是人们的生产方式，而且还将改变人的生活方式和行为方式。马库斯认为，现代设计首先改变了建筑和物品的古典审美观，它追求外形简单、诚实、直接，形式符合目的，没有附加装饰，采用标准化制造，价格合理，表现结构和材料特性，这些建筑物都采用白墙、平顶、大条形窗户，大量使用玻璃。后又发展成为玻璃墙高层建筑。这一评价的肤浅之处，是把功能主义看成只是各种"艺术流派"中的一种，认为功能主义在建筑、室内和家具设计中突破了以前那种模仿古代风格的古典主义美学，减少或者消除附加装饰，强调可用性。功能主义的主要思想是以功能为核心，而不是形式。德国功能主义的具体设计思想是，要首先发现事物的本质、目的和用途（需要），正确而充分地发挥事物的功能，形式应当反映这种本质和目的，而不要画蛇添足，也不要文不对题。

究竟如何来确定领域并恰当地给予分类，各个不同的国家以及各个不同的设计团体和协会间出现了不完全一致的意见。以下笔者就几种对现代艺术设计持有不同意见的分类方法，依其原则进行分析。

1. 以现代技术为标杆进行的分类

作为世界上最具权威的设计师组织，国际工业设计协会联合会综合了美国工业设计协会与日本工业设计协会的分类方法，将现代设计艺术分为两大类，即一类是以机械批量生产的产品设计；另一类是包括包装、广告、展示、室内以及与开拓市场有关的传播设计。

2. 以设计对象的空间存在方式进行分类

按照艺术作品的空间存在方式或维度为原则所进行的艺术分类，是艺术分类中最常见的一种方法，也是最有效地区分和识别艺术门类的一种方法。将其用之于设计艺术的分类中，可以起到化繁为简的效果。我们知道，随着越来越精确地渗入到人类生产、生活中的方方面面，现代设计艺术门类也越来越趋于复杂。以设计对象的空间存在方式进行分类可以分为："二维设计"，也称"平面设计"，包括字体、标志、图案、摄影、广告、染织等图像设计；"三维设计"，也称"空间设计"，如产品、包装、展示、建筑与环境等；"四维设计"，即空间伴随着时间而存在的设计，如舞台设计、动画设计、影视广告设计乃至营销活动等的设计。如此分类，既可以将复杂的设计门类以一种最基本而又最通用的方法进行分类，而且还有利于不断丰富和动态扩充其包容性。

3. 以设计对象的功能特征为原则来进行的分类

任何设计艺术品都是功能与美相结合的产物，而功能是决定设计艺术存在的基础和依托。以设计对象的功能特征为原则来进行分类，就是考虑到了设计艺术的这一特质，并将这一特质作为原则而确立的一种分类方法。依据这一原则，设计艺术分为：一是以大工业生产为特征，以具体的物质实用功能的产品为对象的工业设计（即产品设计）；二是以个人的生活环境，如室内、建筑甚至多数人居住的环境，如景观设计、园林设计、城市规划等为对象的环境设计。将人居环境作为一种设计对象，是人将自存在和活动的空间"意义化"的结果；三是以商业活动为领域，以促成商品交换的实现为目的，以图形、图像为媒介而进行的信息传达活动，即传播设计。

4. 以设计艺术本质特征的归属为依据来进行的分类

从本质上来看，设计艺术的所有公用职能综合起来不外乎"装潢、构筑与展示"，由此可以对应设计艺术的三大门类——商业设计包含装潢与展示的功能；建筑设计包含展示与构筑功能；工业设计包含构筑与装潢功能。不可否认，这是一个非常有趣而又富有想象力的分类方法。他将设计的本质功能定义为"装潢""构筑"与"展示"，可以看成是对艺术性质的独特把握。

5. 基于设计哲学意义上的分类

设计还可以从现实世界中具有独立意义的主体——人、对象世界（自然）、社会这三者的关系出发，按学科形成的意义来进行分类。著名设计师川添登认为，在人、自然、社会这三者之间，分别存在着人的三种需要：第一，在人与社会的关系中，作为个体的人和作为群体的社会之间存在着信息沟通与交流的需要，由此，借助于视觉化的图形或图像为媒介的传播方式——"视觉传达设计"便应运而生。第二，人的存在与发展的历程，是一个不断地从自然获取资源与能源的过程，而人与其他动物所展开的生存与进化的竞赛中能够拔得头筹，就在于人发明了工具，是有着工具装备的动物。为了能使工具更符合人的需要，任何关键的发明以及被使用就必须以人的尺度而设计，这就是"产品设计"的本质意义。第三，作为人类社会而言，人与自然又呈现出另一种关系。一方面人类社会的存在与发展，是一个不断地向自然获取生存空间的过程。这种空间一旦被人获取之后，便通过"环境设计"行为而打上了人的烙印，成为人的所谓"第二自然"。

另一方面，"环境设计"的存在又不完全以"宜人性"为目的。随着人类文化与文明的不断发展，人的自觉与自律的充分完善，人类逐渐意识到人与自然和谐相处、共生共荣的重要性。

当今社会，"设计"的概念已经越来越多地为人们所认同、接受。"平面设计""工业设计""环境（室内）设计""服装设计""陶瓷设计"和"都市设计"的概念也为人们所熟知。因此，纵观工业设计的发展历史不难看出，设计与艺术经历了最初的一体化，逐渐形成各自不同的专业领域，直至发展为当今设计与技术和艺术之间建立的新融合，设计过程中自始至终都渗透着艺术的存在，我们探讨现代艺术设计的定义及其宏观分类，必须明白在人类科学与文化都在进步与革新的时代，对于作为艺术与科学、物质与精神、人与环境和谐之纽带的设计艺术而言，"变"是永远不变的原则。现代设计艺术的发展推动了人类物质与精神文明的进步，人类社会的衍变也无时无刻地影响着设计艺术的轨迹。设计艺术对科技、社会文化变革的适应及可持续发展的可能性，形成了其进步的要素与架构。

二、现代艺术设计的原则

（一）尊崇艺术来源于生活并高于生活的原则

艺术中到处都体现着生活、体现着自然，艺术来源于生活，生活来源于自然。生活是千姿百态的，自然是变化无穷的，因此，艺术也是丰富多彩的。但艺术却高于生活，艺术是生活的提炼、加工和再创造，设计师从生活中提取有价值的、有意义的内容，运用到艺术中去，反过来又充实人们的生活，给人们带来新的享受。作为艺术的表现方法，绝不是生搬硬套生活或者复制生活，而是有取舍地提取生活中的精华。在这个提取过程中，每个设计师必须通过对多种学科的理解、对人们心理活动的认识，根据自己的经验和对生活的感受，用自己的眼光和灵感去思考、去设计，为人们带来更美的作品。

（二）艺术设计是再创造的思维过程

艺术思维是思维的高级形式，是将事物表象进行艺术化处理的过程。设计师是如何在设计中思考，在再创造过程中做到与众不同，这其中还是有一定的规律可循，它必须通过以上所说的几个思维特点及创造性想象进行研究。而多种设计思维方式会使设计师设计出各种风格及个性的设计作品，可充分地发挥设计师的主观能动性。设计思维是一种再创造的过程，并不是定性的，它的创造是一个综合性的思维系统，而创新思维是系统中的主导，每一个阶段都在有目的地达到初期预想的结果，而初期所预想的结果又是经过了我们不同的思维方式来达到再创造的灵感，因此一件设计作品得到社会的认可，是与创新的思维设计过程分不开的。

（三）设计思维应尊崇文化传统与审美思想的原则

艺术设计是社会文化的一个有机组成部分，它在文化的参与和制约下展开并体现出当时文化的风貌。不同的文化有着不同的精神和文化心理逻辑，同时反映出不同的价值和审美观念，它们在工业产品、建筑、服饰、环境等艺术设计过程中起到不可忽视的作用。纵观设计发展的历史，我们可以发现，任何时代的设计都是与当时的文化紧密联系在一起的，设计师切尔马耶夫也曾说过：历史的设计是设计的历史。因此对传统文化的了解，正是对审美传统的认识，对现代设计师而言是应当尊崇的。在中国古典美学中的整体意识、生态意识、人文导向、雅俗观、多元论倾向等，都对现代的设计有着很好的启示作用。继承并发扬一切优秀的文化传统，也是设计再创造的前提。将传统审美思想的精神注入设计师的头脑里并将其与现代意识相结合，其本身就是现代设计原则的一个重要组成部分。

（四）设计思维应尊崇艺术设计的发展趋势的原则

现代艺术设计的发展趋势是伴随着人类文明越来越快的发展步伐，面对国际经济的发展变化，当代艺术设计已呈现出更前卫的发展状况，它已经摆脱了传统理性主义的束缚而走向多元化风格，表现为文脉化、多样化、大众化、个性化的风格特征，因此我们的设计思维必须注重开发灵活多变的思维方式，在运动中求变的模式形态，这已成为现代艺术设计发展的重要方向，同时它也已在我国艺术设计教育与实践中产生较大影响。作为当代设计师，我们更应顺应时代的发展特点，体现出现代设计思维的特色，最大限度地满足人们的物质与精神需求，将设计作为连接生产与消费的纽带，要让设计思维发挥出最大的魅力。

当今随着世界经济文化的进步和发展，人们的生活在变化，设计也随之变化，这种变化促使着我们对艺术设计思维进行深入的思考，艺术设计思维不能只局限于艺术设计领域的探索和研究，而要善于触类旁通，全方位、立体化、开放性地寻找设计思维，尤其是随着信息化社会的到来，艺术设计的形式更加多样和宽广。因此设计思维要善于掌握各种思维形式特点，遵从艺术设计的设计原则，培养各种设计思维形式的能力，使各学科之间相互渗透，为艺术设计在现代社会环境的背景下得到更大的发展做出努力。

第三节　现代艺术设计的思维及特征

一、现代艺术设计思维

（一）艺术设计思维

艺术设计思维是指设计师在设计过程中，通过对生活进行观察、体验、分析，突发直觉、灵感、意象和想象力，并对所选素材进行设计整合，形成完整的艺术设计形象的艺术创意活动或是再创造的过程。思维，主要讨论的是心理范畴，是指人脑对客观事物的本质属性及内在规律的概括的、间接的反应；是人类自觉地把握自然界的本质和规律的理性认知活动；是人们在精神生活过程中认识客观现实世界、构想未来理想世界、应变现实环境的次序化意识行为。

艺术设计的思维是一种通过人的视觉感受而将客观内容纳入主观心灵并予以对象化呈现的艺术形态。在这个基础上，设计师必须基于生活实践，具有强烈和灵敏的判断决策力，还要有鲜明的艺术视觉思维，这是因为当今设计已经成为艺术与技术在创造领域，以理性为典型思维的设计，越来越追求个性设计及不可预见的审美理念和审美价值，因此创造性思维已经是设计师必备的能力了。

（二）设计思维的特点

1. 设计思维来自生活的认知与体验

作为一名设计师，首先要掌握艺术与设计的知识技能，其次要精通技术，通常每个人的知识结构、智力结构和具体能力之间存在着差别，会造成思维结果的差异，就设计元素这个层面上来说，我们和设计大师没有区别，所欠缺的就是体验生活、融入生活、提炼生活的认知和体验。这些欠缺造成了我们设计思维的肤浅和狭隘，思绪无法拓展，思维趋于常规，赋予设计新的性质和内涵自然也无从谈起，致使设计思维的深度和广度都无法更上一层。对于从事艺术设计创意工作的人而言，深刻体会生活中带给人的精神和物质的内涵，发现蕴藏在生活中的细节，及时总结、归纳、提炼生活中的素材，是寻找创意灵感的源泉。

2. 设计思维与人们的心理活动

设计思维是同语言紧密联系的，是探索世界、发现世界的心理过程，是对现实分析和提炼，并间接概括现实生活和现实世界规律的过程。设计是一项社会实践活动，而心理学作为研究人类心理活动的规律性的科学，这必然对一切社会实践领域包括社会生产起到重要的作用。而设计的活动与实践也是在心理活动的调节下完成的，因此，从心理学的角度理解设计思维的特点，会使设计师、生产者、消费者的心理反应得到紧密的联系，这自然提高了设计工作者的设计效率，提高解决问题的能力，拓宽设计思路，为创作出更有创新性的设计作品打下坚实的基础。

3. 设计思维来自多种学科与知识的交融

设计思维的广度指的是在设计时，不仅要依靠设计方面的知识来指导，还要得到其他学科诸多方面的支持。作为一个设计师来说，如果只了解自己所从事的专业方面的知识，而忽视其他学科的知识扩展与积累，那么艺术设计思维就会受到限制。艺术设计是一门融合了多种知识的系统工程学科，这就要求设计师不仅要有艺术素养，还需要有环境保护、传播学、心理学、人文学、历史学等多方面的知识，注重多学科、多层次知识的交融，把艺术、科学、生活等不同领域的学科和知识联系起来，做到相互借鉴、相互影响、相互补充，从不同的角度寻找设计思维的灵感。

（三）艺术设计思维的多种方式

1. 逆向与顺向的思维

逆向思维是艺术设计思维的一种创新手段，它通常是针对惯性的顺向思维反着想，对着看，总会给思路打开新的天地。逆向思维对于问题的解决特别有用，我们可以综合两种对立的问题，站在其相反的立场去思考，还可以把问题归纳成一个，把复杂的简单化，把具象的抽象化，用不同的视角看问题的性质及目的。特别是在艺术设计方面，逆向思维所创造的反常规图形不仅在视觉生理、心理上都能给我们带来强烈的震撼，并使设计师拓宽了想象的空间最终达到准确而深刻的信息传达效应。

2. 发散与聚集的思维

发散是指思维朝不同的角度与方向扩散。它的重要意义在于能够提出更多的解决方案和设想，更多的创意和构思。而聚集则是通过比较分析，从中找出最好的解决方案，二者缺一不可。发散的思维具有独创性、灵活性、变通性的特点，我们可以从功能、结构、形态等方面去展开思考。发散思维与聚集思维是相互补充、转化和融合的，能构建创新思维的运行模式，并给我们全新的视觉享受和视觉冲击力。发散思维与创造力有直接的联系，它可以使设计师的思维灵活、拓宽思路；而聚集思维则具有普遍性、稳定性、持久性的效果，是掌握规律性的重要思维方式。

3. 转移与移位的思维

常规的思维可以通过对事物性质的转换加以打破，这样的转换能为产品寻找到新的定位。如今的世界比以往任何时候都更加喧嚣，如何让你的声音被听到？如何让你的形象被关注？如何有新的诉求点？都给我们带来了新的思考，比如麦当劳的一句广告语"今天你理应休息一下"被解释为"消费者寻求的不是更好的汉堡，而是小憩一下"。这就是对产品定位的准确转换。如果说转换思维是指从另一个角度来思考同一个问题，那么移位思维则是指超出自我的局限，站在对象的位置上来考虑问题。我们会面临不同的对象和受众，他们如何看待问题成为设计的重要依据。

4. 灵感的思维

灵感也可称"顿悟"，是人类创造活动中一种复杂的心理现象和精神现象，由于它常常具有偶然性和突发性特征，所以在思维形式中具有奇妙的神秘感。虽然灵感思维在艺术创作思维形式中有着特殊的功能，但灵感思维的过程并不完全是偶然的心灵感应，而是来自经验的积累、联想的升华、信息诱导等因素的诱发，属于厚积薄发的思维形式。古代画家看到竹影投射在窗纸上的影子而创作出墨竹的画法，伏义看到白龟的纹样而推演出八卦，都是他们在长期的思索过程中受到某些因素的诱发而产生的顿悟现象，是思维积累的爆发，是偶然性与必然性的辩证统一。艺术设计灵感思维的出现依赖于设计师长期的生活经验、艺术积累以及不断的思索，那些看似杂乱的思绪在思维的过程中突然得到了某些暗示和沟通，便产生了飞跃和升华，灵感也随之产生。

5. 创新性的思维

创新性思维是突破思维定式的思维方式，以打破惯性思维为特征，是以直观、感性、想象为基础的多种思维方式综合运用的思维活动。创造的目的是创造新方法、开创新渠道，超越过去的理念。在设计思维理念的整合过程中，设计师通过变化和转换的方式努力将新理念进行优化。此外在艺术创新思维中，设计师永远离不开想象、直观、感性的认知过程，要在设计中取得成功，就必须进行大胆的创新联想，尽情发挥艺术的想象力，把各种思维的形式与方法综合运用，以独特性、审美性作为设计的基础，超越过去，超越现在。

二、现代艺术设计的特征

现代社会，科学技术的飞速发展和社会生产力的不断提高，为产品设计提供了广阔的空间；同时，随着人民生活水平的持续改善，也为拓展产品价值提出了新的更高的要求：不仅要求产品具有使用价值，以满足人的物质需求；而且要求产品具有相应的文化品位和审美价值，以满足人的精神需求。产品的价值因此而发生倾斜和变化，产品的审美价值在逐渐提高，有时甚至会超过产品的使用价值和交换价值，成为产品的主导价值。在买方市场下，由审美倾向主导的消费者偏好对供求的影响在上升，而价格对供求的影响在下降。

"艺术设计在一定意义上说，是实用艺术无限扩展其范围，在工业基础上发展的结果，是美学渗透到技术，艺术家深入到生产中去的结果。"由于艺术设计的复杂性、动态性和个人认识角度的差异性，自工业革命以来，人们对艺术设计的主张和定义层出不穷、数以百计。其中，影响较久远的有罗金斯的"艺术与工艺统一说"，主张艺术同劳动和社会生活相结合；莫里斯"劳动产品艺术化说"，主张艺术与劳动混合；在美国一度盛行的"功能主义"，主张形式服从功能，要求排除装饰，注重形式简洁；瓦尔特·格罗皮乌斯在其"包豪斯宣言"中倡导的"以人为本说"中指出"对于充分文明的社会来说，人们灵魂上的满足比起物质上的舒适要求是同等的甚至更加重要的"。主张产品的物质实用性与艺术形式相协调、产品功能与审美相统一，满足人的物质和精神两方面的需要；国际工业设计协会联合会（ICSID）提出的"造型质量说"主张从生产者和使用者的观点把一个系统转变为连贯的统一等。尽管主张和定义是多种多样的，但仍然可以从中寻觉出比较一致的共同认识。本文认为，艺术设计既是一门涉及物质文化、精神文化和艺术文化诸文化层面的综合性学科，又是多层次、跨领域的创造性活动。它的基本特征主要表现在以下方面：

（一）运用"美"的原则是艺术设计贯穿始终的特征

艺术设计的最低目标，在于通过对产品的设计，使其既具有使用价值，又具有文化价值和审美价值，使产品本身在满足消费者的物质需求的同时，又满足消费者的精神需求。艺术设计的最高目标，在于运用"美"的原则将人、人造物与环境相协调，体现人文终极关怀，使人们在物质与精神、生理与心理、理性与感性之间达到协调一致，并构成个人幸福的生活状态。

（二）艺术设计的实践基础是科学技术与艺术的有效结合

使技术与艺术相统一产品是具有一定功能的人工制成品，任何产品都是一个由各种材料以一定的结构和形式组合起来的具有相应功能的系统。材料、结构、形式和功能是任何产品都不可缺少的基本属性，它们从不同方面规定着并构成了一个个完整的产品。科学技术进步和工业发展使新材料、新工艺不断涌现，为产品功能的扩展和形态、结构的组合变化提供了广阔的空间，为了使无限的可能变成造福人民的现实产品，科技与艺术的结合就成为必然。正如法国著名社会学家马可·第亚尼所说："设计在后工业社会中似乎可以变成过去各自单方面发展的科学技术和人文文化之间一个基本的和必要的链条或第三要素"。

（三）艺术设计具有明确的市场消费者定位

可以满足消费者生理和心理两方面的需求。任何产品都是供特定消费群体使用的，是人的功能的一种强化和延伸。产品不仅具有物质功能，它还通过外在形式唤起人的审美需要，审美感受是直接来自对产品外观的形态、色彩、肌理的感性知觉和表象，是感知、理解、想象、情感等多种心理活动的结果。产品形态的力感与柔和感、动感与稳定感是通过形体及线条体现出来的；材质的色彩肌理可以体现出冷暖感、轻重感、软硬感、进退感、明暗感、膨胀收缩感等。消费者群体因为其年龄、性别、职业、民族、属地、收入水平等属性不同，会形成生理、心理差异，他们自然对产品的功能、形态有不同的反应。设计师在设计某产品之初就会考虑该产品是给谁使用的？针对不同的消费者群体的生理、心理差异，设计师才能在形状、材料、表面与色彩等方面做出选择，并依据审美差异进行有效组合。甚至针对不同个体的"个性化"需求，设计师必须做出与众不同的设计。产品设计的根本在于如何满足人们的需求，新的需求刺激新的消费欲望，导致新的设计。随着时代的发展，人的个性得到了空前的舒展和张扬，人们要求产品具有一定的文化品位，在人为环境中能产生审美的感情效应。因此，设计的判断准则也在改变，在结构合理、功能适用等衡量标准的基础上，艺术性、趣味性、独特性等新的衡量标准的权重在增大。

（四）艺术设计具有一定的超前性

昨天"前卫""超前"的设计，也许就是今天"时髦""流行"的东西，明天则可能被普及或一般化甚至被淘汰。追求幸福最大化，是人类的共同特征，不断创造、不断破解未知世界是人类通往幸福的阶梯。表现在需求方面：一种需求被满足，新的需求又会随之产生。不断产生的新需求也是推动人类社会再创造、再攀登的动力。艺术设计的超前性，就是把握这种新需求产生、形成和发展的趋势，在新需求出现某种苗头之初，就要以"概念性"的产品设计展现出来。

（五）在符合美观原则的前提下经济、适用是现代艺术设计始终不变的特征

后工业化社会生产的基本特征是以先进技术为支撑，以自动化、数字化、信息化为手段，以大规模批量复制为前提的复杂系统。产品要尽可能多地扩展其消费群体，在收入差距持续存在的社会，较低的成本、较便宜的价格是增加有效供给的必要手段。所以说："能够满足同一机能的产品，其价格以便宜为好。应该说以最少的费用取得最大的效果是最理想的。用最好的材料、精湛的技巧，为舍得花钱的有钱人制作的单件制品，也可以放到产品设计的范围之中。然而，这与在一般大众生活中发挥作用的批量产品相比，性质是不同的。现代生产的物品几乎都是供大多数人使用的批量产品。大量生产优质廉价产品是现代设计出现以来始终不变的原理"。所以，设计师在进行设计的过程中，必然要考虑到原材料费用、生产成本、产品价格、运输、储藏、展示、推销等费用的便宜、合理，在一般情况下，力求以最小的成本获得最适用、优质、美观的产品设计。

由于产品艺术设计具有上述基本特征，因而对人类社会生活的各个方面都形成程度不同的影响。对社会经济活动的影响是深入而持久的，我们仅就表现突出的方面进行一些初步探讨。

三、艺术设计对社会经济活动的影响

传统经济学认为，生产要素主要包括土地、资本和劳动力，后来的制度经济学将制度归入生产要素范畴，还有一些经济学家认为，信息、技术也是生产要素。本文认为，科技与艺术相结合的艺术设计已成为一种最重要的、现代社会生产不可或缺的生产要素，并越来越深入地影响社会经济活动。主要表现在以下方面：

（一）通过艺术设计，提高产品的审美品位成为经济竞争的重要内容之一

由于产品的价值会因为艺术设计而发生倾斜和变化，产品的审美价值在逐渐提高，

有时甚至会超过产品的使用价值和交换价值，而成为产品的主导价值。在这种情况下，改进产品的艺术设计，提高产品的审美品位，增加产品的文化内涵，成为企业关注的重要问题，甚至是主导问题。它要求产品的设计尽可能地符合艺术美学的标准，以达到赏心宜人的要求。一种科学美、规范美、功能美、工艺美、材质美、结构美、和谐美的产品设计要求，也成为广大消费者的普遍要求。

（二）艺术设计已成为一种最重要的生产要素

企业在组织生产时，首先要购买设计方案、图纸，然后才能根据设计购买原材料和劳动力，再组织生产。艺术设计作为一种生产要素，在制造业领域表现突出，产品的材料、结构、形式和功能要通过艺术设计满足人们多方面的需求；产品甚至企业本身的标识、广告、展示等也要通过艺术设计，以符合消费者"感性——理性"的认识规律。由于按照艺术设计方案生产出来的产品能够最大限度地满足人们生理与心理、物质与精神等多方面的需求，因而在实现其"惊险一跳"的销售过程中，惊险程度大大降低，市场占有率则大大提高。正因如此，世界上有实力的大公司纷纷将研发设计机构越做越大，甚至只保留研发设计和市场营销，不断研发设计出新产品、新规格，淘汰旧产品、旧规格，从而维护垄断地位，寻求垄断利润。

（三）科技与艺术相结合的研发设计促进了社会分工的进一步发展

一大批机构和人员从工业生产中分离出来，专门从事研发设计，他们的产品就是科技与艺术相结合的设计方案、图纸、模型、样品，并且通过经营设计方案、图纸、模型、样品获得垄断利润。他们的设计产品可以通过资本市场实现自主生产，也可以将产品分解成若干部件寻求低成本加工，还可以通过控制知识产权、核心技术和市场销售寻求低成本加工，从而实现利润最大化。这标志着艺术设计作为一种产业的形成，处在产业分工链条的最前端。

（四）经过艺术设计的产品包含高附加值

由于产品从科技与艺术两方面进行创新，包含着高度的知识结晶，涉及物质文化、精神文化和艺术文化诸文化层面，使产品从功能与审美两方面满足人的物质和精神的需要，即产品本身在满足人的物质需要的同时又满足人的精神需要，能够最大限度地满足消费者的需要。因而使产品的可替代性降低，从而就掌握了制定价格的主动权。使市场贸易形成如下局面：三流企业卖劳力，二流企业卖低附加值产品，一流企业卖技术、卖高附加值产品，超一流企业卖规则、卖标准、卖过时核心技术。

（五）从国际分工看，大量的研发设计机构和人员集中在发达国家

大量的核心技术、品牌集中在发达国家，使国际分工呈现"耐克状态"。发达国家

处在产业分工链条的最前端，经济发达国家承担资本与知识密集型产业，经济滞后国家承担自然资源和劳动密集型产业，处在产业分工链条的最末端。这也在某种程度上强化了经济发达国家和经济落后国家的差距。

（六）艺术设计的不断创新和发展，促进了文化产业的迅速崛起

从世界经济发展的规律来看，当社会经济发展到一定的阶段，人们对生活的需求就会朝着提高质量的方向发展，即从注重满足基本物质需求，转向注重高质量的精神文化生活需求。精神生产的社会产品主要以观念性产品和心理服务为主，从某种意义上说，文化产业在生产上更具有虚拟化，在消费上更具有心理化的特点。随着居民收入的增加，精神消费的比重上升，物质消费的比重下降。这种趋势具有双重的经济意义，一方面传媒设备、产品普遍进入家庭消费，形成了一个新的、广阔的市场，另一方面传媒的内容——文化产品的需求量越来越大。而艺术设计早已渗透到传媒和文化产品的生产过程之中，支撑和促进着文化产业在两方面的发展。在美国、日本、加拿大、意大利等国家，文化产业已经发展为国内第一大产业，深刻影响着贸易和就业结构。

第二章

中国传统文化概述

第一节　中国传统文化的起源与历史进程

一、传统文化的历史进程

（一）传统文化设计的过去

当我们说到传统文化的历史进程时，首先在时间上追溯中华民族传统文化的发展进程和文化成果。从远古到近现代，每个历史时期的哲学、经济、宗教、文化、科技、生活习俗、文学艺术以及当时的思维形式等都是构成中华民族传统文化的重要元素，其也从根本上区别于其他国家的传统文化。通过研究这些传统文化的元素，提炼出其中的精华部分运用到现代装饰艺术设计中，这样我们的现代设计才会形成自己的独特性，在这里我们要说的是，运用是指在充分理解传统文化的情况下，提炼出其精华，进行归纳、总结、概括，对其进行重新阐释，最后再运用到现代装饰艺术设计中，而不是简单的模仿、抄袭。有某些艺术工作者运用了传统文化元素，但他们设计出来的艺术作品在内容上却很空洞，没有将中国特有的传统民族特色表现出来，这样设计出来的艺术作品不具备传统文化的特性，只能说在他们的艺术作品中包含中国传统的东西。设计师只有深刻理解中国传统文化，熟悉中国人的思维逻辑、审美观念才能将传统文化的精华合理地运用到现代装饰艺术设计中，民族所特有的文化性才能在我们现代艺术作品中体现出来。

（二）传统文化设计的现在

在复杂而漫长的社会历史发展过程中，出现过很多不同样式、不同文化的观念形态，它始终处于一种循环反复的发展过程，不断产生，又不断消失。那些具有重要价值和较强生命力的传统文化元素慢慢沉淀、延续下来，并且构成后代文化重要组成部分的文化，我们称之为"传统文化"。而有的一些文化形态，即使在某个特定的历史时期或地理环境中流行一时，但最终却昙花一现，迅速消失，像流星一样划过天空，我们只能称其为"历史文化"。中国的传统文化，主要是指那些出现在历史上的，对历史发展进程起重大影响的哲学思想、宗教观念、艺术作品，如唐诗、书法、宋词、陶瓷、国画、民间艺术、石窟、雕塑等，这些历史流传下来的文化成果，对于今天人们的世界观、文化思想、价值观念、人生观、思维形式、审美情趣等都有极其深远的影响，这样的文化才是传统文化。总结现代社会中人们的思维方式、哲学思想、价值观念、宗教信仰、审美情趣等，并且深入研究民族具有深厚文化底蕴的传统文化对我们现代装饰艺术设计是非常有帮助的。现代设计主要是服务于现代社会，因此，只有在设计体现出中华民族传统文化时，才能设计出适应当代人的生活方式、符合人们的审美情趣的具有民族特性的现代装饰艺术设计作品。目前在国际当代设计领域中我们还处在落后地位，设计作品大多都是模仿、抄袭外国设计，这种设计作品抛弃本国传统文化背景，失去了本土特色，必然不具备国际竞争力。由此可见，对于现代装饰艺术设计来说，传统的文化和民族特性是非常重要的。

（三）传统文化设计的将来

文化作为一种形态，在几千年的发展历程中，始终绵延不绝，过去的文化被今天的设计引用，今天的文化成为明天设计的元素。我们的传统文化不仅仅存在于今天，它还存在于过去和未来。我国的传统文化在打动所有中国人的同时，必然会对将来的人们在艺术欣赏水平、艺术设计工作等方面产生深远影响。经历过历史沉淀的优秀文化元素都是精华，在未来也必然被传承。传统文化是历史发展的脉络，它贯穿了过去、现在和将来，所以中国传统文化元素是我们每一个中国人的生命之流，我们要通过继承优秀传统文化，来更好地发扬和传播中国传统文化。

设计是一种艺术表现手段，是社会文化的物质载体，它既是传统文化的组成部分也是现代社会文化的一种重要表现形式，越是民族的，就越是世界的，这已经在全球达成共识。如北京的故宫、长城，西安的兵马俑等，它们都各自代表着本民族优秀的传统文化，体现了民族的特性，所以它们吸引了全世界人们的目光。

第二节　中国传统文化元素的基本释义与组成部分

一、中国传统文化元素的界定

最近几年，中国传统文化在全球吸引了人们的目光，得到了进一步的关注和发展。中国传统文化的元素可以归纳为：（1）中国传统文化的核心是中华民族所体现的内在的精神生活形式，包括价值观念、宗教信仰、审美情趣、思维方式等。（2）中国传统文化的内容常常体现在的物质的外在形态上，它包括人们的行为，如吃穿住行。（3）中国传统文化的独特性，是在长期的历史发展过程中逐渐形成的，这种具有鲜明特色的民族文化已经成为多元世界文化的重要组成部分。

中国传统文化是在特定的生态环境中形成的。生态环境主要是指：东部被海洋环绕，西部有喜马拉雅阻隔，南面是海，北面是雪。形成了较为封闭的环境。在这种环境中，人们无法和外界沟通，正是这样的社会生活土壤，养育了中华民族的心理特征，产生了丰富多彩的文化特质。

中国传统文化的内涵主要概括为三个方面：第一，中国传统文化的基本思想——刚健有为、和与中、崇德利用、天人协调。《易传》所强调的"自强不息""厚德载物"，集中体现了中华民族的传统精神；崇尚和谐统一是中国传统文化的最高价值原则。第二，注重人的内涵表现，看轻客观规律的研究，体现中国传统文化价值导向。第三，重家族、重血缘的家庭伦理观。

总之，中国传统文化的内涵比较丰富，并且包含着精华与糟粕，要想在现代装饰艺术设计中发挥传统文化精华的积极作用，不仅要批判地继承，更要对传统文化元素进行创造性的发展。

二、中国传统文化元素的组成

合理地运用传统民间艺术是一种创意渠道，但并不是唯一的，包装设计本身就是要求设计者将图形、文字、色彩、编排综合地运用在包装画面上，使其具有一定的逻辑性和展示功能，并能使人睹物思情。因此不论是何种形式的创作或设计的渠道，都要与本民族的文化艺术结合；与人的情感心灵结合，与市场销售沟通，与消费文化相通。

三、传统文化元素的提取

中国的传统文化来源于生活，根植于广大人民群众的心中。越是现代化，传统文化越是显得珍贵。中国传统文化的魅力依然迷人，但这些在中国历史长河中熠熠生辉的文化，在现代化进程中却正在被边缘化，甚至有的还面临着消亡的危险。如何使民族传统文化从边缘化再回归到主流化或是大众化，传承和发展民族传统文化是根本之策。我们要善于把民族传统文化的设计元素从生活中提取出来，将传统艺术的精髓融入现代设计理念中，在传统文化中加入时代元素。

中华文化博大精深，彰显民族风格的中国传统文化元素在我们国家千年文化的传承之下数不胜数。例如精神代表——龙，文化代表——孔子，历史代表——陶瓷，还有京剧、书法、国画、中医……还有建筑风格元素，如紫禁城、长城、敦煌、布达拉宫、苏州园林等；服饰风格元素，如丝绸面料、唐装、旗袍、中山装等'文化风格元素，如国画、脸谱、京剧、印章等。其实身边随处可见中国特色的东西，大到一条中国特色的路、一个广场，小到一个建筑墙上的中国结，路边上高高挂起的大红灯笼都向我们诉说着悠远的传统。中国传统文化元素的提取是一个内容广泛的题目，谈论它的时候不能不有所取舍，本课题主要研究的是最能反映中国文化特色而又常常为人们所感兴趣的几个方面：

（一）汉字：表意的方块字

汉字是世界上最古老的文字之一，是从古到今的在使用的唯一的表意文字。它是记录汉语的符号，是承传中华五千年文化的载体。中国人似乎特别长于形象思维，在造字的时候通常采用取象比拟的方式。有的字比较直接，如日、月、山、川、水、火、鸟、鱼等，有的就比较间接，如"集"的形象是三只鸟柄于同一棵树上，寓意为集合。汉字的产生，若从近代发掘出土的古代陶器上的符号算起，迄今已经有四千多年的历史了。

汉字非常富于表现力。前人充分利用汉语汉字的特点来增加所表现的内涵，同时获得审美的乐趣。汉语是世界上词汇最丰富，语调最优美，句式最简洁，表达最生动的语言之一。汉字则是与汉语相适应的古老而富有活力，充满形象的一种文字。汉语汉字既是中国人创造生活和传播知识的工具，又是独具魅力的艺术形式。

（二）服饰：织绣丰富多彩

作为御寒的衣裳，早在黄帝、尧时代就已存在，《易·系辞篇》："黄帝、尧、舜垂衣裳而天下治。"而到了商朝时期，逐渐形成定型化的"深衣"，并且出现了装饰。所谓"深衣"，就是将原来的上衣和"下裳"的围裙联结起来。这种形式成为我国历代服装的基本特征，直到近代男子的长衫、女子的旗袍以及现在的连衣裙都可以说是深衣的演变和延续。

由于唐代国势兴盛，经济发达，人民生活相对安定祥和，因此，唐代的衣着服饰、织绣追求富贵康宁，奢华安乐，所以装饰纹样一改秦汉多战乱以昭示威武的兽纹和追求神仙方士神游的骑马、驾鹰、携犬和游猎的神话题材，而为蟠龙、双凤、麒麟、天马、辟邪、孔雀、仙鹤、芝草、联珠、忍冬、香草等追求吉祥寓意为主的题材。其中突出的纹样世称"陵阳公样"。它是一种对称纹，由初唐时唐高祖、唐太宗派往四川管理制造皇室用物的官员窦师伦创立，常用鸡、羊、凤、麒麟等为题材，动物身上往往系着飘带，对称的两者中间饰以花、树。唐张彦远《历代名画记》就有"对鸡、斗羊、翔凤、游麟之状，创自师伦，至今传之"的记载。唐代服饰的另一个显著纹样是团花，有团龙、团凤、团花枝等。在中国传统文化中，团即圆，为圆满、和气、团结、祥和之意。唐代奠定了中国传统吉祥装饰纹样的基础，对后世影响很大。如宋代以团花为基本单位，在平面上按"米"字或"井"字结构作规则的散点排列，在织绣上应用。另一种成为定型的所谓"喜相逢"为团形，其构成是由太极图演变而来，把圆形分成两个或两个以上双数成阴阳交合的两极，形成相反相成、有无相生的变化而统一的形象。

（三）吉祥图：传统图案

我们知道，古老的中国是世界文明的发源地，有着悠久的历史和深厚的文化积淀。中国传统吉祥图案便是这当中最美、最绚烂的一部分。在漫长的岁月里，我们的祖先创造了许多向往、追求美好生活、寓意吉祥的图案。综观中国传统吉祥图案的发展史，其源于原始人文、始于商周，高速发展于宋元，到明清时期达到高峰。在各个时期吉祥图案都有其相对的局限性，但其发展的脚步始终未曾停歇。直至今日，传统吉祥图案仍具有极强的生命力。吉祥意识、吉祥文化已深深地植入中国人的生活中，以至于具有凡物皆可为吉祥的特点。吉祥对于中国人而言，就像水之于鱼、天空之于鸟、空气之于人。

因此了解了吉祥文化，也就了解了中国文化、中国人很重要的一面。中国人是一个重感性、重形象、重内涵的民族，在思想、感情、意图的表达上习惯于借用一定的形象或象征性的示意来婉转地、间接地表露。思维的过程也是通过意象的类比联想来实现的。这种象征性的表情达意的方式给一定语境中的形象赋予了比具象和字面深刻、丰富得多的内容。图案是一种具有装饰和实用性的美术形式。而吉祥图案是一种在民间广泛流传的，我们祖先向往、追求美好生活而创造出来的一种艺术形式，它完美地将吉祥语和图案结合并统一起来，代表着传统的民风民俗。

中华易学文化促进会会长藏相麟认为：从古至今，人们对美好事物和前景的追求，是吉祥文化永恒的主题。

首先说吉祥文字。吉祥文字就是表示美好的文字。古人云，所谓"吉者，福善之事，祥者，嘉庆之征"。《说文解字》中说："吉，善也"；"祥，福也"。说白了，吉祥就是好兆头，就是凡事顺心、如意、美满。比如福棋、寿考、富贵、康宁、龙凤、六八等文字。就单字讲，"福"是古今人间最美好的字，是吉祥意义最丰富、最淳厚、最集中、最典型的字，包含有幸福、福气、福运等义。福之所至，小到个体，大到人类。《韩非子》中说："福者，备也。备者，百顺之名也。无所不顺者谓之备"。吉祥符号、吉祥物、吉祥图案就是人类创造出来的借以传达心声的道具。

再说数字吉祥。在中国文化中，数字不仅仅表示多少，同时隐含着吉祥。吉祥数字也不只人们常说的"三、六、九"和"八"，从一到十、百、千、万，数字都有吉祥含义。比如一帆风顺、二龙腾飞、三阳开泰、四季平安、五福临门、六六大顺、七星高照、八方来财、九九同心、十全十美、百事亨通、千事顺遂、万事如意等。有偶数吉祥，也有奇数吉祥；有大数吉祥，也有小数吉祥；有引申义吉祥，也有谐音吉祥。

再次是生肖吉祥。十二生肖都是动物，但在中国民俗文化中被赋予了特别的意义。

第四是动物吉祥。飞禽走兽，游鱼爬虫，被人们赋予吉祥意义的动物应有尽有。如禽类中的仙鹤、喜鹊、鸳鸯、鸽子等；兽类中的瑞鹿、雄狮、猛虎、奔马、大象、灵猫等；鱼类中的鲤鱼、贴鱼、比目鱼等，虫类中的蝴蝶、蜘蛛等，都是吉祥动物。以动物表示吉祥，可单体也可复合。如龟称"万年"，鹤称"千代"，龟鹤合一就构成了龟鹤齐龄，象征延寿吉祥的图案。

第五是时节吉祥。中国的时节很多，时节吉祥，蔚为大观。以春节为例，这是中华民族的第一大节，有着悠久的历史与丰富的吉祥文化内涵。与春节有关的吉祥行为、语言、文字等不胜枚举。单从民俗角度讲，祭灶、扫尘、贴春联春条吉字、垒旺火、守岁、压岁钱、放爆竹、拜年等等，无不充满喜庆吉祥。

第六类是行为吉祥。在庆典、婚嫁、生育、开业、奠基、纪念等活动中，在人们大部分的工作生活交往行为中，都有吉祥文化的渗透与影响。

第七类是植物吉祥。被人们赋予吉祥意义的植物，有花草有树木有果实，它们多以组合图案构成吉祥意义。如"天地长春"多用天竹、南瓜、长春花来寓意。祀菊延年的吉祥图，画的是菊花和构杞。槐象征长寿，红豆象征思念，栗象征立子，石榴象征多子多福，橘象征大吉，佛手象征幸福，芙蓉象征荣华富贵等。

正是由于图案的吉祥含义表达了人们对美好理想的向往和追求，因而这些图案被应用在现代生活的各个方面，尤以在染织、地毯、陶瓷、雕刻、建筑、首饰等工艺美术用品和喜庆场合应用更为广泛。吉祥图案的社会影响和实际应用，是其他美术类别所不能取代的。吉祥图案是我国传统艺术的一颗璀璨的明珠，已日益引起世界美学、民俗学的瞩目。

（四）民间艺术：包罗万象

我国的民间艺术到底有多少种，谁也说不清楚。吉祥喜庆的大红剪纸、精巧细致的"蛋壳雕"、别出心裁的甲骨彩绘，灵韵别致的泥塑、金碧辉煌的铜刻、清新简洁的蓝印花布，以及年画、木偶、戏剧脸谱和道具、玩具、宗教纸马和祭器、傩具、服饰、传统市招（广告）以及工艺美术相互交叉的诸多品种……除了这些物质化形式展现的民间艺术，非物质文化遗产就更多种多样了。民间艺术在漫长的发展过程中，无意识地成为传承历史的重要载体。像藏族民间说唱史诗《格萨尔王》、云南纳西族的"东巴"文，就是直接以民间艺术的形式记载历史。另外，像江苏南通的蓝印花布、贵州的蜡染，本身就是印染工艺的"活化石"，在科技、文化、民俗、美术史的研究方面有着重要价值。可以说，中国传统的民俗民间文化是我们民族的根，是我们民族的魂。

剪纸是中国最为流行的民间艺术之一，是中国最普及的民间传统装饰艺术之一。剪纸常用于宗教仪式，装饰和造型艺术等方面。剪纸艺术，通过一把剪刀、一张纸就可以表达生活中的各种喜怒哀乐，在简洁明了的构图和造型中展现创作者的思想感情。在过去，人们经常用纸做成形态各异的物像和人像，与死者一起下葬或在葬礼上燃烧。这一习俗在中国有时仍可见到。剪纸艺术一般都有象征意义，它由喜鹊、双喜、牡丹等元素组成，喜娃是流行于我国西北地区的髻髻娃娃，纹样反映的也是一种生殖崇拜。

现在，剪纸更多的是用于装饰。剪纸可用于点缀墙壁、门窗、房柱、镜子、灯和灯笼等，也可为礼品作点缀之用，甚至剪纸本身也可作为礼物赠送他人。人们还常用剪纸作绣花和喷漆艺术的模型……在中国民间配饰中，有一种绳结佩寓意深刻，源远流长，绚丽多彩。在我国民俗工艺中占有很重要的地位，被现代人称为"中国结"。中国结由于年代久远，漫长的文化沉淀使得中国结渗透着中华民族特有的、纯粹的文化精髓，富含丰富的文化底蕴。"绳"与"神"谐音，中国文化在形成阶段，曾经崇拜过绳子。"结"字也是一个表示力量、和谐，充满情感的字眼，无论是结合、结交、结缘、团结、结果，还是结发夫妻，永结同心，"结"给人都是一种团结、亲密、温馨的美感，"结"与"吉"谐音，"吉"有着丰富多彩的内容，福、禄、寿、喜、财、安、康无一不属于吉的范畴。"吉"就是人类永恒的追求主题，"绳结"这种具有生命力的民间技艺也就自然作为中国传统文化的精髓，流传至今。中国结不仅具有造型、色彩之美，而且皆因其形意而得名，如盘长结、蝴蝶结、双线结等。

街头巷尾，我们常常会看见时髦的女孩身着传统的中式衣服，精致的盘扣、织锦的质地，让人一望之下，隐约品到了远古的神秘与东方的灵秀，遐想一番。北京奥运会申办会徽由奥运五环色构成，形似中国传统民间工艺品的"中国结"，又似一个打太极拳的人形。图案如行云流水，和谐生动，充满运动感，象征世界人民团结、协作、交流、发展，携手共创新世纪，表达了奥林匹克更快、更高、更强的体育精神。

民间艺术还有很多，在这里就不一一列举了，也无法一一列举。在现代设计中如何应用这些代表中国的传统元素，让民间艺术能够得到广泛的推广，成为人们现代生活中的一部分是摆在广大艺术设计者面前的一项重要课题。随着物质生活的提高和艺术鉴赏水平的提高，人们已不满足于一般意义上的物质占有，而是追求高层次的艺术享受，对同一个产品，外观造型设计更具艺术性的将首先为消费者所青睐，而现代人的购物心理多以追求与众不同的产品为首选，特别是那些具有独特艺术魅力和传统艺术特色的产品更能引起消费者的共鸣。

四、中国传统文化元素的识别性的建立

虽然当今时代是一个高度现代化、信息化的社会，新材料、新技术的不断涌现使我们目不暇接，随之而来的新思潮、新观念对中国的传统文化艺术带来了前所未有的冲击，现代生活方式的全球化进程要求设计师具备了解不同文化，表达自己不同形式的渊博知识。传统的审美意念和传统的设计元素也一直在起着非常大的作用，传统与时尚结合给人以民族化的感觉。传统通过时尚得以继续流传，时尚通过注入传统而增添文化和厚重感，增强其生命周期的可延续性。"美感，在一种直接的感受里面包含着大量的时代的社会的因素。"在现代艺术设计的领域要创新，除了从本民族的文化本源中寻找代表性形态语言元素以外，还必须与现代科学精神理念结合，才能产生精神的飞跃。艺术创新源于传统与现代、东方与西方人类文明的互相碰撞，相互交融、相互影响，才有可能产生质变。

中国传统元素的运用方法：

方法一：移花接木

中国传统元素形态各异，古趣拙朴，是中华民族在各个不同时期社会生活的形象诠释，同时也如实反映出了人们在不同时期的审美旨趣，是传统文化的典型代表，是时代的代表特征。这一类的元素一出现，立刻能把人们的思绪引到其对应的特定的时期、特定的环境或特定的事件上，因此，这类元素在使用时可以不改变，只是给它寻找一个恰当的使用环境即可。如博物馆的墙面装饰图案等，就是移花接木手法的巧妙运用。

方法二：得意忘形

如何以现代审美的全新视点去重新审视传统文化，要在充分理解传统文化的基础上延期"意"传其"神"，让传统文化在现代设计中得到更新和拓展。一根线条在西方人眼中被理解成一个点在平面或空间中的运动轨迹，乃至解析几何中的一个方程式所界定的点的集合，线条无宽度也无厚度。而对于中国传统而言，线条不仅有宽度，有厚度，还有方向，甚至能表现出速度和力量，对于线条的理解完全基于主观感受。我们可以借助图案本身所特有的持久性和广泛影响力，促进东西方文化之间的对话与互动。如"太极"的理念就常常为设计师们所借鉴，它在强调动感、和谐的形式美的同时，蕴涵着变化统一、收放自如的哲学理念，其太极图案大可不必出现。

方法三：形神并举

许多为世界认同又具有鲜明民族特色和文化内涵的作品，都从传统图形中获得灵感，脱离了传统这片沃土，中国文化融入现代设计的难度就会加大。如中国香港凤凰卫视的台标就成功地借鉴了中国传统的凤凰纹样，并采用中国特有的"喜相逢"的结构形式，一凤一凰振翅高飞，铿锵和鸣，将媒体的特点，以及品牌立意高远，领唱同济的王者精神表达得淋漓尽致，用两只飞翔盘旋的抽象凤凰形象代表中西两种不同文化的互补和交融，体现了融汇东西、荟萃南北的文化观念，具有明显的华夏文明的烙印。形在融神中出现，神在变形中提升。

第三节　中国传统文化元素与现代文化的融合

一、中国传统文化元素融入现代产品设计的方式

全球经济、文化的一体化进程，使设计形成了全球语境。产品设计的发展随着技术文化和全球市场化的扩展，正呈现一种国际文化风格。在这个高科技的社会里，人们越来越追求简洁、通用的交流界面，这使得世界各地区固有的地域文化或多或少地消失了一些。

任何一个民族的文化都是世界文化不可分割的一部分。每一个国家所处的地理环境、气候、文化传统、风俗习惯、社会经济都不尽相同，从而出现了不同国家的民族风格，这些斑斓的风格，是区分的标识，也是深刻的文化烙印，是人们心灵深处的一种"记忆"。

正是这种记忆，与产品中心理、社会、文化的脉络相连，赋予产品功能性以外的人文价值。因此，在现代设计中融入民族风格是提高民族认同、提升产品竞争力的重要手段。

作为世界四大文明古国之一，中国拥有五千年的悠久历史。传统文化是一个国家也是一个民族的至宝，它诉说着本民族的悠久历史，告诉我们本国的文化精髓，吸引我们学习，并运用到我们现代的生活中来。

（一）产品是文化的载体

人与人之间的交流是通过语言来沟通的，物与人之间的交流是通过物的功能和形式来传达的。人们在创造产品功能的同时，就赋予了它一定的形态。而形态可以表达出一定的性格，就如同它从此有了生命力。

艺术的审美过程是一个由表及里、由浅入深的思维过程。具体地说，是先从知觉的印象到形象的分析，再到内在精神的感悟，然后在心灵上获得审美的愉悦。设计是科学与艺术的融合，产品的形态是设计的可视语言，是设计师与使用者之间交流的工具，设计师运用形态语言完成其思想、情感的表达以及功能、信息的传递。产品因设计而提高了它存在的意义，同时也使它具有某种其他意义。从根本上说，当代设计就是各种文化在具体设计作品中的凝结和物化。设计不是简单的造物，乃是创造出演绎时代、民族的文化根性，孕育着人的丰富情感以及具有强大功能性、审美性、经济性的和谐整体。在全球化语境中，对民族传统我们要在继承中回归，在融合中创造，要在现代设计与传统设计语汇中找到一个合理的契合点，将传统艺术的精髓融入现代设计理念中，让产品承载着它走向世界。

（二）中国传统文化元素与现代产品设计的融合

经济的全球化，必然带来不同文化的冲击与磨合。不管是西学东鉴，还是东学西鉴，不同文化在寻求相互认同的同时，仍然保留了各自的特色。在全球化语境下，民族风格要恰当地融入现代产品设计中，就要努力寻求各种融合方法。

中国现代设计中的传统元素的体现，虽然不如德国和日本做得好，但已经开始有一些好的开端。"适合的就是最好的"，中国现代设计要对中国传统文化有深刻的感觉和理解，才能将其以各种恰当的形式融入设计中去。中国传统元素与现代的简洁风格混合搭配的"新中式"风格悄然流行。全球性的复古风尚与传统文化回归的潮流使建筑设计、平面设计、服装设计、产品设计等众多领域都受到影响。在产品的外观设计中加入传统元素，利用现代科技手段与"新中式"的时尚特质进行融合是一个设计亮点。

1. 传统文化元素以形式化的方式融入现代产品设计

提到传统文化，我们很自然会想到中国特有的一些东西，如获得世界青睐的闻名世界数百年的中国瓷器、国画、敦煌壁画、龙、唐装、中国书法等。将传统文化的形式元素结合到现代产品的设计中，这是设计现代产品常用的一种手法。但传统文化以形式化的方式融入现代设计，并不是简单的图形套用或拷贝等那种一成不变的沿用，而是去认识和了解传统图形，并在此基础上，逐步挖掘、变化和改造传统图形，并与外来元素完美融合，既能相融又不会失去原本的特色，让传统图形成为设计的一个新的创意点和启示点。如奥运标志——"中国印"就是汉字与篆刻印章的结合体。在产品设计领域中，由于功能设计的需要，传统文化的形式化表现难度较高，但运用得好，依然能给人浑然天成的感觉。北京奥运会火炬创意灵感来自"渊源共生，和谐共融"的"祥云"图案。火炬造型的设计灵感来自中国传统的纸卷轴。纸是中国四大发明之一，通过丝绸之路传到西方。人类文明随着纸的出现得以传播，源于汉代的漆红色在火炬上的运用使之明显区别于往届奥运会火炬设计，红银对比的色彩产生醒目的视觉效果，有利于各种形式的媒体传播。火炬上下比例均匀分割，祥云图案和立体浮雕式的工艺设计使整个火炬高雅华丽、内涵厚重。

2. 传统文化元素以符号化的方式融入现代产品设计

在中国传统文化中，吉祥图在中国优秀传统图案中占有很大比重，吉祥图是中华民族历史文化宝库中一笔珍贵的精神财富，是我们引以为傲的古代文明。中国吉祥文化是东方文化的一处独特景观。随着中国国力的增强，世界范围内对中国文化重新燃起了兴趣，无论是服饰，还是电子产品，抑或是建筑等领域，都刮起了"中国风"。特别是对潮流极为敏感的时尚界，中国元素在产品设计中的运用令人眼前一亮，也进一步展现了传统元素与现代时尚的结合。以龙纹在产品设计中的运用为例：龙是中国人的祖先，我们是龙的传人，龙作为中华民族的崇拜图腾，受到人们的普遍重视。阿迪达斯将龙纹应用在足球产品的设计上——龙靴。阿迪达斯的设计师在谈到这一设计理念时表示龙凝聚着年的中华文化，是团结包容、同舟共济的象征。"龙靴"是为贝克汉姆设计的新一代个人专属足球靴，其特别之处在于：鞋身设计融入"龙形"图案，仿佛奔驰在绿茵场上的银色"蛟龙"。龙靴以银色为主色调，鞋面两侧绘制的中国龙阁案，使得整双鞋充满浓郁的民族色彩。

二、传统文化元素与现代设计的融合方法

著名民艺家张道一先生解释传统时认为："传"即传布和流传，"统"即一脉相承的系统。格罗皮乌斯也曾经说过：真正的传统是不断前进的产物，它的本质是运动的，不是静止的。传统应该推动人们不断前进。何为文化？季羡林先生的定义是："凡人类在历史上所创造的精神、物质两个方面，并对人类有用的东西。"文化是改造自然、改造社会的活动，是一个社会群体特有的文明现象的总和，它主要分为物质文化和精神文化。

设计不是一种个人行为，作为文化大概念的一个有机组成部分，设计体现历史积淀下的人类文化心理和当今社会的文化状况。设计作为一门对主客观世界的反映、综合、

提炼、凝结、升华的科学体系，面对除其自身以外所产生的一切迅猛变化，不仅因为外力的作用而使现代设计的发展过程呈现出一种复杂的状态，同时，也经过这种方式，不断增强了其从内涵到外延在建设、发展、变革等方面的时效性和紧迫性，并使之在变革过程中的任务与目的得到确定与加强。中国传统文化主要体现在精神层面和思想观念上，属于精神文化现象，而设计是物质形态的创造，属于物质文化现象，两者相互渗透、相互影响。先秦典籍《易传》曰："形而上者谓之道，形而下者谓之器"。"器"是人类通过物化设计思维创造的一种文化载体，它是有形的、具象的物质，是文化传承的具体体现。同时，文化也创造了设计，使设计成为社会文化的缩影，并使"器"上升为"道"，形成一种相对有形物体的无形的、抽象的精神观念。以文化为本位，以生活为基础是现代主义设计的准确定位。从根本上说，当代设计就是各种文化在具体设计作品中的凝结和物化。设计不是简单的造物，乃是创造出演绎时代、民族的文化根性，孕育着人的丰富情感以及强大功能性、审美性、经济性的和谐整体。

21世纪是人类经由群体本位、个体本位逐步走向类体本位，向着一体化迈进的新世纪。当然，人类走向共存的道路并不平坦，多元文化的冲突、碰撞、融合，使得民族性与全球化成为当代设计面临的两大课题，设计的民族认同也受到了人们愈来愈强烈的重视，对传统文化如何走向现代设计也给予了前所未有的关注。传统文化与现代设计的交融也并非只有一个模式，可以是"立交桥式"的多元共存，可以是"鸡尾酒式"的多层互渗，也可以是"盐糖水式"的融合无痕。

（一）多向立交多元共存

在现代化背景下，设计形成了全球化语境，迎来了一个多元共生的新设计思潮。在经济与文化越来越全球化的信息时代里，传承和发扬民族文化，提倡本土语言在现代设计中的应用，是时代的消费需求和文化趋势。典型案例是有着"中国特色的红条幅"之称的北京香山饭店。该饭店的设计师贝聿铭说他要帮助中国建筑师寻找一条将传统与现代相结合的道路。该建筑吸收中国园林建筑特点，对轴线、空间序列及庭园的处理都显示了建筑师良好的中国古典建筑修养。贝聿铭说："我们不能每有新建筑都往外看，中国建筑的根还在，还可以发芽。当然，光寻历史的根是不够的，还要现代化。有了好的根可以插枝，把新的东西，能用的东西，接到老根上去。从香山饭店的设计，我企图探索一条新的道路，在一个现代化的建筑物上，体现出中华民族建筑艺术的精华。"

篆体的"京"字，把汉字的意形美、书法的气韵美、印章的古拙美、纹样的意象美、哲理的永恒美，多元并存地灵活运用在标志设计中，使标志设计蕴涵着丰富的文化底蕴并体现出鲜明的时代特征，具有极强烈的民族精神和独特的魅力，通过舞动的北京，让世界认识了中国。倡导中国传统与现代设计的融合是提高民族认同的最好方法，我们要在吸收外来文化的基础上，创造出有鲜明民族特色的设计文化。以本土文化为底蕴，施展擅长求变创新的"中国功夫",才能在设计活动越来越全球化和同质化中立于不败之地。

（二）"鸡尾酒式"的多层互渗

中国艺术界在完成自身的清理后实施了由前期的"风格形态学"向"社会形态学的转向",从而迈上了"当代艺术"之路,这是因为在经过一段形式主义的模仿和操练后,人们发现在艺术本体的层面上,形式的审美并不能解决当代的精神问题……"不接触文化问题,我们可能始终只能在视觉审美上兜圈子,人们发现,决定艺术影响力的最终是文化而不是形式语言。"于是,人们开始强调对传统文化的再理解,对历史积淀式地接受,即重新创造。如装修设计中的"古木新做",就是对古木做透彻的领会并赋予新做的意蕴,即对老材料进行了创造性地运用,又对怀旧情绪进行了诠释,这就是"鸡尾酒式"的多层互渗。新中式风格装修的流行就是对逝去岁月的一种追忆、对传统的向往、对古老的怀念。

新中式风格是在后现代建筑基础之上适用于现代居住理念的中国风格,是中国传统风格文化意义在当前时代背景下的演绎,是对中国当代文化充分理解基础上的当代设计。"新中式"装饰风格的住宅,空间装饰多采用简洁、硬朗的直线条,直线装饰在空间中的使用,不仅反映出现代人追求简单生活的居住要求,更迎合了中式家具追求内敛、质朴的设计风格,使"新中式"更加实用、更富现代感。新中式风格的家具搭配以古典家具或现代家具与古典家具相结合为主,中国古典家具以明清家具为代表,在新中式风格家具配饰上多以线条简练的明式家具为主。"新中式"风格不是纯粹的元素堆砌,而是通过对传统文化的认识,将现代元素和传统元素结合在一起,以现代人的审美需求来打造富有传统韵味的事物,是让传统艺术的脉络传承下去的具有中国特色的中国风格。

但是,回归"中国情"并不是复古,而是融合。融合是在继承传统文化的基础上创新,是吐故纳新,是兼收并蓄,是对各种文化观念的吸收和统一,是将传统与现代结合在一起。在设计中如果不遵循国际标准及现代普遍的审美趣味,就不会有广泛的市场,就无法生存;如果抛弃本民族的深厚传统,就会失去设计形成的根基。

（三）"盐糖水式"的融合无痕

我们常说,意溶于心,了然无痕。当传统文化以意境的方式体现在现代设计中时,就如盐糖溶于水般了然无痕。

意境是中国传统美学的核心范畴,并被自觉不自觉地运用到我们两千年来的几乎所有的艺术形式之中。中国艺术的意境理论,是一种超象审美理论。蒲震元给意境下了个定义:"意境就是特定的艺术形象和它所表现的艺术情趣、艺术气氛以及它们可能触发的丰富的艺术联想和幻想的总和。"

著名学者吴良镛先生提出的"抽象继承"的设想就是以意境来体现传承的方法。所谓"抽象继承"，一是指把传统的设计哲学、设计理论加以发展，运用到现实设计中来；二是指把传统形象中最有特色的部分提取出来，经过抽象、集中提高，作为母题，蕴以新意，以启发当前的设计创作。既求神似，也并不排斥某种程度的形似。吴良镛先生对北京菊儿胡同旧城改造工程的设计就体现了"抽象继承"的概念，既保留了北京古城传统的院落体系，又成功地处理了居住的私密性和邻里关系。

再如我们的民族丝绸服装设计，早期大多只停留在描述的层面，没有灌入自己独特的设计理念，设计的作品流于平庸，总离不开"中国元素"的组合，去刻意表现中国印记。比如款式不外乎对襟、大襟、盘扣和立领，说到图案就把传统的盘花、团花、补花等一成不变地拿来，颜色也总跳不出传统五色的影子，跟不上流行的步伐。整体表现出来的所谓的委婉含蓄、清新典雅的风格都有矫揉造作之嫌。

中国服装业经过长时间对西方服饰的盲目追随，人们开始反思，并深入研究服饰流行及其成败的原因，越来越多的有识之士明白仅靠单纯的模仿难以达到全方位的超越，于是就有了许多民族化的探讨。但是，在实际设计中却出现了不少问题。问题主要表现为对民族服饰的生搬硬套、守旧和缺乏创新，作品既没有把时代的精神融入民族化设计中去，又没有把中华服饰那种飘逸、自然、随意、含蓄的精髓体现出来。

许多国家和地区的设计已经开始了对民族的、人性的、文化的和历史的认真反思，试图从民族性审美切入，从历史传统中汲取养分，寻求艺术及美学的根基，以强调各自的民族认同，值得我们借鉴的经验是日本和德国在设计上取得的成就。德国的设计现代、理性、充满国际主义设计风格，但其民族化的设计语汇仍旧清晰可见，日耳曼民族生性理性、讲实效、善思辨的特性依然存在，日本的设计则是东西方美感兼备，洋溢着浓郁的东方风韵。日本和德国的成功经验告诉我们，在全球化语境中，对民族传统我们要在继承中回归，在融合中创造，要在现代设计与传统设计语汇中找到一个合理的契合点，将传统艺术的精髓融入现代设计理念中，在传统文化中加入时代元素。

中国传统文化博大精深，积淀深厚，独具风采，中国传统的哲学理念对世界的影响也很深远，但中国的设计始终没能形成中国风格，久而久之，在全球语境下，我们就很难找到中国特色了。尤其是在全球化进程中，中国设计已被置入西方的设计文化格局，无论是设计方法、设计教育、设计思想还是设计话语都深受全球化的影响，人们纷纷呼吁要倡导"中国情"，要回归"人本主义"，要寻找"中国元素"，因为对传统的尊重体现了对民族文化的自信。人自身是一切人类活动的出发点和归宿，文化是人创造出来的，也是能够为设计所用的，设计师了解人、把握文化，也是为了创造出优秀的设计。

在艺术和设计领域，由于国外各种新思潮的涌入和渗透，动摇着我们固有的价值观与审美观。因此，如何认识传统文化与现代设计的关系，使其在现代设计中的应用更为广泛和深入，是新一代设计师们所面临的课题。清朝纪昀有云："国弈不废旧谱，而不执旧谱；国医不泥古方，而不离古方。"我们不可能抛开现有的文化体系去创造全新的学说，但也不能固守"旧谱、古方"。五千年的文化底蕴，使"中国"这个大品牌有着永恒、智慧、神秘、工艺精湛以及无与伦比的创造力。新时代新技术赋予我们新观念，传统文化至今仍充盈着旺盛生命力和独具一格的艺术魅力。对于设计而言，不管是形而上的设计思想，还是形而下的设计元素，都是中国文化精髓中的沧海一粟。要建立多元互补的设计构想，这样，不但增强了文化厚重感，而且有助于设计理念的延伸和视觉感染力的增强。

第三章

文化艺术创新主体

第一节　文化与艺术

一、文化的概念

文化是一个比较宽广的概念，要想给它下一个严格而精确的定义是一件非常困难的事情。不少哲学家、社会学家、历史学家、人类学家和语言学家等一直努力，试图从各自学科的角度来界定文化的概念。然而，迄今为止仍没有获得一个公认的、令人满意的定义。据有关资料统计，关于"文化"的各种不同的定义至少有一百多种。笼统地说，文化是一种社会现象，是人们长期创造形成的产物。同时又是一种历史现象，是社会历史的积淀物。严格地说，文化是指一个国家或民族的历史、地理、风土人情、传统习俗、生活方式、文学艺术、行为规范、思维方式、价值观念等。

广义的文化，着眼于人类与一般动物、人类社会与自然界的本质区别，着眼于人类卓立于自然的独特的生存方式，其涵盖面非常广泛，所以又被称为大文化。狭义的文化，指意识形态所创造的精神财富，包括宗教、信仰、风俗习惯、道德情操、学术思想、文学艺术、科学技术、各种制度等。排除人类社会历史生活中关于物质创造活动及其结果的部分，专注于精神创造活动及其结果，主要是心态文化，又称小文化。

二、文化的功能

（一）整合功能

文化的整合功能是指它对于协调群体成员的行动所发挥的作用，就像蚂蚁过河一样。社会群体中不同的成员单位都是独特的行动主体，他们基于自身的需要，根据对情景的判断和理解采取行动。文化是他们之间沟通的中介，如果他们能够实现文化共享，那么他们就能够实现有效地沟通，进一步地消除隔阂、促成合作。

（二）导向功能

文化的导向功能是指文化可以为人们的行动提供方向和可供选择的方式。通过共享文化，行动者可以知道自己的何种行为在对方或大众看来是适宜的、可以引起积极回应的，何种方式是对方或大众摒弃的，并倾向于选择有效的行动向有利的方向发展，这就是文化对行为的导向作用。

（三）维持秩序的功能

文化是人们以往共同生活经验的积累，是人们通过比较和选择认为是合理并被普遍接受的东西。某种文化的形成和确立，就意味着某种价值观和行为规范的被认可和被遵从，这也意味着某种秩序的形成。而且只要这种文化在起作用，那么由这种文化所确立的社会秩序就会被维持下去，这就是文化维持社会秩序的功能。

（四）传承功能

从世代的角度看，如果文化能向新的世代流传，即下一代也认同、共享上一代的文化，那么，文化就有了传承功能。能够实施文化的传承和发展，这也是我们现今鼓励提倡文化艺术创新的首要前提和必备要件。

三、艺术的含义

艺术是一种文化现象，属于小文化范畴，大多为满足主观与情感的需求，亦是日常生活进行娱乐的特殊方式。其根本在于不断创造新兴之美，借此宣泄内心的欲望与情绪，属浓缩化和夸张化的生活，具有来源现实而又超越现实的特性。文学、绘画、雕塑、建筑、音乐、舞蹈、戏剧、电影等任何可以表达美的行为或事物，皆属艺术。通俗地说，为减轻我们的生活负担，使我们开心或谓之赏心悦目者，是为艺术。

（一）在古代艺术指六艺以及术数方技等各种技能

《后汉书·伏湛传》："永和元年，诏无忌与议郎黄景校定中书五经、诸子百家、蓺术。"李贤注："蓺谓书、数、射、御，术谓医、方、卜、筮。"《晋书·艺术传序》："艺术之兴，由来尚矣。先王以是决犹豫，定吉凶，审存亡，省祸福。宋孙奕《履斋示儿编·文说·史体因革》："后汉为方术，魏为方伎，晋艺术焉。"清袁枚《随园随笔·梁陈遗事出〈广异记〉》："庾肩吾少事陶先生，颇多艺术，尝盛夏会客向空大嘘，气尽成雪。"

（二）艺术特指经术

清方苞《答申谦居书》："艺术莫难於古文，自周以来，各自名家者，仅十数人，则其艰可知也。"

（三）艺术是通过塑造形象反映社会生活的一种社会意识形态

如文学、绘画、雕塑、音乐、舞蹈、戏剧、电影、曲艺、建筑等。清朝吴敏树《与筱岑论文派书》："文章艺术之有流派，此风气大略之云尔，其间实不必皆相师效。"毛泽东《在延安文艺座谈会上的讲话》："在现在世界上，一切文化或文学艺术都是属于一定的阶级，属于一定的政治路线的。"李二和《流浪的梦》："艺术是人类生存状态的特殊显现和高度浓缩与提炼，是最终表达与揭示生命真谛的灵魂奇遇。"

（四）艺术可谓形象独特优美，内容丰富多彩

丁玲创作母亲第二章："她当面诽议浮生他们的生活太单调，太不艺术。"萧军《五月的矿山》第八章："这字写得艺术极了。"

艺术是一种很重要、很普遍的文化形式，有着非常复杂而丰富的内容，与人的实际生活密切相关。艺术作为一种精神产品，具有无限发展的趋势，并在整个社会产品中占有越来越大的比重。

理论上的文化、艺术属于社会意识形式的内容。并且文化是一个相当复杂的概念，英国人类学家泰勒第一个为"文化"下了个科学意义上的并对后来产生很大影响的定义。他认为："文化或文明，就其广泛的民族学意义来讲，是一个复合整体，包括知识、信仰、艺术、道德、法律、习俗以及作为一个社会成员的人所习得的其他一切能力和习惯。"（著名学者）拉兹洛也说："文化并不局限于纯文学、美术、音乐和哲学，还表现为科学和技术的创造方式、对自然环境的控制、个人美与和谐的感受以及他对世界的认同感和对世界的幻想。总之，把一个民族区别开来的是文化，而不是地理或自然资源遗产。社会发展的主要因素是人们的价值观念、动机和创造力。"这里的文化的定义中其实同时暗含了科学技术政治法律道德艺术等方面的内容，它属于一个很宽泛很广义的概念。艺术是借助语言、声音、表演、造型等手段，以生动、具体、典型、感人的形象反映社会生活的意识形式，它艺术地再现社会生活，用审美的情趣去认识和评价社会现实生活，包括音乐、舞蹈、绘画、雕塑、建筑、文学、戏剧、电影、电视等各种各样的具体形式。同时艺术有时也表示人们认识和改造世界的方法以及人们思维和表达的习惯和状态。所以从上述定义来看，我们可以将文化艺术这个组合而成的名词理解为一种"传统历史文化及其表征，一种思维习惯和方法。"

第二节　文化艺术创新主体及特征

一、人民群众是文化艺术创新的主体

人民群众是我们党的力量源泉和胜利之本，党的一切奋斗都是为中国最广大人民谋

利益。在文化艺术创新中必须把人民群众作为创新的主体。建设中国特色社会主义是亿万人民群众的共同事业，人民群众是实践的主体，不仅是物质生产实践的主体，也是精神生产实践的主体，是文化艺术建设和文化艺术创新的主体。人民群众中蕴藏着巨大的智慧和无穷的创造力。进行文化艺术创新，必须发挥广大人民群众的首创精神，坚持从群众中来、到群众中去，充分调动和发挥人民群众的积极性和主动性，挖掘广大群众的创新潜力，鼓励他们积极探索，勇于创新。

一个不争的事实是，我们很多优秀的文化艺术形式和作品都出自广大"艺术家、艺术工作者、民间艺人"之手，是他们实现了文化艺术的传承、发展和创新。在长期以来大量的文艺理论表述中，有意无意地都把"艺术家、艺术工作者、民间艺人"当成了唯一"合法"的艺术创新主体，我们有必要对之加以审视与重视。艺术是个总体性的范畴，其中具体包含了四个基本的要素，即现实、作品、艺术家和欣赏者，在解释文艺问题时，许多文艺理论和文艺批评的专著或教材都将之奉为一种普遍的法则。一段时期以来，在论及艺术的创造或创新主体时言必称艺术家却似乎成为国内学界的一种共识或惯例。如胡经之先生在其《文艺美学》一书里就始终坚持认为艺术的创造主体就是作家、艺术家。在他看来，"文学艺术的创造，是由艺术家、作家来完成的"，如牛宏宝先生所言，"我们一向习惯于认为，艺术创作是艺术家的一种主体性行为，即艺术家进行艺术品创造的过程。同时也应明白，有可能一件艺术品的创制者当初只是一个普通的人，他也没有受过艺术方面的专门训练，但是在时代、环境以及文化等多方面因素的影响下，那位普通的作者所创作的作品渐渐受到了人们的赏识和接受而成为艺术佳品。而那位创作者可能仍旧是位普通的人，也可能从此就没有其他的作品问世，创作者本人无从考证或早已消失在人们的记忆深处。所以我们有必要重视"民间艺人"这一创新主题的作用，正可谓人民群众是文化艺术创新的源泉和根本。

二、文化艺术创新主体的特征

（一）创新性

所谓创新既是新事物代替旧事物，实现质的飞跃和发展。文化艺术创新主体必须具有创新性，以及为创新而应具备的一些基本技能。艺术作为一种创造性的活动，随着政治、经济、自然环境等的变化会做出相应的适应和调整，一些掌握了部分技艺的群体，依靠自身的感悟和感受创造性的创作出超越以前事物或使之更加完美的作品，从而发挥出艺术的新魅力、达到使人们愉悦和得到更高的精神享受的效果。

（二）实践性

文化艺术创新作为创新的一种，其创新主体的实践性尤为突出，任何文化艺术作品的产生都离不开创新主体的实践活动，通过感官等的实践和涉猎，通过身体力行的劳动和学习，创造出更为新颖和完美的作品，使之成为人们耳熟能详的佳作，如果背离实践活动，单凭主观的想象势必会造成一些腐朽消极的作品产生，让人们丧失改造自然的主动性而堕落。好的作品能够为人们的实践活动提供指导作用，促进人与自然、人与人的和谐发展。

（三）艺术性

文化艺术创新主体最为本质的特性是具有艺术特质，能够有一双发现美的"眼睛"，这也是文化艺术创新主体区别于其他创新主体最明显的特征。所谓艺术性，即是文化艺术创新主体本身应具有艺术气质，熟悉艺术的创作过程和创作手法，并具有艺术表现能力，无论是艺术家还是普通老百姓如果没有艺术潜质，是不会实现艺术创作质的发展的，更无从谈起艺术创新。

第三节　文化艺术创新主体本质

文化艺术创新主体的生命力、传承力和可持续发展力均有赖于其自身文化艺术素养能力的创新、丰富和发展。文化艺术创新主体能力不仅是自身原有能力的激活，更应是对固有创新能力或本能的革命性转型。这便要求文化艺术创新主体在价值观念、知识体系、思维方式和培育体制中始终坚持时代性、整体性、系统性和前瞻性。

首先，价值观念是人类整个精神层面的追求，同时又是主体能动性发挥的指导基础，是人的精神观念客体化以及客体世界主体化的纽带和桥梁。价值观念是一个民族的思想、行为习惯和道德观念等方面的评价标准和理想取向，不仅是维系一个民族的协调和统一的深层的内在力量，而且是一个国家在既定的传统价值体系的基础上，保持文化创新和整合实施文化战略进程中，保持时代性的同时，始终坚持的民族性和连续性的关键与标志。以科学发展观作为主体价值取向，能够更加有利于实现创新作品的正确影响取向，更能实现广大人民群众的精神质量的提高，更有利于社会的和谐与稳定发展。

其次，如果说价值观念是指导文化艺术主体创新的思想基础，那么，知识便是主体实现创新的能力基础，是认识和改造世界的工具和装备。自20世纪下半叶以来，以数字化、网络化和多媒体化为代表的当代信息革命，引领着人类社会由工业文明进入知识经济文明时代。知识化与全球化的相互激荡冲击着民族文化艺术的根基。能否迎接知识经济为我们民族带来难得的发展机遇和挑战，创新知识体系，实现主体知识体系的丰富与发展；能否用先进科技传播先进文化艺术，不断提高科学技术对文化艺术创新的贡献率，既是对创新主体生命力和持续力的严峻考验，也是构建高科技与先进文化艺术的和谐发展，实现国家文化艺术发展战略的必然选择。

再次，思维方式是主体创新体系中的框架。在主体实施文化艺术创新行为中，经常地广泛地起作用的思维方式、思维习惯、对待事物的审视趋向，都是文化艺术主体的思维方式。然而，思维方式归根结底要适应于实践，应伴随社会的发展不断创新。中国有数千年文明史，并成为世界文明古国中唯一没有出现文明断裂的国家，文化艺术得以连续发展、积累，底蕴丰厚。但中华传统文化艺术中某些消极因素也导致传统观念与现代理念的冲突，阻碍了文化艺术创新和文化艺术产业的发展。为此，在全球背景下，面对人类的一切优秀文化艺术遗产和成果以及不同群体、集团、民族和国家生存和发展过程中相互依存这一现实：面对人类社会各种社会制度、意识形态、价值观念长时期共存多元发展的结果，必然成为文化艺术创新思维中的重要内容。

最后，作为文化艺术价值的外化，文化艺术主体培育体制的创新的根本目的，是解放文化艺术主体培育生产力，以满足新时代文化艺术主体成长之需求。时下需要解决的问题是，应从决策、管理、用人、投资、经营和监督等方面改革文化艺术主体培育体制，打造现代文化艺术培育产业，构建一个以科学发展观为指导的、具有较强产业竞争力的文化艺术主体培育体制，旨在提升我国文化艺术主体培育产业的整体实力，并成为当代文化艺术创新与建设的切入点。

第四节　文化与艺术的关系

文化是相对于经济政治而言的人类全部精神活动及其产品，它的定义可以列举出数百种，但其基本的概念分为9种类别：它们包括艺术、人类学、社会学、哲学、心理学、生物学、生态学、历史、教育的文化概念。爱德华·泰勒在《文化的起源》中曾说道：文化或者文明，从其广泛的民族志意义上而言，它是一个错综复杂的总体，包括知识、信仰、艺术、道德、法律、习俗和人作为社会成员所获得的任何其他能力和习惯。

艺术是一个描述性的概念，而艺术在《辞源》中解释为：泛指各种技术技能。用形象来反映现实但比现实有典型性的社会意识形态，包括文学、音乐、绘画、戏剧、曲艺等。

艺术与文化有着密不可分的关系，它们的发展是统一的，艺术是文化的内涵和重要组成部分，而文化则是艺术的渊源与内容。在现代社会中，通过文化来批评艺术和通过艺术来批评文化已经成为艺术与文化共同发展的重要表现形式。像这种互相批评的现象在现实生活中随处可见，就拿电视上出现的公益广告来说，就是用广告这种艺术平台来批评当今社会中出现的一些文化问题。艺术已经成为一个民族文化底蕴的反映物，而一个民族的文化又总是被它的艺术所反映。

艺术在文化价值体系中的地位，西方20世纪的文化学者斯宾格勒认为："高级人类的世界感受，为自身所觅求的最最明晰的象征表达的方法，除了数理科学那一套展示模式及其基本概念的象征系统外，便是艺术形式。"他进一步指出："如果一个人的环境对于个人的意义就如外在宇宙相对于内在宇宙一样，是一组庞大的象征之集合，则人的本身，只要他仍属于现实的结构之中，仍属于现象界，他们必然要被容纳在一般的象征之中。

但是，在人给予他相同的人们的印象中，什么真能具有象征的力量？什么真能密集而睿智地表达出人类的本质及其存在的意义？这答案就是艺术。"从这些观点可以看出艺术是人类文化最高级的象征，它参与、推动，并体现和反映着人类文化的变化与发展，例如：在全球化消费文化的冲击下，商品的竞争压力日益增大，商家通过广告或者具有精美艺术水准的包装来吸引和刺激消费者来购买，这就体现了艺术参与和推动，并体现和反映着当代人类文化的变化与发展的明证。同时艺术也是文化的一个重要组成部分，它只是文化价值体系中的一个子系统，必然从属和依附于文化，并受到它的制约和影响。

文化是人类在社会历史发展过程中所创造的物质财富和精神财富的总和，但我们通常把精神财富统称为文化。而艺术作为一种文化现象，大多为满足主观与情感的需求，亦是日常生活中一种特殊的意识方式。文化的本质是人类自己根据自身对宇宙真理的认知而建立起来的一套价值系统。文化学者克鲁依伯和克拉克洪在《文化：概念和定义的批判分析》一书中提出："文化是包括各种外显或内隐的行为模式，通过符号的运用使人们习得并传授，并构成了人类群体的显著成就；文化的基本核心是历史上经过选择的价值系统；文化既是人类活动的产物，又是限制人类进一步活动的因素。"这个定义强调文化随着时间、空间的变化，会不断发生变化，呈现出时间上和空间上分合的一体化建构趋势，而艺术作为人类最高级的象征体系，在这个过程中起到了桥梁纽带和融会贯通的作用。也就是说，文化的变化和发展需要艺术来进行象征性的体现。我们常说艺术无国界，随着时代的发展，艺术发展反映了那个时代的文化和政治背景。一个时代的文化也影响到那个时代的艺术，对艺术的鉴别、表达和理解能力起到了推动的作用。例如一位漫画家在工作时，如果没有太多的文化，即使技术再好，他通过漫画反映出的内容也缺乏思想和内涵。如果有文化，那么作品的风格和内容会丰富，看待和表达事物的方式也会十分透彻。所以，艺术是人们为了更好地满足自己情感寄托和主观意见的行为需要而创造出的一种文化现象。可见艺术和文化的关系是象征与被象征的关系，归属与被归属的关系，二者相互影响，密不可分。

第四章

现代艺术设计的本体

第一节　现代艺术设计的文化本质

艺术设计的本体研究，旨在对于艺术设计的本原、本质进行探索。艺术设计作为人类物质文化的参与者和创造者，它的历史作用，在于构建物质体系中人类的主导性地位，是由主体的需要、意志和情感所决定的对于人类物质环境的能动性支配。艺术设计的本体是从主体出发的，是人的主体特性决定了艺术设计的本体特性。

一、设计文化的主体原则

（一）以人为本的原则

《易经·贲卦》中说："观乎天文，以察时变；观乎人文，以化成天下。"文化是人的产物，是人类在社会历史发展过程中所创造的物质财富和精神财富的总和，它汇集了人类的全部历史文明所积淀的智慧和意志。作为文化之一的艺术设计也必然是人的产物。人作为文化的主体，其生命的物质形式和非物质的精神形式所具有的"追问一切"的本原性特质，形成了物质创造和精神建构的二重性关系。人类的物质生产产生了艺术设计，这正是二重性统一的具体表现，因为艺术设计把审美和技术有机地整合在物化的产品之中。

艺术设计作为文化的表征之一，它参与创造了人类的物质世界，其基本的命题是"为人造物"。这一命题体现的是"人本主义"原则，它彻底替代了"神本景观"的历史。人本主义提高了人的地位和价值，它得益于500年以来的人文精神的复兴和300年以来现代科学的发展。它源于这样的思想基础，即世界为客观的实在和人的主体性存在确立了人在世界中的地位与作用。

人的主体性存在，是通过在人的主观能动性支配下的社会物质实践产生的，它集中表现为由劳动所产生和发展起来的主体本质，这个主体本质包括：

1. 认知能力

认知是人类最基本的能动行为，包括对自身在内的整个世界的认知。认知能力是历史的、发展的、可累积的和可传递的。

2. 符号系统

最初是人类为了传达认知、交流信息而发展起来的一种工具性语言手段，后来发展成为包括宗教、艺术、神话在内的一种文化形式。它与动物信号系统的根本区别在于这种符号系统能够超越不同的媒介和进行高度地抽象。

3. 意志

人作为自在之物，意志是人类的主观能动性的精神存在。意志能够自觉地确定目的，并根据目的的需要来支配、调节自己的行为。

4. 伦理观念

即道德观念，是人类社会有关善恶、义务的观念，包括道德原则、道德评价和道德行为，是人的社会属性。

5. 审美感受

它是人对客观世界的一种特殊的心理活动，美感的产生是人本质力量对象化的结果，是在对于个人和世界和谐完美追求中得到的美感体验。审美感受能力的存在是艺术存在的前提。

把人工造物作为人自我认识的环境条件和物化对象，重视人在造物对象化过程中对理性自我的肯定，把物的合理性视为人生合理性的物质反映。人生是合理的、有目的的，因而人类的造物也是合理的、有目的的。人虽然从属于动物的属性，受到"本能"的种种限制，但人又是具有智慧、理智、情感和自由意志的动物，他（她）可以把自身行为的合目的性与他人联系起来，成为一种具有社会属性的共同目的。人的劳动分工、群居，构成了人与人的关系，形成了人的社会属性。

作为"社会的人"在与别人交往的过程中，形成了人的第一精神属性，这就是人的"自我意识"。"我"的意识存在划出了一条人与动物的根本界限。德国哲学家、自然科学家莱布尼茨说："动物没有自我意识。"（最近的科学发现，非洲的一种黑猩猩和印度的大象有自我意识的表现）。因为动物没有意识到自己，它就不可能占有自身，支配自己，而人的自我意识为人认识到人的价值奠定了基础。

人文精神，首先体现在重视人的价值上。"以人为本"的原则，把人作为一切关联事物的逻辑起点。古希腊哲学家普罗塔哥拉斯说："人是万物的尺度，是一切存在的事物存在的尺度，是一切不存在的事物不存在的尺度。"

人是万物的尺度，把人作为世界的主体，这既是人类观察的方式，也是观察的结果。

根据主体的需要，人类学会了劳动和制造工具，进行有目的的创造性活动——为人造物，由此产生了人类的艺术设计。

马丁·海德格尔给人下的定义："人是定居的动物。"人必须在大地上安居，所以，人必须受困于大地之上，在有限的时间内，依存于持久性的物质世界，依靠"物"而生存。人为自己造物，就是人类安于大地上的存在，建筑就是安居的方式。所以，海德格尔说："建筑并不仅仅是通向安居的手段和道路——建筑本身就是安居。"人类学会了造物，生命才获得了生存的手段。由造物使然，人类获得了第二个自然，也就是人工环境，即人化的自然。美国的赫伯特·西蒙在其《人工科学》一书中为人化的自然—人工物，给了如下四个方面的界定范围：（1）人工物是由人综合而成的。（2）人工物可以模仿自然物的外表而不具备被模仿自然物的某一方面或多方面的本质特征。（3）人工物可以通过功能、目标、适应性三个方面来表征。（4）在讨论人工物，尤其是设计人工物时，人们经常不仅着眼于描述性，也着眼于规范性。

西蒙也把人工环境称为"界面"。他说：人工物处在两个界面之中，一个是人工物的内部环境；另一个是人工物的外部环境。前者是物的性质和结构关系；后者是物的工作环境。任何一个人工物预期目标的实现，取决于二者之间的合理关系。

人工环境的所谓"界面关系"必须遵循一个重要的原则，就是以人为本的主体原则。在这个原则的指导下，使人工物能够作为人与外界的一个关系纽带。继而，它产生了人与人、人与物、人与事、人与环境之间的种种关联，这种关联使"物"变得丰富多彩，也使"人"变得丰富多彩起来。当人与自然关系建立的时候，本质上是建立了一种"心与物"的关系，"心"受到物的制约，"物"也受到心的支配。

所以，在人化的自然中，以人为本的主体原则使一切人造物都具备了"人"的特征，它印证"人是万物的尺度"这句古老的名言。人工环境和人造物所产生的一个结果，是把"个体的人"带入了社会，而使人成为"社会化的人"。因为一个由社会分工、阶级和阶层对应的产品世界所构成的人化自然，是一个高度社会化的自然。

艺术设计在人的社会化过程中具有重要的文化意义，它把主体的意志和情感注入客体的对象之中，是一种客体意象的具体化过程。这个过程使人类在人与物之间建立了一种特殊关系，它应用了艺术形式的符号语言进行编码和解码，形成了心物异质的同构关系。

这个层级符号系统直接反映了产品的社会成因和历史原因。艺术设计所实现的为人造物的目标，是在主体原则控制下的有目的的行为，第二自然紧紧包裹的是人，而不是别的。然而，可悲的是人工环境的出现，疏离了人与第一自然的关系，甚至是破坏了第一自然的生态和谐。主体原则的内涵，在后现代思潮的冲击下受到了严重的挑战。人们不得不重新思考人与物、人与环境的关系，反思人工环境所产生的种种影响。

马克思说生产不仅为主体生产对象，而且也为对象生产主体。以人为本的原则，其带来的结果就是艺术设计必须满足人的需要。满足需要是人类造物，实现功能的基本前提，也是艺术设计兑现价值的根本途径。人是有目的的动物，人的目的是通过需要的具体化和现实化来实现的，目的体现了主体需要与客体特性之间的具体联系，是作为行为主体的人对客体作用的定向性机制。

所谓"主体需要的原则"，就是人通过有目的性的劳动不仅使自然的形式发生着某种变化，同时也在自然物中实现自己的目的。人利用了自然事物的客观规律的合目的性，在客观自然的束缚中取得自由，是为改善人类生存环境而创造人化的自然，因此这个世界也是合目的性的。在这个创造的过程中，世界成了人的对象，人成了世界的主体。

自然的人化所依赖的是技术手段和技术过程，然而科学技术本身并不以人的感性适应度为依据，它只遵循客观的自然法则。所以，满足主体需要原则就必须通过艺术设计的创造性工作来达成人类对造物的具体形式和功能的适应性要求，把人的尺度对象化、具体化。为人造物，本质就是遵从和满足主体需要原则，艺术设计就必须从主体的人出发，了解人的个性的独特性和多样性，了解具体人群的特点及其需要。"人的需要"是一个复杂的命题，

人的复杂性决定了"需要"的复杂性。美国人本主义心理学家马斯洛认为，人的需要是激发人行为的内驱力和欲望，是构成动机的本源，人的一生是不断产生需要和不断满足需要的过程。马斯洛把人的需要分为五个层次：生理需要；安全需要；爱和归属的需要；自尊的需要；自我实现的需要。

马斯洛又把需要分为基本需要和高级需要。其中生理需要在所有需要中占绝对地位，尤其是对"食物"的需要始终会占据最重要的位置，这是一条生物学的逻辑。人类只有在满足基本需要之后才会向社会化的高级需要发展。鲁迅在其小说《伤逝》中说："人必须活着，爱才有所附丽。"就是这个道理。作为一个整体的人，人的需要满足总是由基本需要满足向高级需要满足发展的，它组成了一个"相对优势层次"。当一种需要被完全满足后，那个被满足的需要就被新的需要所掩盖，变成人的潜能隐藏起来，新的欲望就会出现现代艺术设计与民族文化符号并占据人的机体。需要的层次越高，人在得到满足后所产生的幸福感、丰富感就越强。艺术设计在满足主体需要中，包含了人类需要的全部层次。因为，现代人类所处的物质社会就是艺术设计参与的产品世界，艺术设计所包容的产品内容及范围涵盖了人类衣食住行的方方面面。从某种意义上讲，正是由于人类需要的层次性和复杂性，以及对造物功能的具体效能和审美要求的不断发展与变化，才产生和发展了艺术设计。特别是艺术设计把人类物质的功能需求和精神的审美需求注入在物化的产品中时，极大地提升了人工制品为满足人类不断提升的需要层次和日益丰富的需要内容而发挥的作用。

人的高层次需要往往是基于精神和情感的需要。考察马斯洛所分类的需要层级，可以发现，当人类的需要摆脱物质的依赖越多，需要的层次就越高级。如自我实现的需要包括个人责任、自由意志、对真理的探求、创造和审美等，这些需要实际就是构成人类

精神价值的核心。从这点出发，我们可以得出这样的结论：艺术设计所包含的技术审美，就是提升和促进人类高层次需要的一种手段。当代社会已经开始从物质消费向非物质消费发展，这是人类需要层次递进的趋势，它直接表明了人类社会的进步。因为只有当物质丰裕到使人的基本需要成为潜能，不再被直接关注的时候，更高层次的非物质需要才会走到前台，成为社会动机的主体。可以这样说：当一个人人都把最高层次的需要作为欲求，并达成自我实现的社会，那一定是人类最美好的时代。

后现代哲学思想和未来学家宣称，当社会物质基本或已经解决时，会产生更多的闲暇和"自由时间"，人类会追求"游戏"的需要，因为游戏担当起了对自由时间进行组织的功能。"自由时间的解放是日常生活革命的前提和基础。"当"无用"的游戏能够让人真正脱离物质功利的束缚时，思想和精神才会真正自由起来引领生活方式的原则。主体生活方式就是指人的生活行为。人的需要、动机与满足，客观上形成和影响了人的生活方式。人的生活方式包括人类的全部活动，除了物质的生产和交换之外，构成生活方式的主体内容包括人们的衣食住行的物质消费水平与方式，人们在日常社会生活中的交往方式，节庆礼仪的社会习俗，日常的闲暇娱乐和精神生活等。生活方式不仅体现了个体的人的生存状态、具体的生活内容、生活价值的取向，更重要的是，它还体现了时代、社会、文化、民族和地域的特征。作为具有自由意志的人类，形成了对自己生活方式的选择能力，这种能力是人类独有的，人类生活方式的不断演进是人类进步的具体表现。人的需要总是发展变化着的，越是高层次的需要，其内容越是复杂，当它表现为具体生活内容的时候也就越丰富；越丰富其选择的可能性就越大，社会就越文明进步。生活方式作为需要的具体表现形式，就是由需要被满足的结果形成的。不同层次的需要动机，往往会直接表现出对不同生活方式的具体追求和选择，需要的层级递进总是会形成生活方式的递进变化。

作为物质社会和消费时代，其特征就是：物质产品直接而有效地决定和影响了特定社会人群具体的生活样式。

生活方式的审美选择具有重要的社会作用和文化意义，它反映了人类的文明程度。海德格尔说："人诗意地栖居"就是对生活方式审美选择的最好诠释。生活方式的审美选择是用审美的价值尺度去衡量一个社会的生活形态，它的选择直接决定了人们物质消费的态度和方式。它在两个方面对于社会的发展具有强大的促进作用：第一，生活中的审美观念总是与社会的价值观念具有高度的一致性，它就是一个社会核心价值在日常生活中的具体表现，是对社会价值观念认同的行为化过程。第二，它能够促进社会的良性发展，审美选择的标准总是受到社会倡导的主流意识的影响，它把社会的情感、思想、伦理提升到艺术审美的层面。

生活方式是文化的外在表现，艺术设计对于整个文化发展的推动作用正是通过物质产品对人类生活方式的影响形成的。现代人文观念注重人在生活方式的选择中所形成的人格模式。例如，城市主流人群的人格模式是形成一个城市文化的核心成分，城市所追求的是由健康、和谐、审美的城市生活发展起来的新型的城市人格。这既是构成一个社会文化的具体表现，也是城市发展的根本动力。

（二）设计文化的多样性原则

艺术设计作为一种文化样式具有多样性特色，这个特色是由艺术设计所涉及的产品的内容与形式的多样性所决定的，它包括产品的类型、功能、样式、风格、流通和消费等所体现出来的那些丰富性、多重性和奇异性。

设计文化的多样性特色具体体现为：广泛的文化适应性和技术迁移性。

1. 设计文化的适应性

设计文化的适应性以艺术设计与社会文化发生着的普遍联系为基础。这种联系就是艺术设计作为人类的造物工具和文化手段，在对自然形态与功能的改变过程中，将人的物质满足和精神需要注入产品中，把人的活动物化在产品中，使自然成为人的对象。在此过程中，一定的文化形态起着重要的介质作用。

设计文化的适应性还具体表现为文化形态的统一性和多样性。所谓统一性，是同一文化形态可以影响不同的设计领域。如后现代思想是一种文化形态，它影响了包括建筑设计、环境设计、平面设计、产品设计等在内的艺术设计的所有领域，形成一种后现代设计风格和艺术样式；所谓多样性，是指同一种产品，可以设计成完全不同的形式，体现不同的文化风格。如手机的设计、汽车的设计就有数千种，甚至更多。

2. 设计技术的迁移性

设计技术的迁移是一种文化适应性在技术层面上的反映。所谓设计迁移，就是艺术设计的观念、思想、方法、技巧和经验往往具有普遍意义。如陶艺产品中的设计经验往往可以迁移到塑料制品甚至是其他产品中；建筑设计中的观念可以用在服装设计上，等等。设计的迁移性是形成艺术设计互动的前提，也是设计不断发展的重要因素和构成设计文化多样性的重要条件之一。

设计技术的迁移，能够使设计师个体具有多方面的设计技能。一位建筑设计师可能同时也是一位家具设计师或陶艺专家；一个平面设计师，也有可能在工业设计领域施展才华。这是现代设计职业的趋势，也是设计大众化的表现，因此你有可能在某个超市上买到某位建筑大师设计的居家物品。

二、设计文化的互动性与多元性

（一）设计文化的互动性

艺术设计的迁移性可以表现为文化的互动性，这种互动性为设计文化的交流提供了平台，艺术设计的文化交流是普遍存在着的一种状况，设计的适应性是交流的前提，设计的丰富性就是交流的结果。作为交流的手段，设计文化的互动性能够把不同介质的文化样式融会贯通，并依据统一性原则，通过综合的方法创造出新的设计。从人类造物的历史来看，人类的设计造物总是相互影响的，如青铜文化是在陶器文化基础上发展起来的；后现代设计的根源是国际主义。文化是植根于大地的东西，而不是从天上突然掉下来的，它是生长的而不是突发的，人类不可能去认同一个没有任何经验，无根源的所谓"文化"，而艺术设计的创意、创新常常是互动综合的结果。

设计文化的互动性最能够形成跨文化交流，从某种角度上讲，设计本身就是一种跨文化行为，它跨越了政治、经济和文化三大领域，把艺术、技术和科学有机地统一在物质产品的层面上，使设计成为具有物质功能和精神功能的统一整体。为人造物的设计只有成为一种跨文化的综合体，才能够适应和表达人类的行为方式、生活方式和情感方式，才能体现经济、效能和审美的统一价值。

艺术设计的跨文化交流还表现为不同国家、地域、流派、风格和门类之间的设计交流。这种交流在全球范围内随时都在广泛地进行着，它对于艺术设计的发展起到了重要的促进作用，特别是对于区域设计文化的转型具有重要的意义。如希腊学习埃及，罗马借鉴希腊，阿拉伯参照罗马，中世纪的欧洲又模仿阿拉伯，而文艺复兴时期欧洲则仿效拜占庭帝国。

艺术设计的跨文化交流与其他类型的跨文化交流不同的是，艺术设计文化的双向认同，主要是由产品完成的，物化的产品成了设计文化跨文化交流的话语主体。特别是在世界经济一体化的今天，产品市场已经全球化，产品作为一种特殊的交流语言，对于设计文化的影响最为直接。因为它不仅是一种专业性的技术交流，更是一种最大众化的文化交流，它在提升公众设计消费意识、认同设计价值、提高产品的审美修养等方面起到了直接的、重要的作用。

（二）设计文化的多元性

艺术设计的互动性发展丰富了设计文化，但是它必须遵循文化生态的多样性原则，这个原则就是多元文化的共处。艺术设计与其他文化一样，需要在人本体制下的独创性存在，这种"独创性存在"的个体之间是一种"和生"的共处关系。中国历来有"和实生物，同则不继"的思想。孔子说："君子和而不同，小人同而不和。"就是说事物的发展是一种在"不同"基础上的"和谐"关系。所谓"不同"，就是对独立性和独创性的坚持，才能达成事物与事物之间的和谐关系。在艺术设计中"同"常常是最忌讳的，因为"同"是设计失去价值的开始，今天的艺术设计有太多的"同质""同形"和"同构"，因而导致了许多设计作品失去了独创性存在的意义和价值。

文化的多样性原则在文化的交流中会产生文化的异地发展问题，设计文化也不例外。

当一个外来的设计理念或风格被传入时，常常会在更大程度上得到发展。当欧洲的现代主义设计风格传入到美国之后，在结合了美国人的实用主义哲学和现代商业模式之后，就发展成为了具有全球影响力的国际主义风格；日本作为一个设计大国，在引入西方的现代设计时，又保留了本国的民族传统，使日本从明治维新以来的艺术设计不断地发展，并形成一种独特的现代设计风格。

设计文化的多元性是人类文化多样性的组成部分，艺术设计代表了人类物质文化的构成体系，作为本体平等原则，它必须是共存的、多元的、丰富的。特别是后工业时代，现代主义的一元论已经不复存在，艺术设计的单一中心已经被多中心所替代，那种一个主义、一种风格、单一文化统治世界的局面不可能再出现。

（三）设计文化的创造性

设计文化的多样性发展所呈现的诸多问题，其核心是创造力的问题。强调创造作为多样性的基础，表明了所谓"多样性"不是设计数量的概念，而是创造、创新、创意能力的活跃性、丰富性和可实现性。

1. 文化力

艺术设计的创造力是一种文化力，它在促进社会物质文化和观念文化的发展中具有重要作用。设计作为物质形态的创造方式，直接影响的是人类社会的物质消费，产生的结果是生活方式的变化。当物质消费行为成为一种价值经验的时候，就会形成一种以价值尺度为中心的观念文化，这种观念文化反过来会影响物质文化的形成与发展。当设计文化力变为生产力的时候，就成为一种对市场有积极意义的消费力，当社会消费力驱动市场的时候，就变为社会的经济力。所以设计文化的创造力总是以促进社会的经济发展为目标的。

当今，国家之间的竞争主要是一种政治、经济竞争，强盛的经济力将成为一个国家政治话语权的象征。文化力作为经济力的基础被历史地提到了前所未有的高度。作为主体的人，其创造力是可以开发的，当创造力以潜能形式隐性存在的时候，就需要通过一定的环境条件与技术方法将其激发出来。创造力开发是一项系统工程，它既需要创造理论的支持，又需要创造方法的工具，同时还要考虑个体之间的差异性，它是建立在创造性思维培养，创造才能的获得，创造表达技巧的把握基础上的系统科学的训练，其中综合能力是创造能力训练的重要方面。所谓综合能力，就是系统思考的能力，它包括观察能力、记忆能力、联想能力、发散思维能力、想象能力、预见能力、计划能力、执行能力、评价能力、审美能力等。综合能力是形成创造智慧和创造能力的基础。

所谓强势文化实际就是强势经济的代名词。所以，文化与经济的关系已经是一体化的共存关系。在全球转变经济增长方式的今天，有魅力的先进文化具有对持续性经济发展的引导作用。由此可见：在文化创意产业的发展形成了一个全新的文化创意经济的今天，艺术设计作为这个产业的主体就被赋予了重大的历史使命。

2. 创造力

"综合就是创造"是关于创造性问题的一句名言，为很多设计师所用，然而却存在着普遍的误读。综合就是创造，作为对创造的规律性总结，是表明"综合"在创造性行为中的总结作用。这个作用是在于对事物已知规律的把握的基础上所进行的全新表现，其产生的结果必须是前所未有的、新颖的、独特的。艺术设计综合的方法，不是简单的"拿来"，更不是随意的"拼凑"，它需要在深刻理解事物客观规律的基础上，综合运用前人的科学发现和技术，然后根据具体的设计目的进行创造性工作，即创造性设计。创造既区别于发现和发明，更区别于复制与模仿。创造性设计的价值在于开拓原创性的设计形式，完善功能，满足人不断发展的需要。其终端的目标是，在物质文化的创造中开创全新的审美领域，为人类提供新的视觉审美经验，构建人工产品与环境的新价值体系。

三、设计文化的现实性原则

设计文化的现实性原则突出体现在以下几种文化形态中：

（一）产品文化

从来文化都是在人类社会生活的现实中发生和发展起来的，历史文化的延续也是因为它对社会的现实生活具有意义，如果一种文化是反现实的必定会遭到唾弃。如欧洲中世纪的基督教文化被最后遗弃，是因为它违背了人性，阻碍了人类社会的发展。新旧文化的交替，总是以文化的现实原则为依据的，

当社会生产力发展时，旧有的文化关系就一定会被新生的先进文化所代替，这是历史的必然，也是人类文化发展的趋势。

设计文化的现实性集中体现在设计产品上，产品作为文化的载体和物化成果最具有真实性和客观性。设计产品总是在科学技术进步的基础上，不断创造新功能与新形式。任何新设计的出现都会以其产生的现实效用为评价的尺度，它必须满足主体需要的现实性原则。

产品文化的现实性原则，还包括设计产品具有社会观念文化的显现性，因为产品文化在特殊的情况下，可以脱离其物质层面，而具有相对的独立性。可口可乐是一种可乐标志、碳酸饮料，但它却是美国文化的象征，是美国快餐文化的一部分，它的即食性、便捷性、娱乐性与同为饮料的中国茶及中国的茶文化有本质的区别。快餐文化是源于实用主义的哲学观念，是美国商业文化的产物，它注重的是效用。而即食和快感也是效用的重要成分。而中国茶以及它所代表的茶文化，却是一种代表心性的修养文化。

产品文化现实性原则的另一个特征是"可复制性"，这个特征是工业产品的复制性生产来的，它表现为广泛的、大众化的、普适性的物质效用，消解了作为个体消费者对

于个别产品的具体要求。工业成衣，是根据由人体测量和统计学得来的人体的标准尺码进行一定规模的复制性生产，它与手工缝制的服装那种量体裁衣的单件性制作，在文化的层面上就有根本的区别。产品文化的消费，本质上是在消费一个由机器复制的工业文化，工业文化的特征之一就是人必须认同，甚至是屈从机器生产的物化形式。

艺术设计本身是不可复制的，而艺术设计的成品却是用来复制的。客观上，设计就是在制定一定工业化复制的标准，没有这种工业化的机器复制，现代艺术设计就不可能发生和存在。

（二）消费文化

产品文化的现实性原则，还在于它作为一种大众文化样式出现。设计产品的直接目的是用于消费，消费的目的则是满足需要，没有需要就没有消费，没有消费当然也就没有产品。所以，当社会物质产品在运用商业工具进行再分配的时候，它必然会促进社会消费，特定的消费文化、消费社会的形态也就必然出现。消费文化作为大众文化的一个组成部分，是人类进入后工业时代的文化现象，它借助于现代大众传媒的广泛影响力对产品消费起到了至关重要的作用。消费文化的产生得益于社会物质财富的不断增长、社会产品极大丰富、消费能力和消费水平快速提高，并在此前提下所呈现的社会商品景观。艺术设计在这个景观的营造过程中扮演了重要的角色，它在参与产品的制造过程中，为产品注入了人的观念意识，并把这种观念意识一直扩展到产品的行销过程。所谓商品景观除了产品之外，更多的景观道具是在艺术设计直接参与下完成的，这就是所谓的商业设计，包括产品的包装、卖场、展示、广告、宣传活动等。艺术设计在消费文化的商业设计中扮演着重要的"中介"作用，它作为包裹在产品外层的一种介质，实际是作为产品和消费之间的一个通道和桥梁，它所做的就是对产品进行"再设计"，把产品放到特定的氛围之中。大型超市和品牌专卖店的"氛围"有很大的不同，造成这种区别的往往不是产品，而是艺术设计的景观道具。艺术设计参与其中，是依据产品的文化定位来加以区别和选择的，消费文化关注的是产品在流通、购买、销售等过程中所表现出来的意义和状态，这就是艺术商业。

消费文化是一种体验性文化，购买是这个文化的主题，因为购买是实现消费最关键的行为之一。作为经济学理论，购买的动机是需要：然而作为社会学理论，需要并非是购买的全部动机。现实存在的许多购买行为事实上都与需要无关，因为很多时候购买行为不是在于物品本身，而是获得物品的过程。社会学家称其为是一种购买的异化。现代社会很多人热衷于购买，甚至购买本身成为一种需要。特别是在物欲泛滥的今天，消费主义盛行，很多人对购买的迷恋达到了宗教般的狂热。约翰·菲斯克在《解读大众文化》一书中列举了一个非常生动的购买案例：当"我还是一个小女孩的时候，我母亲有时会带我去购物城买鞋子。她在鞋店花上几个小时，试穿了几十双鞋子，让营业员不停地来回穿梭。最终她选了一双带回家,但我知道她是不会买的,她总是在第二天将鞋子退回去,说它不合脚或不对或者其他什么"。这个案例尽管事实上并没有完成对产品的消费,然而,它客观上是对购买环境、购买过程甚至是人(营业员)劳力和态度的消费。

作为一项每天都在发生的社会活动,购物体验作为消费文化的重要成分具有独特的文化价值。艺术设计在购物体验中起到了重要的场景和道具作用,它既作为产品的环境,更作为人的环境。人在这个环境中能够获得作为消费者的权利和选择的自由,这就是快感的源头之一。所以,购物常常作为一种"释放",是在轻松的商业环境中,享受权利与自由。

消费文化还存在着一种普遍的炫耀心理。购买、拥有某件物品和享受到某种服务都是可以用来进行炫耀的筹码。美国著名经济学家凡勃伦说,炫耀是城市消费的一种动力。最初的超短裙就是一种炫耀,可以展示她们拥有时价昂贵的尼龙丝袜而非美丽的大腿。炫耀,作为消费文化的一种异化性表现,它超越了对产品功能需求的界限,更多的是把产品和消费的符号意义作为自我实现的方式。汽车是最能够引发炫耀的东西,很多人在购买选择过程中对品牌和款型的关注往往超过了对功能和效用的关注,因为品牌和款型是能够用来进行炫耀的东西。中国人的"衣锦还乡"就是一种标榜个人成功的炫耀性文化。当消费主义泛滥,物欲横流的时候,消费作为一种文化反思对象在后现代思潮中占有重要位置。工业革命之后,在社会生产力、现代生产技术的支持下产生了享乐主义。人类的无节制消费,快速地造成了自然资源的大量消耗和环境的严重破坏,人类的持续发展和消费文明受到了严峻地挑战。为此,作为对消费模式有直接影响的消费观念被提到了社会伦理层面,它直接导致了对艺术设计伦理问题的追究。因为,以往的设计太多地参与了消费享乐主义,它表现为对产品外观审美形态和符号价值的过分追求,导致了诸如过度设计、过度包装、过度传播、过度竞争等问题。

英国现在兴起了一个绿色消费运动,被称为有道德的消费运动,把消费提升到道德层面。提倡购买对环境和社会具有良性影响的有道德的商品,包括有机产品、有公平贸易标签的产品、蔬菜、自由放养的禽畜等。

当消费道德成为一种立场、一个标准的时候,它实际是一种社会价值在消费文化中的现实体现。

(三)时尚文化

作为设计文化的现实性原则,艺术设计在时尚文化中的表现尤为突出。所谓"时尚"就是指正在发生着的新潮的、时髦的、流行的、形成社会风尚的行为模式和生活方式。在消费社会,时尚的发生与物质消费和商业文化有直接的关联,其中新技术产品是最能够引发时尚革命的。当年尼龙的发明就引发了服装的时尚革命;塑料的出现产生了日用品的流行。有关报道说,英国有150万人乐意在一件T恤衫、一块巧克力生产前思考以下问题：它在哪里生产？它是如何生产出来的？它的成本是多少？对生产者、动物、环境是否造成了伤害？是否有助于生产者改善生活？甚至很多产品都打上了"道德标签"。比如在时装中排斥动物皮革、有污染的印染工艺、劳动环境极差和低报酬的血汗工厂等等。追求道德，使消费变得复杂起来，它产生了更多的消费责任。一位年轻母亲因为买了女儿喜欢吃的蓝草莓而愧疚，因为它是从智利空运过来的。而空运飞机的燃油会对臭氧层产生很大的破坏。英国设计师乔纳森·伊夫为苹果电脑设计的彩色半透明电脑就引发了个人电脑的时尚革命。作为一种可以控制社会消费行为的力量，消费时尚不是自发形成的，它是由艺术设计、商业策划和大众传媒共同参与下的一个有计划、有预谋的活动，它通常会借助对社会有广泛影响力的人和事，如政治人物、文体明星、事件主人等，把他们作为"消费偶像"来进行时尚的谋划、推进和范本包装。如时装产业中的流行色，就是通过色彩设计专家、服装设计师和大众传媒共同预谋的结果。

现在，把艺术设计归为时尚产业，表明艺术设计在形成消费时尚中的特殊作用，因为消费社会中的大多数时尚产品的源头是在设计。这反映了两个方面的问题。

其一，时尚的内涵大多数是非物质的，产品只是时尚的物质载体。时尚的内容是一种现实的观念、情感和精神追求，它常常完全脱离物质的功能。如手机，是当下最热门的个人时尚消费品之一。很多人热衷于频繁更换手机，并非原有的手机功能丧失，也非新手机的功能多么吸引人，而是它特有的符号价值是代表社会潮流的、合于时尚的。其二，时尚的产生是谋划的结果，其中设计创意是最核心的成分。"创意"就是创造时尚符号，是运用艺术设计的方法对一个特定的物质对象进行编码。艺术设计在进行符号编码的时候，清楚地知道创造一个新的社会符号对商业的意义，它竭力满足消费者对新式的欲求，以便让他们更快速地淘汰旧有的物品，最终刺激消费。艺术设计引发的消费时尚与科学技术引发的消费时尚不同，前者是由感官形成的，具有审美意义的形式内容；后者是由物质形成的，具有物质效用的"功能"内容。一种特定的物质效用不可能快速地被新物质所替代，而感官对审美形式的表象却总是有时时求新的欲求。现代社会人类的生活节律越来越快，审美疲劳的周期也越来越短，它直接反映到艺术设计上，就变成了新旧设计形式和样式之间的冲突越发激烈。艺术设计历史地变成了人类创新的工具，它要求不断地自我否定，并想尽办法让社会来参与这种否定。

艺术设计之所以被现代社会积极地推崇，是因为它在成为社会生活模式的主导者的同时导致和导演了时尚的发生。

第二节　现代艺术设计的文化价值

一、艺术设计的价值概念

价值在此可引申为"意义"。关于"价值"是一个理性的思考，价值的存在总是与事物固有的功效和主体的评价有关。艺术设计的价值研究是一个重要的基'础理论，也是艺术设计的基本问题。艺术设计的价值研究是一个能够关系到艺术设计存在的理由问题，继而也会关系到艺术设计的社会地位问题。如果艺术设计价值得不到一个清晰的概念，价值得不到科学的判定，就会造成社会对艺术设计价值的认同危机，就会造成公众对设计意识淡漠，同时也会引发一系列的设计自身的问题，如抄袭成风、创意萎靡等。因此，从设计本体的角度解决艺术设计的价值观和价值存在，将有助于艺术设计更加科学、健康、快速地发展。艺术设计的价值，总是以设计的物化对象所具有的功能来衡量的。然而，功能并非价值问题的全部，因为价值的获取与代价的付出有关。"代价"是作为收获某种东西的必要付出，这种付出可能是金钱、劳力、精力、情感或时间。艺术设计中的"代价"总是以"成本核算"的方式来计算的。

艺术设计的价值目的与价值手段的理性选择具有高度的一致性。如艺术设计中的"均好性"诉求，既是一种设计的整体思考，也是一种价值与代价之间的平衡性选择，这也是我们通常所说的设计产品的"性价比"，是指获取的利益与付出的代价之间的合理价值关系。基于代价的考虑，艺术设计总是合于目的地、理性地运用材料、组织空间、构造形式、计划流程和整体筹算，它绝不允许纯艺术创作的那种"随心所欲"。

二、艺术设计的价值构成

（一）实用价值

艺术设计是人类有目的的行为，所谓"目的"，就是以价值的兑现来实证的。价值是否能兑现与评价判断关系密切，看待一项设计或产品是否能具有价值，最简便的方法就是看它有无"用处"，能够满足需要就是"有用"。如一幅广告设计有效传达了商品信息；一件器皿能够盛装食物。艺术设计的价值构成是多层面的，实用价值不仅是其价值体系的主体，也是构成其价值的基础。所谓艺术设计的"价值"，是艺术设计在人类造物活动中，在设计目的与物的材料、形式、结构和功能之间建立了一个整体性价值关系，是运用艺术设计的创意、创新、综合、整合、预见、计划、表达、虚拟、评估等方法进行系统思考、整体运作后所建立起来的一个物化的价值链条。这个价值链，集中表现在产品物质功能的整体实现上。虽然产品价值体现了设计价值，但是设计价值并不同等于产品价值。不过，设计价值的兑现必须以产品功能的兑现为前提。

艺术设计的实用价值，关键还在于它在科学技术中所获得的实用效能。艺术设计是与科学、技术结合的产物，科学发现拓展了设计的视野，开辟了新的形式领域，提供了设计创新的平台；技术发明，使设计获得了有效的工具和全新的介质，包括新材料、新结构、新工艺、新技术等。例如：当计算机数字技术出现之后，艺术设计快速地介入到数字图形、数字游戏、数字动漫和数字多媒体等领域之中。

设计实用价值的核心成分是价值创新，也即一种功能的创新，但它着力于创造或拓展的是物质的形式功能，包括材料形式、空间形式、外观形式、结构形式、运动形式和功能形式。当这些形式产生全新的实际功效时，设计也获得了应有的价值。反过来，我们常说设计创新，本质上也是一种"价值的创新"。如果艺术设计不能够在价值的创新上有所建树，那么就设计来说它的所谓实用性就是一句空话，因为缺乏创新内涵的所谓设计，其整个价值关系都不存在，实用价值也自然会化为乌有。

当下，解决艺术设计的价值创新问题需要做到：第一，挖掘物质的潜在效能，把事物被遮蔽的价值释放出来；第二，创造新的设计形式，拓展全新的视觉经验；第三，完善价值兑现的社会机制，提升艺术设计的社会认同。艺术设计只有在实现更多实用价值的同时才有可能获得更高的社会地位，进而才有可能成为整个社会价值体系中不可或缺的部分。

（二）市场价值

市场价值一般分为实用价值和观念价值。注意力成了最稀缺的社会资源，也就是说，谁赢得注意力，谁就是市场的赢家。"感染力"客观上是一种"诱惑力"，艺术设计有效地利用了其"艺术"的成分，通过一定的艺术形式、艺术内容对人的视觉感官（在现代设计中还包括诸如听觉、触觉、嗅觉等其他感官）产生着重大的影响，它运用了视觉符号的所指，利用一切与产品有关或无关的色彩、形态、图像、图形的象征意义对潜在消费者进行"说服"，以达成情感上的"诱惑性认同"。艺术设计对产品进行的附加成分或服务产生了产品的附加价值，这些附加价值在今天甚至已经成为消费的主要目标，这就是所谓的"非物质消费"的现象之一。如品牌消费中，产品的高附加值部分主要是由产品的品牌产生的观念价值，除了品牌概念、产品的实用价值之外，艺术设计所具有的市场价值是在商品的流通过程中所创造的观念价值的增益。艺术设计的市场价值在这里是一个狭义的概念，是指通过商业设计使商品产生一定的附加价值。艺术设计在现代商品流通的体制下，积极参与了社会产品的市场流通，它在促进商品交换、刺激消费和提升价格中获得了自身的价值。

在商品经济中，价格与价值是两个互有联系又有区别的概念，产品的价值往往并不等同于其作为商品所具有的价格，社会大量存在低产品价值、高商品价格的状态；当然也存在所谓"物超所值"的情况。作为商业行为，获取最大的利益是经济学法则，艺术设计有效地利用了这点，它参与其中，其目的就是为了商品的"推销"和尽可能地卖出好的"价钱"。

艺术设计运用视觉传达的手段在对产品信息进行有效传达的同时，还加入了许多附加性服务，如对产品的包装、广告、陈列、展示等的设计，它强化了产品的显现功能和感染力。显现"功能"，对于现代市场商品如何吸引公众和消费者的注意力是至关重要的。

因为，在今天的后工业时代中，最大的问题就是产品普遍过剩和信息泛滥，特别是信息泛滥的文化、商标、象征、故事等。艺术设计在参与品牌设计和品牌成长的过程中具有特殊的工具性色彩，它有效地组织、表现并创造了与品牌相关的一切信息和资源。除开品牌的形象系统，它甚至还介入过程。例如，在品牌消费中，我们常常见到的馈赠式营销，在产品中附送的玩具、礼品、小游戏等等都是因设计而产生的附加性成分。

艺术设计的市场价值在于它营造了整个社会的商品景观，这种特殊的景观常常出现在城市繁华的商业街区、购物广场、大型超市之中。艺术设计在构建城市商业环境，营造商业氛围中起到了无法替代的作用。而商品景观是一个现代城市繁荣的重要标志。例如，现代城市商业街区的夜间亮化，构成了繁华的都市夜景，它直接的目的就是通过夜间的商品景观来刺激和延长人们的消费。

（三）经济价值

艺术设计的经济价的值存在是不言而喻的，其产品价值、市场价值都是经济价值的具体反映。文化产业属于服务产业（即第三产业），艺术设计作为服务型经济的支柱之一，是因为它在文化产业中所发挥的巨大经济作用。

当代社会，全世界都把文化产业作为实现经济增长方式转变的最有效途径之一，因为，文化作为一种生产力，与经济、政治相互交融后，其在综合国力竞争中的地位越来越突出。"文化生产力就是经济和文化及其相互融合发展到一定阶段的产物，它指的是创作和制造文化产品及提供文化服务的社会能力，是社会生产力的重要组成部分"。当社会把"文化"作为一种生产力看待的时候，艺术设计是首当其冲的。因为艺术设计作为人类的文化形态是最早参与人类经济活动中来的，它是因经济的存在而存在的。特别是现代设计，作为一种经济手段，是伴随着现代社会的经济发展历史（如商品经济、市场经济的发展历史），而发展起来的。（关于设计文化产业后面将专题讲述）

（四）文化价值

艺术设计之所以能够成为人类的文化现象之一，其根源就是它所具有的文化价值。人类造物的历史清晰地告诉我们，在人类不同的历史文化阶段，都是由生产力的发展而引起社会的进步。艺术设计作为生产力的一种表现，它反映在物质文化创造中对于人类愿望和需求的满足起到了巨大的作用，而这种满足就是其价值，即一种社会价值，而所谓"社会价值"就是一种文化价值。

前面说过，文化是人类社会行为模式和生活方式。艺术设计对于人类社会行为模式和生活方式的影响是直接而深刻的，它通过一定的物质形式，如器物、工具、建筑等不断改变着人类的物质生活的消费方式和消费水平，直接影响人类的观念、情感、道德、风俗、制度的变迁与进化，继而形成一定社会、民族、国家的文化模式和文化精神，最终促进社会人格的形成和发展。

艺术设计的文化价值通过审美意识的介入对人类精神和情感所产生的直接影响，完全不同于纯艺术所体现的文化价值，它是以消费文化和大众文化的形式，对每一个人的世俗生活所产生的那种日常的、广泛的、持久的影响。只要有物质消费，使用产品，艺术设计创造的价值就会对每一个人产生作用，不管其愿意接受与否。

艺术设计的文化价值还表现在它作为一种物证，以社会文化的表象形式留存和记录了特定历史的文化存在，这种文化价值也可以称为历史价值。艺术设计作为一种美术现象，作为一种历史性文本，它可以成为现实生活的背景和参照，并且这种文本是以客观真实的物质文化的方式存在的，其可读性直接而丰富。今天，我们在世界各地的博物馆中能够见到大量的人类不同时期的造物，它们串联了人类历史的长河，使我们能够触摸过去。

（五）情感价值

艺术设计以人为对象，是把人类的物质系统有效地组织为一定的形式，这些形式既作为物质方式作用于人的物质生活，也作为一种非物质的形式作用于人的精神生活。而后者的存在是人工造物形式区别于自然物质形式的关键所在。从艺术设计的价值层面来看，作为人类的物化方式的设计，本质上就是一种人内在精神的表现。所谓"内在精神"，它包括人的意识、理智、情感、欲念和道德等属于人类特有的主观内在的东西，而其中"情感"的表现在艺术设计中尤为重要。"情感"，亦称为"感情"，是人类对客观事物所持的态度体验，是对客观世界的一种特殊的心理反应方式，是人类应世观物的结果。艺术设计作为人类情感的一种反映，集中表现在设计作品的精神价值上，这种精神价值就是一种"情感价值"，它不仅包括人的个人情感，如喜、怒、哀、乐；还包括人的社会情感，如美感、道德和理智。

人类情感的历程是伴随着人类造物的历史而发展的，在人类早期的造物中我们就能够见到大量的例证。如中国新石器时期的彩陶中大量的纹饰，表现了人类的精神生活，包括祈求力量、丰收、庇护、平安等。人类还不断创造了许多精神符号，如中国的太极图、印度的"士"字、欧洲的"十"字、波斯的白丹母纹等等，这些图形符号大量使用在器物之上，以表达不同的精神意义。更为重要的是，人类在设计器物的形式时越来越多地加入了形式的象征性表现，特别是当厚葬习俗和宗教意识出现之后，很多建筑和器物完全摆脱了实用性功能，而成为一种精神性的象征物。如中国的寺庙建筑，古埃及的金字塔，古希腊、古罗马的神殿等。

人类造物的符号意义本身就是属于精神的范畴，现代设计仍然遵循着这一规则。所谓"符号消费"客观上就是一种精神消费，它透过设计形式中的符码，来象征情感和精神的意义，把造物表达的符号作为个人和社会情感的物化对象和表达方式。比如设计形式中的形态和色彩就具有极其丰富的情感象征特性。符号主义美学家苏珊·朗格在其《情感与形式》一书中说："艺术是表现人类情感的形式创造，并称这种形式就是一种'符号形式'，而符号形式的功用就是'以表达人类的情感'。"

在今天高度物化的社会中，特别是在高新技术、大量信息的影响下，人类的个人情感和社会情感都比以往任何时候显得弥足珍贵。因为在物质极其丰富的时代，情感往往成了物质的奴隶，在社会"情商"普遍低下的时候，艺术就成了唤起情感的最有效的工具之一。所以，今天的艺术设计，被赋予了这样的社会责任，就是通过人化的自然来恢复人的最具价值的情感，即人文精神。

（六）美学价值

美学价值是艺术设计文化价值的重要组成部分，艺术设计的美学价值就是存在于艺术设计中的审美价值。审美本身是一种情感体验，审美情感是人类情感中的高端情感。现代艺术设计的所谓美学价值，就是指设计的物化对象是否能够唤起人们的审美体验，激发人们的审美情感。一件优秀的艺术设计作品总是能够在审美上给人以全新的视觉经验，总是能够激发人的精神，愉悦身心。

艺术设计美学价值的存在，审美情感的产生只是作为其表现形式，而它更为深刻的内涵价值是在于设计物化的形式能够成为人生命形式逻辑的投射和显现，是一种"生命形式"的逻辑抽象，如有机统一性、运动性、节奏性、生长性和奇异性。当艺术设计中的形式表现出这些抽象关系时，它就是一种苏珊·朗格所说的"有意味的形式"，一种与生命的基本形式相类似的逻辑形式。

艺术设计美学价值的存在，还有赖于人的心理活动。因为审美的过程是一个心理的活动过程，是人的一种审美心理支配下的体验。审美心理是通过"移情作用"把主观情感移入或灌输到客观的对象中去，从而获得主观情感的物化和观照。艺术设计借助于人工制成品中的形式式样的象征意义和符号意义，将主体自身投向这些人化的自然，使其成为人本质力量的对象，并获得人格的因素，从而成为人格化的观照和主体生命逻辑的象征。所以，艺术设计的美学价值的根本，在于通过审美移情的作用在"人化的自然"中产生了审美的主体和客体；在于它通过审美移情的方式，在进行设计的过程中能够有效地组织设计语言，使那些体现在产品中的形式、线条、色彩、空间、张力、运动等为特定的审美目标服务。设计造物审美关系的建立意义重大，其作用是构建了人与物、人与环境的关系的全新概念，是人能够以审美的目光去看待周围的一切，因而也能够改善人的心智和态度。

第三节　现代艺术设计的文化形态

一、设计文化的二重性

艺术设计具有物质文化和非物质文化的二重性特征。在物质文化领域，艺术设计所扮演的角色是在构建人类物质体系的过程中，在人与物之间、人与环境之间建立起某种特定的关系，这种关系就是在物的空间形式和外观形态中建立起与人的形式一致的某种逻辑关系。设计以人为尺度、为人造物的价值态度，首先体现了"物以致用""物尽其用"的观念，以艺术设计的方式去实现和发挥物的最大功效。

艺术设计在参与物质文化创造的同时，也注入了人的思想观念、情感意识。在设计的创造过程中，运用设计的工具性特征对产品中的形式进行符号编码，

使一个特定的设计产品样式能够代表一个特定的文化样式，从而为设计的符号消费奠定了必要的基础。

艺术设计的符号消费是一种非物质的文化消费，其目的就是通过符号作用对人产生那种社会性的积极影响。设计产品的非物质文化具体体现在产品样式风格、审美取向、历史背景、事件故事等的关系之中。

艺术设计具有物质文化和非物质文化的二重性特征，证明了艺术设计所涵盖的内容是其他视觉艺术所不能替代的。

二、物质文化

（一）物质形态

艺术设计直接参与物质文化的根本目的之一，就是改善人类生存方式，提高生存质量。人类的造物活动建立了人类的物质体系，使人类具有了强烈的分工意识和角色意识，也从根本上改变和改善了人类的生存状态和生活质量。人类物质体系的建构在很大层面上是由艺术设计参与和直接建立的，如与人们日常生活密切相关的建筑、服装、用具、用器、家电等。

艺术设计直接指向的是"物"，最终实现的是"物的社会功能"。艺术设计始终离不开"物质"这个根本性的载体，脱离不了实用的层面，作为一种应用型艺术，设计产品的实用功能永远都是第一性的，一个无用的设计产品客观上是不存在的，因为它没有存在的理由。如果一个构造样式没有实用功能和使用价值它就不可能成为设计产品。

现代社会，工业化产品作为设计思维的物化形态的主体形式，是将艺术设计的创意、观念、技巧等注入在某个特定的产品之中，形成一定的空间结构和形态样式，以达成特定的功能。一个具体的艺术设计产品的物质形态所依赖的是一定的物质材料和构造技术，这些材料和技术既可以是单一的，也可以是复合的。同样，它所实现的功能可以是单一的，也可以是复合的。例如手机，作为无线通信的工具，它所使用的材料和技术都是一种复合型的，在无线通话主功能实现的情况下，现在的手机绝大多数又有许多不同的附加功能，如发短信、上网、游戏、计时、存储、计算、照相、录音、录像、等。

设计思维的物化必须经由技术的过程，人类的造物历史表明，艺术设计的物质形态

是随着科学技术的进步而不断发展的。从在石头上钻孔、制陶、青铜的冶炼、造纸、火药发明开始，到最近三百年来的一系列重大科技的出现，极大地拓展了人类设计造物的丰富性和复杂性。人类的两次产业革命，为机械化大生产提供了条件，形成了强大的制造产业，科技的飞速进步，使人类造物呈现了前所未有的状态。特别是许多人工合成的材料出现，如高分子材料、尼龙、塑料等的出现为艺术设计的物质形态创造了全新的形式。

近五十年来，信息革命引发了后工业浪潮，3D 技术、多媒体技术、虚拟现实技术、搜索引擎、数字互动技术、数字卫星通信技术等，都对艺术设计的物质形态产生着重大的影响。从某种角度上讲，信息技术的革命改变了艺术设计的物质形态，使更多的设计样式以非物质的数字形式出现，这就是"从原子到比特"的革命。

数字技术怎样发展，艺术设计对于物质形态的依赖永远也不会消失，因为数字技术的操作平台始终离不开对由一定物质形式构建起来的技术设备的依赖。

（二）产品形态

工业化社会，艺术设计所对应的是工业产品。一个具体的产品既决定于工程技术和艺术设计所制定的技术标准，包括所规范的材料、结构、外观和必须实现的功效；也决定于由一定的生产技术和设备制定出来的工艺流程。这些可控的复制标准和技术方式是工业性复制的前提，机器复制可以无限地制造完全相同的东西，这与传统技艺方式的手工单件生产有根本的区别。纯粹的手工制成品没有两件是完全一样的，它的生产效率也远不及机器生产。所以现代艺术设计的产品形态，其特征就是：机器生产、完全复制、标准化、规范化、高产量、高效率。

艺术设计的产品形态，另一个重要的表现是它的商品特性。在商品社会，产品总是以商品的形式进行流通和再分配。既然是商品就必须具有价格，产品价值是构成商品价格的重要成分，但是，商品的价格构成还有市场和消费需求的因素，当一个特定的产品价格降低时，而它的使用价值并不会改变或降低。因为商品存在着价格因素，艺术设计就必须考虑产品形态的经济成分，生产和制造成本、流通成本、消费成本等问题。艺术设计既可以节省设计与制造成本，也可以创造价值和提升价格。

三、非物质文化

（一）观念形态

艺术设计是以现代工业化生产、现代市场流通与现代商品消费为背景的社会文化形态，也是一种针对技术产品和生活方式的美术观念。这种"应用性艺术"的出现打破了过去"纯美术"的狭隘艺术思想。随着社会的发展，艺术设计广泛地涉及人类文化的基本形态之中，包括观念文化、智能文化、制度文化和物质文化。尤其是对于物质文化和观念文化的创造，艺术设计扮演了重要的角色，相对于其他美术形态来说具有不可替代的作用。

艺术设计的目标是创造一种"审美的生活方式"。这是一个社会主流观念文化的具体表现。无论是建筑艺术、环境艺术、产品艺术、服饰艺术还是图形艺术都是在为人类规划、构建和预览一种审美、健康的生活方式。这种生活方式不仅仅是以物的消费形式出现，更为重要的是一种观念的、精神的、情感的非物质消费形式。艺术设计的符号创造，为人类的符号消费提供了具体的符号样式和符号内容，如社会流行时尚的出现和变化，就是艺术设计所创造的最为典型的消费符号。尤其是在社会物质消费极其丰富的今天，这种符号的消费变得越来越重要，如服饰文化、快餐文化、网络文化等，甚至可以成为时代观念文化的象征。

（二）智能形态

艺术设计的发展伴随着人类智力增长的过程，它既是人类智力的思维成品，也直接促进了人类智力的增长。从历史的角度来看，人类早期的艺术设计代表了人类历史进程中的智力水平。艺术设计对于人类智力的促进，首先是一种认知能力的提高，它训练了人类眼睛的观察力和大脑的思维能力；其次是促进了创造性思维能力的发展，艺术设计挖掘了人类的创造潜能，通过艺术设计的系统思考、综合关系和奇异性思维发散提高了创造力。因此，设计具有极强的启智作用。

（三）制度形态

艺术设计是一种社会制度文化的具体体现，是把人类的造物活动规范在一定的社会制度下进行的一个极具人文意识的物质创造。不同的社会有不同的器物制度和营造法式，像古代的形制制度，在一定程度上，明确规范了社会用器的造型、尺度、材质、色彩、数量和使用范围等。如在古代中国的青铜时代，"鼎"是国家政治权力的象征，百姓是绝不能染指的。当代的艺术设计把设计伦理看成是设计回归人本和自然的重要因素，是反映人与人、人与物、人与自然、物与自然关系的具体方式。这种现代伦理制度的很多方面，是以人类的设计造物来加以确立和实证的。如城市建筑与环境的营造必须符合一定的政治制度、规划制度、环保制度、安全制度和文化制度，恣意滥造的任何东西都将是不允许存在的。另一方面，艺术设计的造型，一般被视为是极其自由的，但其仍然有严格的造型阈限，超出这个阈限的任何形式都将被社会所唾弃。曾经发生在国外某机场的"便池风波"就是生动的一例。那是有人将机场卫生间的小便池设计成女人的嘴而引发的公众义愤。

第五章

现代艺术设计的美学

现代艺术设计作为艺术与科学技术高度结合的产物，是把人类的美学理想和审美经验灌注于人类的造物活动之中的创造性活动。艺术设计的美学，被定义为在物质文化的创造中所涉及的美学问题，集中体现在现代人工技术的审美创造上。它研究的核心命题是，对在环境中设计产品的形式和本质进行美学解读。因此，它是一种审美的形态学研究。另一方面，人工技术产品作为人的目的之一，除了物质的实用性功能之外，还具有文化和精神的功能，它直接由人的行为、经验和精神的内在尺度与其发生着普遍的、丰富的心理联系，因而，它又是一种审美的心理学研究。

第一节 技术美学

一、技术美学的基本概念

（一）技术美学的成因

技术美学研究的核心范畴就是技术美。所谓"技术"是人类文明的成果和实践经验的积累，是人类从事生产劳动的必要手段和人类最基本的物质生产能力，是依据一定的物质形式对自然物进行改造、重组、建构的方式和过程。技术的产生和发展是人类不断发现和总结自然规律的结果，是应用这些规律，能动地、创造性地调整和控制人与自然界的物质交换关系和物质交换过程。技术的产生总是与人的需要有关，人是有目的、有意志的生产者，技术不是别的，只是主体存在的反映。

技术的物化成果就是"技术产品"。物质生产受制于功能的需要，技术是达成这种功能需要的必要条件和手段。技术作为自然人化的手段，必然会在产品中注入人的因素，即人的主体性特征，它使技术产品成为人的对象物，并凝固了人的意志、观念、情感等主体的品质，因而产生了由技术带来的审美问题，即所谓的"技术美"。具体来说，就是体现在技术产品中的那种物质功能和文化功能所具有的统一性。技术美是人类物质生活中最基本的审美形式和审美存在。

技术美学，作为一个应用型的美学分支学科，是运用哲学美学的一般性原理对于设计形式和技术现象所进行的理论性研究，是把美学理论具体应用于物质文化创造，探寻技术审美的规律和原则。

（二）技术美学的研究对象

技术美学的终极目的是创造一个属于人的世界。

首先，技术美学研究的是人类的劳动，因为劳动是产生技术的原因和条件。人类的劳动是一种创造性的活动，人类的劳动使用劳动工具，依赖劳动技术以改变物质的自然形式，适应人的需要。劳动是一个有目的的行为，这个行为本身就存在审美的价值，因为劳动的过程产生了人类的审美关系和审美情感，并通过劳动把人的本质力量在劳动的对象物中加以显现。它们表现为，包括劳动工具、劳动产品和劳动环境的合目的性。艺术设计是人类一种极富创造性的劳动，因而，它本身也是具备劳动美的特质。

其次，技术美学研究人类的劳动技术。在人类的劳动过程中产生的劳动技术，包括技术工具、技术方法和技术过程。技术，本身是看不见的东西，它只是存在于人类头脑和身体活动中的认知、经验、技巧和方法。但是技术工具、技术方法和技术过程往往可以作为技术存在的象征物和对象物，所以它本身也具有很高的审美价值。技术中的技术美是由技术中的知识价值和技术的物化价值产生的，因为技术，是一种文化形态，凝结了人类的智慧、意志、理智和情感。

第三，技术美学研究技术产品。因为，技术产品作为生产和技术的行为结果及物化成品，必然会成为技术美学研究的对象。如果没有产品的存在，

就没有技术和技术美的存在。正因为如此，产品才能够作为技术美学研究的逻辑起点。产品作为人类劳动的物化对象，它物化了人的需求、欲望、智慧和情感。不仅如此，它更重要的意义在于，产品作为人的一种对象性存在而存在的。在发展主体对于客体的选择态度和选择兴趣的同时，发展了由选择而产生的价值判断和价值观念。这就是人与物直接建立起来的价值关系，在这个关系中就包含着审美的价值关系。人在物质和文化的需求中，总是以审美理想为导向，在人类审美创造的内在动力驱动下追求那种对审美价值的需求和满足，这种驱动力的社会实践成果就是技术产品。

第四，技术美学研究艺术设计。艺术设计作为人工产品形成的意识过程和思想方法，它既是创造技术美的技能和途径，更是通过自身的设计实践，直接针对产品而产生了美学观念、美学原则和审美心理。不少设计理论甚至否认技术美的存在，直接用设计美来代替和涵盖技术美。笔者认为在技术美学和设计美学之间，是一个交叉的互动关系。设计美学中所涉及的范畴并不能够包含技术美学的全部内容。当然，反过来认为设计美学只是技术美学的一个组成部分，也是不妥当的。因为现代设计已经不是一个狭义的工业

设计和技术产品的概念，它的内涵和外延随着人类社会生活的发展也在不断地丰富和扩张。当下，技术美学的概念被边缘化，是人们普遍对技术美学的误读，因为它强调技术的存在，在它沦为工具理性后被作为与艺术设计、审美感性的一种价值对立。

二、技术产品

（一）技术产品的形式构成

本课题所指的技术产品是一个狭义的概念，而不是一个广义的设计产品概念，不包含艺术设计的其他产品，如平面设计、多媒体设计、环境设计等。

当作为一种物质形式存在的人工技术产品作用于人的感官的时候，是否美或丑？这种美学的观照和判断是必然存在的。就人的眼睛来说，视觉在遭遇产品的外观形式时，本能地会对其空间、形式、色彩、材料、样式等做出直觉的反应，从而产生审美的体验。技术产品是人为了某种社会需要而创造出来的物质实体，审美功能是其重要的实体功能之一。技术产品主要由四大基础的因素构成，它们包括：

1. 材料

材料是构成产品的物质要素和物质基础。材料作为产品设计结构的物质承担者，总是按照预期的功能来加以选择、加工、组织和构造的。当一定的材料按照一定的技术要求、一定的结构组织，构造在一起的时候，就能够产生一定的实用功能。材料固有的物质属性必须是在被组织和构造以后才能够发挥其功能作用。金属本身是不能够飞上天的，只有当它被构造成符合空气动力学要求的飞行器时，才能够飞上天。所以，为了实现某种功能，产品材料必须形成特定的结构形式。这些结构形式既受到材料自然属性的制约，又受到材料的加工工艺技术的制约，不同的材料必然要求不同的加工技术和设备条件。

然而，产品美学所关注的材料，往往不是工程技术方面的内容，它关注的是由材料的物质表象对人感官产生的直接影响；是由材料的外观特质所形成的如形态、空间、色彩、肌理、软硬度、固有温度、手感和可塑性等。当这些材料的外观特质作用于人感官的时候，就会对人的生理和心理产生积极的刺激作用，继而，能够产生独特的美感。艺术设计和技术美学将其称之为"材料美"或"材质美"。

2. 结构

结构是指一个特定的物质系统内部构造的方式，是各组成要素，部分与部分之间的相互联结、相互作用的组织关系。产品的存在就是各种材料之间全部关系的总和。产品的结构总是由材料来实现的，而任何产品的材料又总是表现为一定的结构组织，脱离产品功能结构的任何材料，对具体产品来说都是多余的、无意义的。

结构具有层次性、有序性和稳定性。产品结构也有不同的层次，如一辆汽车就是由悬挂系统、动力系统、控制系统等不同的层次所构成。每一个层次系统又由不同材料零部件所构组成。这些系统是为了实现一定功能而建立的有序关系，是按照合目的性、合规律性的原则构建起来的。有序性是实现产品功能的前提，这个有序性的组织是由产品的工程设计和艺术设计共同完成的。同时，结构的有序性必须保证整体的相对稳定性，即实现功能的可靠性、持续性、牢固性和安全性等。产品的"均好性""生命周期"就是整体有序的状态。它们包括产品各个结构之间整体的使用寿命，如果不能够达到有序整体性稳定关系，就得不断更换零部件，或者因部分结构的损坏而过早失去整体的使用功能。

产品结构的形成是根据预先设定的意图和工艺要求，通过三种基本的方式来完成的。一种是塑造，是将一定的可塑性材料，运用锻压、铸造、切削、雕刻等方法进行加工。如塑料器皿大多就是由注塑工艺一次铸造成形的。第二种是构筑，是通过对零散的单元性材料的组合、构建形成的功能形态。如建筑就是最典型的构筑方式。第三种是涂饰，是在原有材料的表面附着另一种材料，如喷涂、电镀、刷绘、描画、贴面等。涂饰一般使用发色材料，对产品的外观材质和装饰具有直接的影响力。

很多时候产品的结构是由上述三种方法综合完成的，产品结构的复杂程度主要是由结构层次的多少和构筑方式的多样性来决定的。如电脑就是一个高技术集成、结构复杂的产品。它的外壳和一些部件是塑造而成的；显示屏的关键工艺是涂饰；其他部分大多是构筑而成的。

3. 形式

形式是一种外观形态和样式，是由材料和结构表现出来的物质外在属性，它决定产品的外观质量。形式构成的状态首先是一种材料所占据的空间形态形成了产品的表象，能够为人的视觉和触觉直接感知。也只有当形式成为主体的知觉对象，人才能产生对它认知、观照和体验。形式也包括产品的其他方面，如声音、气味等。诉诸不同感官，就形成不同的形式，比如产品的色彩就是一种单纯的视觉形式。在构成产品的所有形式中，为眼睛所能看到的视觉形式是主体的，也是艺术设计主要关注的方面。艺术设计主要就是在产品的视觉形式和触觉形式方面对产品进行有目的的设计。

形式中的视觉样式由产品的外观轮廓、界面、形态、色彩、肌理等视觉要素构成，它们往往作为一种信息载体，构成了产品的一种特殊语言，即产品的符号系统。通过这种直觉的符号系统人们就能够知道，这个产品是什么，意味着什么，怎样实现它的功能产品的材料、结构和功能决定了产品的形式，这就是所谓内容决定形式的原则。但是，形式往往具有相对的独立性，这就是由形式自身反映出来的认知功能和审美功能。所以，产品外观形式的好坏，不一定完全反映出其内在结构和实用功能的好坏，这就是产品中常常出现的外观质量与内在质量矛盾的问题。

形式相对独立部分的审美功能，能够表现出产品形式的基本结构关系，如形式中所表现出来的形式构成关系，包括对称、重复、节奏、韵律、变化、多样、统一等，就是形式的基本审美规律,被称为"形式美"或"形式法则"。这个法则是自然和人的本质形式,因而它就具有超越时代、民族、国家和个人的局限,而成为一种基本的、普遍意义的、本质的形式。

4. 功能

已经在价值形态和文化形态中谈到很多与功能有关的问题。在此进一步探讨,是为了更为深入地研究关于产品功能的存在问题。因为产品功能的构成规律与它所实现的具体功效,可以让我们更为清晰地了解和懂得艺术设计的物质特性是怎样作用于人和环境的,它所实现的功能是怎样具体体现为艺术设计的价值的。

产品功能的终极目标是满足人的需要,即人对于物质功能的物质需要和精神需要。作为人工制成品的产品所具有的三大基本功能包括:实用功能、认知功能和审美功能。

5. 实用功能

产品的实用功能就是产品的"物质功能",物质功能的实现是由人与产品之间所实现的物质和能量的交换来完成的。人的存在需要不断地通过物质和能量的交换才能够获得生命的动力,它包括生物学的动力和心理学的动力。需要、欲望、动机的产生本源是来自这一动力的驱动。一切动力的产生都必须耗散能量,人对物质的消耗,就是为了获取能量并将其转换为生命的动力产品的实用功能是产品的基本功能,这个功能既不是产品材料属性(如材料的自然物质属性)也不是指产品内部的个别零部件的功能,而是指一个产品系统整体发挥的功能和这个功能与人的某种需要相联系的物质属性。

6. 认知功能

认知功能是建立在产品实用功能基础之上的一种精神功能,是由产品的外观形式所表现出来的符号形式,它的目标就是为人们提供必要和完整的信息,以满足人认知的需要。认知既是一种本能,也是一种需要后天学习的能力。艺术设计的智能形态既是人类认知的方法也是认知的结果。认知本身是一种智力活动,人总是在其存在的环境中不断地通过知觉系统捕捉认知对象,把它们存储于大脑或与已经存在的信息进行比照,然后迅速形成概念。认知的特性也总是表现为对那些新的刺激物感兴趣,并积极地投入注意力,因为一个新的认知会累积、强化人的经验,不断改造和充实人的心理结构,这也是人的求知欲望。人类具有强烈的追求认知的欲望,这是主体的本质特性,是人类区别于其他动物的根本所在,人类不断进行科学探索就是求知欲的具体表现。

产品的认知功能主要有几个方面:

指示功能。产品以其外观形式,提供足够的信息,向人们表明它是什么,它的功能是什么,怎样实现它的功能。产品外观的指示符号不仅利用文字、图形,最为重要的是其外观的空间形式,它需要有清晰的语言来表明其特征,这就是产品的设计语言在形式构成中所起的作用。

（1）传达功能

产品通过一定的形式，来传达、展示、描述有关信息，这时产品作为信息的载体，成为一种文本的形式。不仅平面设计中的视觉传达具有传达功能，产品设计中也同样普遍存在。

（2）象征功能

由产品的外观形式、符号、文本，来象征、暗示或隐喻某种信息，亦称为产品的符号作用。产品的使用就此来说，就是一种符号消费，它具有重要的社会角色识别作用，能够表明使用者的社会地位、阶层、身份、职业、文化和经济状况等。它还可以作为一种观念符号，表明使用者的思想、观念、态度、情趣、格调或愿望。

（3）审美功能

产品具有审美功能是不言而喻的。产品的外在形式总是能够引起人们的审美兴趣，人们对产品形式的审美观照、评价、认同就是产品的审美功能。它是一种非物质的、心理的、精神的活动，具有普遍性和直觉性，不需要任何逻辑思考和推理判断。

产品的审美功能是由产品的审美形态产生的，包括由产品所表现出来的功能美、形式美和技术美。

（二）产品的设计语言

所谓产品设计语言，是由产品外观的体积、样式、形状、色彩、材质、肌理等所构成的造型要素。在所有的设计领域中都存在着设计语言的问题，当然，不同的设计领域对于设计语言的具体要求和内容是不同的，如平面设计与产品设计的语言就不完全相同。但是，所有的设计语言都是作为一种视觉语言而存在的，它们都是由点、线、面、形态、色彩、肌理等最基本的造型元素所构成。语言是用来传达信息的材料和媒介，对于产品设计来说，就是构成产品认知功能和审美功能的前提条件，是产品信息和能量交换的工具。

现代设计语言的研究借助于符号学的研究方法和基础理论，形成了符号学的一个应用型分支学科——"设计符号学"。它首先应用于建筑设计，是对建筑语言的研究，后来也成为后现代主义建筑的理论基础。设计符号学主要在符号学的分支学科"符号语义学"的理论基础上发展起来的，所以也称为"设计语义学研究"。

语言，是一种编码程序。设计语言是将产品的外在形式作为一种符号内容，通过艺术设计的编码而形成的符号体系。是用符号体系构成的形式关系和视觉式样，作用于人的感官时就形成了设计和产品的功能表达。所以我们说设计就是通过符号把特定的创意、计划表达出来。设计作为一种符号的"表达"，产品的使用，实际就是一种符号"消费"，而消费就是一种"解码"的过程。

语言符号具有两个层面的功能，一个是"能指"功能。这是语言符号的表象形式，即符号的表现形式和外在形象，包括形、音、字等。设计语言符号的能指，是设计中的空间、形态和样式；另一个是"所指"功能。是语言符号所要表达的内容和概念。所指具有象征、寓意、代码、同构等功能。艺术设计语言的符号语义必须具有强烈的美学意义，这些美学意义是构成艺术设计的审美价值的基础。

（三）设计语言的符号类型

艺术设计的语言符号可分为三种类型：图像符号、指纹符号和象征符号。

产品的图像符号是一种空间符号，它是通过空间的造型形象的相似性关系来传达信息的。这种符号使用的方法，是产品设计最重要，也是最基本的方法。所谓"造型形象的相似性关系"是一种人与物之间的空间关系。如椅子的设计，其空间形式是由人体坐姿的空间形式所决定的，椅子是人的身体空间的负形；杯子的设计也是这样，杯子的大小完全取决于手的形状，杯身的直径和形状必须与手的虎口抓握时的直径和形状相匹配，只不过一个是正形（人手），一个是负形（杯子）很多与人的身体密切接触的设计产品都是按照这样的设计原理来进行的，这就是"人体工程学"的设计原理之一，它实践了"以人为度"的设计思想。这种设计方法在符号学中也被称为"体示作用"，因为它无须说明，就能够由自身的形式告诉大家它具有什么样的功能，以及怎样使用它。一个电器开关，已经有一个手指的负形存在于外形上，它就是在告诉人们手指触摸的部位与方法。

当然，有许多外形简洁、操控复杂的产品还必须使用其他如文字、图标、图形、色彩等指示性符号，来标明其用途及如何使用。电脑鼠标与键盘的设计最能够说明图像符号与指示符号的关系。鼠标是单纯的图像符号，它根据人体工学的设计原理完全按照手的形式设计；而键盘则是由两种符号组合而成，因为键盘的键钮既有手指的负形，又必须标有不同的文字符号，以区别不同按键的功能。

象征符号是一种隐喻符号，它是通过迁移和联想作用对产品的形式语言加以引申而形成的一种观念的、情感的和有意味的符号性存在，这些内容往往具有审美意义。产品的非物质消费常常是一种象征符号的消费，大众文化、品牌概念、流行时尚、阶层意识常常对产品的象征符号有直接的影响。路易威登是世界的顶级奢侈品品牌，其产品除了精美的设计、考究的做工、上乘的质量之外，更多的是由 1854 年以来所形成的品牌概念，这个概念就是"高贵""名流""富裕"等身份符号的象征。全世界每一个 LV 品牌的消费者都是这个符号的拥有者，所以，它的非物质功能远远超过了作为"箱包"的物质功能。

（四）设计的语言规则

设计符号语言的表达可以分为明示功能和暗示功能这两个基本的层次。

所谓"明示功能"表示产品是什么，具有什么实用功能，其构成的物理、生理特性如何。它是一种消极的符号功能，是符号的表象层次；所谓"暗示功能"是一种积极的符号功能，是符号的内涵层次，是符号对文化意义、精神内涵、心理活动的积极表达。举例来说，杯子是用来盛装饮用水或其他饮品的日常用器，这是作为器皿的实用功能，就此来说，它不能意味除了饮具之外的任何东西，这就是杯子符号的明示功能。但是，如果这个杯子的设计造型、色彩、材质、外观装饰等视觉形式和触觉形式中所隐含的形式美和抽象美，能够给人一种身心的愉悦和快感，并引起人们心理的审美观照、移情联想，这时它就成了一种有意味的形式，这就是杯子符号的暗示功能。暗示功能是一种作用于主体心理的语言意境，是一种心理的活动。

设计语言必须遵循以下几条规则：

1. 可读性

产品的形式要具有明确的可读性，这是指设计语言符号的可识别性、可理解性。艺术设计基本的要求就是设计语言的统一性、简洁性、有序性和通俗性，这是达成可读性的前提。设计一件作品犹如讲述一个故事，要求话语统一、清晰、明了。那种繁杂、含混、啰嗦的故事表达往往是没有听众的。特别是设计语言的通俗性，是指设计语言要符合时代的语境，大众的要求。如果一个设计产品形式语言古怪、晦涩难懂，它就不具有可读性。在当今产品信息复杂、多样的环境条件下，要想使产品具有视觉上的显现力和冲击力，就必须在其形式语言、符号的表达上明确可读。可读性的存在还有赖于符号的创新，与众不同的语言总是能够引起注意和兴趣的。当然"创新"不是绝对自由的，它必须符合相应的基本规则。艺术设计总是在一个对立统一的辩证关系下展开的思维活动。一方面设计创新要求不断探寻新的形式，一方面又必须遵循一定的设计原则。

2. 阈限

所谓"设计阈限"就是指一个特定的产品存在功能和观念上的某种限制，存在"门槛"。功能上的门槛就是受到使用目的和人的尺度限制；观念上的阈限是受到制度文化、观念文化的制约。因为一切形态都是观念的产物，它必然会受制于一定的时代、社会、文化和制度。中国一家糖果生产企业，曾把一种儿童糖果的包装设计成半透明的彩色抽水马桶的样子，结果引起了许多消费者的不满，特别是孩子的家长，纷纷投诉报社以示抗议。跨越阈限的任何设计形式都是缺乏可读性的，因为它使用的语言符号被误读的可能性最大。上述案例，本质上就是一种误读造成的。

3. 设计语言存在

阈限的同时，还必须受限于尺度和调性，它们实际是设计阈限的一种具体表现。尺度就是以人为本的尺度，包括生理尺度、心理尺度和社会尺度。建筑的居室空间尺度与物的关系密切，这些关系的产生都是为了满足人们日常居家生活的需要。这个需要具体可分解为两种尺度：一个是物的尺度，另一个是人的尺度。物，包括家具、设备、用品等，常常需要被置入两种状态：一个是"藏"，是通过建筑的存储空间将物隐藏起来；二是"露"，让物随时可以被人触摸和观看。人的尺度，是人的空间需要，也存在两种：一种是身体的活动，建筑空间必须符合身体的活动尺度，满足身体的需要；二是心理的空间要求，主要是通过眼睛的观看达成的对空间式样的视觉满足。很多人不知道这些，常常只关注房间里的东西而忽视了人，或者是只关注了人的身体，而忽视了人的心理。

4. 调性

它是指设计语言类型、句法及风格上的统一。调性的概念来自音乐，这里是指设计语言的整体基调。调性主要存在于对设计的叙事结构和叙事方法上的一致性、连贯性和独特性，是构成设计形式与内容的整体关系的重要基础。调性也需要创意，它既是创意的表达方式，又是形成设计风格的关键所在。一个缺乏调性的语言结构是不可能有整体的形式表现力的。

第二节　形态美学

一、形态美学的基本概念

形态美学是研究形态在视觉设计中的美学意义。形态有广义和狭义的概念。狭义的形态概念是指事物的表象或样式，也是相对于内容来说的形式。一般来说，内容决定形式，形式服从于内容。但是形式又具有相对的独立性，这种独立性是由形式自身的规律所构成的，是能够脱离内容而独立存在的部分，表现为形式构成的规律和形态视觉认知的规律，这就是狭义的形态概念。广义形态为物体空间所占有的轮廓关系和面相关系，它们可以是平面的，也可以是立体的。设计形式总是由狭义的形态来具体构成的。

形态是眼睛所把握的物体的基本特征之一。然而，无论形态的自律成分多么纯粹和丰富，它一旦成为设计的形式语言时，一切形态都应该是某种内容的外在表现。那种为形式而形式的，与功能无关的所谓形式，对于艺术设计来说是不需要的。因为，一个不表现任何物质功能的纯粹形式已经不是属于设计的东西，它已经变成了一个纯艺术的概念。

形态美学研究狭义的形态关系，是通过对形态的构成规律和认知规律的研究，来探寻形式审美规律如何通过形态的表现来传达审美意义的。

二、形态的构成要素

（一）形态的基本要素

1. 点、线、面

点、线、面是构成形态的基本要素，这是按照经典几何学（欧几里得几何）对形态系统的认知方法，认为形态的产生从零维的"点"的力学运动开始的，如"线"是点的运动轨迹；面是线的运动轨迹；体是面的运动轨迹等几何学的经典定义，以强调元素的力学运动对于形态构成的重要意义。作为一种"整形"的概念，点、线、面等元素是构成形态的逻辑起点。

点，通常给人微小和具有标记的感觉，很多事物的初始状态，都呈现出点的特性。如种子、单细胞、水滴、沙砾等。所以，点也有最初、开始的感觉。几何学以点表示起点，并用它来表示一个空间位置，这样的点只是一个概念，并无具体的大小尺度。

而眼睛直接看到的点，却是有大小和可以度量的。但是，它也是相对于"面"或"线"而存在的。如一块砖，相对于一幢建筑来说，它就是一个点；而相对于一粒石子来说，它就是一个"体"。

点也是最小和最单纯的基本元素，常常表示空间和时间的最小限度。有单音、休止和停顿的感觉。所以，点也具有跳跃和节奏的特性，常常最活跃、最易移动，是视觉元素中最具有聚散性的元素。理想的点是圆形的，然而，客观上视觉元素的点可以有各种形状，既可以是规则的几何形，也可以是不规则的自由形态。它们的外轮廓既可以单纯，也可以复杂。

线。康定斯基显然同意"线是点的运动轨迹"这个概念在艺术中的作用，他说线是一个点在一种或多种力量下的通道，依力量的迸发或矛盾，使线发生各种变化。线既然是点的运动造成的，那么这个运动就是点受到了外力的影响，并依据力的强弱、快慢、方向使点产生不同的运动，而产生不同的线。线有直线、折线、波型线、曲线等。直线简洁、明确，给人感觉刚健、明快、直率的感觉；折线变化、尖锐，给人刺激、不安、坚硬的感觉；曲线比直线多样、复杂，但又比折线柔和，给人的感觉就舒缓、轻柔、流畅。直线只有长度的变化，因而最少装饰性；而曲线既有长度的变化，又有因方向改变造成的弯曲程度上的变化，具有装饰性；波型线，由于是由两组方向对比的曲线重复构成，变化丰富，更具有装饰性，更为悦目。

直线是所有线的开始，因为它可以构成线的三种基本单位形态，即水平线、垂直线和斜线，这三种基本的"单位线"是由直线的不同方向造成的。康定斯基认为：水平线——平坦、女性、冷、安静；垂直线——生长、男性、暖、上升；斜线——具有冷暖均衡的性质和运动上升感。

中国的传统艺术对线的研究和表现有其独特之处，如绘画、工艺装饰、书法、雕刻等很多都是以线造型，线是中国东方视觉艺术的特性之一。因为线的变化最丰富、最简洁、最含蓄、最和谐，最能够与中华民族审美情感的特性相适应，中国人对线的表现性特质有深刻的认识。

同样，西方的许多艺术家也看到线的魔力，迈耶就曾说过："线条是生活的命脉。"线在一切造型艺术中的意义重大。如器皿和服装的变化，本质上都是线的变化，即外轮廓线的变化。建筑艺术构建的是一个三维的空间，然而却需要通过建筑中的线条来引导人的眼睛，构成空间形体，这就是"轮廓引导视线"的例证。由高层建筑顶部轮廓构成的城市天际线是现代城市的形象中一个极其重要的元素。

线的表现性源于线的性质，这个性质是由多方面的因素组成的，但主要取决于如下三个方面的因素：线的第一性质是长度，一般长与宽的比例在 10：1 时就产生线的感觉。线的第二性质是运动方向，线是最具有方向感的基本元素。线的第三性质是线受不同的外力的影响而产生的各种性格，如刚劲、晦涩、绵软等。

面。迈耶在谈论面的时候说："尽管线条在特性上大多具有理性，但二维平面却是有感情的，是充满幻想和活力的。艺术家或设计师能在线条围成的平面空间内创造思想，这正如地理学意义上的平面，即人能在其中生活、娱乐、工作的空间一样。"面的产生是"线"的运动轨迹。由于受外力的影响，线产生了不同的运动，进而产生出不同形状的面。

面可以形成不同种类的形态，如：单纯形状的面；复杂形状的面；平面图形的面；立体空间的面。

康定斯基把构成一幅作品的平面性空间，即基底，也称为是一种面的表现，称其为"基础平面"，认为它是"容纳作品内容的基础性空间，由两根水平线和两根垂直线围合而成，与它的周围的空间划分、隔离，并使其具有独立存在的性质。"基础平面在没有任何内容、独立存在的时候，本身就具有表现性，这是由于知觉对重力的不同分布造成的一种感觉。心理学家在研究这个问题的时候，认为人的潜在意识中往往觉得左边的结构稀薄，右边的则较沉重。这个特性可能与人的左右手习惯和脑的左右支配有关。

2. 体

当"面"受力运动时，同样会产生"体"。不同形状的面，加上不同的运动，必然会产生不同的体。体是一种有深度关系的空间形式，而面是一种平展性空间，然而，如果我们改变面的方向也可以构成空间的深度，如果这样的面围合在一起也会形成体。

在视觉中所感受到的体，一般有两种形式。一种是客观真实的体，由客观的物质材料和一定的构造技术建构起来，具有"物"的特性和客观深度的空间样式；另一种是在平面上通过透视、光影、遮挡和色彩关系等表现的"体"，这只是对客观存在的体的一种模拟、描绘和再现。

休谟在《人性论》中说一个面是一个立体的界限，一条线是一个面的界限，一个点是一条线的界限。这是对点、线、面、体之间关系的高度概括，视觉艺术中的点、线、面、体是一个辨证的，互有关联的关系。

3. 形状

形状是眼睛所把握物体的基本特性之一。它所涉及的是排除物体在空间的位置、方向等特质之外的那种外部的形象，即形状不涉及对象放置的状态，只涉及物体本身的边界和眼睛与物体的关系。形状是物体在特殊距离、角度、光线和空气环境条件下所呈现的外貌，同一件物体，透视角度不同就会呈现不同的形状。如一个立方体既可以呈现正方形，也可以呈现正六边形，这正是由眼睛看到物体不同的边界轮廓造成的。形状是构成形态的基础，是物体在特定条件下（主要是视角度）的某个单一面相。一个客观的立体空间，总是由多个相同或不同的单一面相综合构成的。面相与面相的关系是形态，而形态关系的总和就构成这个物体的整体形象。所以，形状、形态和形象是互有关联，又有区别的概念。

4. **色彩**

色彩是人眼睛的对应物，也是造型的重要元素。色彩是物质表面的物理属性对可见光线的吸收和反射，形成的不同波长的光线作用于人的视觉感官后所产生的特性。色彩对人视觉的影响力虽然不如形状持久，但却是重大而强烈的，它在设计的形式构成中具有特殊的视觉作用和形象作用，因为不同的色彩会产生不同的视觉感受，表达不同的意义。

色彩有固有色、光源色和环境色之分。光源色的状态，物体受光的方式和环境都会改变视觉对色彩的感受性。尽管色彩与形状是不可分的，但是色彩仍然是一个相对独立的系统，它包括色彩的物理、生理和心理等诸多方面的特性。

5. **肌理**

肌理是物体表面的纹理，不同物质的物体表面往往会呈现不同的肌理。所以，肌理往往能够反映物体的物质属性，如木头、岩石、金属、玻璃、水等。肌理常常给人不同的视觉感受，如光滑与粗糙、坚实与柔软、干燥与湿润、透明与不透明等。肌理一般可分为：自然肌理，属于自然物的天然性肌理。模仿肌理，是运用一定的工具和方法模仿自然的肌理。人造肌理，是运用一定的工具和方法创造的肌理，包括人造物的肌理。视觉肌理，是能够被眼睛直接看到的肌理。触觉肌理，是一种非平面的肌理，可以用触觉感知。

肌理不仅可以强化物体的材质特性，还可以加强视觉的空间感受，如在平面中表现的一个物体，肌理就可以加强其空间的深度和分量。立体物也是同样，肌理明确的物体总是先抓住人的眼睛。肌理也具有很强的装饰特性，能够丰富眼睛的视觉感受。

（二）形态的关联性要素

1. **数**

"数"是一种视觉力，形态与数的关联极为密切，形态的表现实际是一种数的表现，这是由数带来的"量"的变化而构成的一种空间的变化。所以，数是能够引起视觉感官影响程度的变化的因素。在设计形态中"数"的概念有不同的表现形式：

（1）逻辑的数

形态构成中的"数"，很多时候表现为一种空间、形态关系的逻辑性结构。最典型的例证就是黄金矩形，长与宽的比例尺度就是一个数的逻辑性结构，即1：1.618。这个数是人类优化出来的，这个关系概念是一种数列关系，构成设计中还有许多通过数列发展起来的空间关系，如费波那契奇数列：第三个数是其前两个数的和（1，2，3，5，8，13……），这个数列可以将空间或形态分解成复杂而又充满秩序的结构状态。

（2）重复的数

重复的数不像逻辑的数那样仅仅是一种关系，而是一个直观的可以见到的数。重复的数把相同或类似的形态不断地重复以形成量，并通过这个量去产生视觉的影响力。很多形在单个的时候没有什么力量，然而当它不断扩张重复时其增加出来的量，就可以吸引住眼睛。"重复就是力量"，这个力量就是由"数"带来的。因此，重复在构成设计中是最基本的形式手段。也是最需要理解和加以重视的概念。

（3）对称的数

形态中的数的变化，最简单的方式就是自我复制，当第一次复制完成时，形态的关系就是一个对称的关系。空间形态中数的对称是一个数加入一个相同的数，简单的方法就是利用镜子，把一面镜子放在一个形面前，立即会复制出一个镜像出来，它们之间的关系就是一个镜像对称的关系。有趣的是，这个对称的关系是由虚与实的两个形态共同构成的。

（4）分解的数

形态中数的增殖常常依靠自身分解的方法，由1变成2，再变成4，如同细胞的生成。分解的数使形态具有"分形"的特征，形态不断地迭代构造或是自我仿射而形成一种"自相似"关系。这种分解的方式能够将空间或形态的样式构筑成一个既无穷变化，又保留了母体特性的构成关系。这种分解的方式也是一种数列的关系，即在一个单纯的几何形空间中找到一个数的关系，然后根据这个数分解出与前一个形相同的形的解。

整形与分形是现代形态理论中两个对立的概念：所谓"整形"就是欧几里得几何的抽象逻辑形态，也称为经典几何形态。整形的概念重视形态的归纳和元素的作用，习惯于把形态看成是以点、线、面等元素运动构成的逻辑关系，并由人的视知觉整体感知的形态。

"分形"是依据一个特定的"生成元"在自我复制或自我分解中开始的形态，它根据"元结构"不断地迭代构造或是自我映射仿射而构成不同的迭代函数系，形成不同的分形集。分形中的任一"部分"都存在与整体相似的结构，被称为"自相似性"。自然界有很多物体明显地以分形的形式生长、变化，如植物、河流、云朵，甚至闪电等等。分形理论打破了经典几何形态的线性结构，提出的是一种非线性的形态概念，即在任意的局部中对整体的认知。

2. 变化

设计概论变化视觉式样的丰富、设计形态的多样性很多时候是由变化引起的。变化作用之一是减少重复的单调，以便带来新的视觉感受。变化可以说是设计的一种武器，它可以使视觉式样不断地发展，不断地获得新的视觉经验。从形式构成的角度上讲，变化是一种力的作用，形态与空间的变化是由力的变化引起的。首先是一个消极运动的形，由于力的变化，可以逐渐变化为积极运动的形，所以变化的式样，常常直接反映出这个力的运动特性。设计形态中很多运动的式样都是由变化形成的。

3. 编排

编排对形态的影响是积极的，是在对形态组织、构图、经营的过程中，对形态的关系构造。从某种角度上讲，编排可以说是一种构成的技术性手段，在形式构成中具有重要的作用。编排的核心作用是将不同的要素组合、构筑成一个有序和可读的空间序列，其有序性是通过形式构成的编排所创造的一个可阅读的视觉流程。因此，编排本身是一种具有表现性的形式，不同的编排，不同的视觉流程将传达不同的意义。所以编排也不是纯技术性的，它同样需要创意、构思和独具匠心。

在平面设计中的图文编排是把许多单一的画面，包括文字、符号、标题等要素综合构成在一起。编排，所涉及的要素比单一画面的构图复杂，因为编排设计的空间形式既有单一的独立平面空间，又有由多个书籍页面构成的序列化空间。其涉及的要素既有信息要素，又有空间要素和时间要素。在立体空间的设计中也存在着编排的概念，其形式较多地出现在展示性空间或环境空间中，如环境设计和展示设计中的平面规划布局都是一种广义的编排样式。城市规划是一种最大的空间编排。

4. 构成

构成有构筑、构造、形成、造型等含义。构成常常注重要素，着重研究包括点、线、面、基本形、骨骼、方向、力动、色彩、肌理、位置等的性质与作用。不过构成理性地分析这些要素，并不是其终极目的，而是在于怎样最有效地发挥这些构成要素的作用，建立要素与要素之间的构成关系，形成

独特的样式。构成更多的是将理性的成分呈现于作品之中，如重复构成与渐变构成就分别依据了不同的理性逻辑和力学结构。构成也是一个技术性概念，即研究形态构造的方法与技巧，通过具体的构成解析，探索怎样通过重复、渐变、近似、发射、累积、分解等方法以形成设计构成的能力。

构成与编排有许多相通的成分，甚至许多时候可以互换使用这两个概念，因为编排中有太多的构成成分，构成中也包含了很多编排的因素。但是，构成更多的是关注一个相对独立的空间样式，其造型、构造的成分更浓。我们可以用点、线、面、形、色来构成、创造一个空间的式样，但一般不会说用它们来编排一个空间式样。

5. 意象

所谓意象，就是形式中的表现性特征。意象是形式构成的重要目的，如果一个形式缺乏意象或不能构成恰当的意象，从某种角度来说是没有意义的。其实，为形式而形式的艺术并不存在的，哪怕是纯粹的形式构成也具有强烈的表现性，也能构成意象。

形式构成的意象来自形式样式的可读性，这种所谓的可读性是由形式构成中的要素和关系呈现出来的一种清晰可辨的状态，这种可辨性不是指是否能够清晰地看到画面与空间中的形态，而是能否感知到形式中的关系。这种感知又是直觉的，而不需要通过理性的思考、分析和判断才能够得到。

意象，也可以说是"力学构筑的意念"。形式的意象是把形式中的表现性与人的精神活动进行同构性的比较之后所产生的一种"精神力学"，是在一个形式结构的式样中所表现的运动特性在人的大脑神经系统中唤起的力量，这种力量所形成的诸如：扩张和收缩、上升与降落、前进与后退能够成为人与自然的表现意象，成为人内在情感、思想和动机的象征与符号形式，进而成为"有意味的形式"。

意象结构，是指隐含在形式构成中的表现性，这种表现性是在视觉形式中的"运动"与"力学"结构性质形成的，当视觉的观看直接把握到这些结构性质的时候，在人的大脑神经系统中就会唤起相同的力量，传递出"具有倾向性的张力"或"运动"，从而知觉到形式样式中的表现性，这是产生形式象征心理的基础。

意象的表现在人的知觉活动中具有优先的地位，因为表现性是我们日常视觉活动的主要内容。像"塔"与"桥"的形式本身就表现出一种与其功能相匹配的形式结构，"塔"的那种上升力动特性，正是满足了升华精神，与天地沟通的精神意象；"桥"也是同样的，并非桥本身作为连接道路的交通功能在对形式起作用，而是桥的空间节点形式，本身就能够作为两个封闭边界的沟通节点和通道。

对于形态的构成要素的研究，目的是了解这些要素与设计形态的关系。懂得形态作为形式构成在为内容服务的同时，也有其自律的一面，这一面就是形态自身的象征、符号意义和意象的表现性作用，这些在很多时候恰恰是视觉艺术的灵魂所在。

三、形态的分类

形态具有多种分类方法，可以依据形态的要素、结构、关系、意义、表现和形成的方法等进行不同的分类，此处列举几种最基本的形态分类。

（一）几何形

几何形是一种单纯、简洁、富于理性的形态，也是在形态世界中最为本质的形态。常见的圆形、方形、三角形等都是最基本的形态。几何形一般具有很强的规范性，隐藏着严格的逻辑尺度和复杂的数理关系。自然界中真正意义上的标准几何形是很少见到的，几何形是一种数学演绎的结果，常常需要借助于一定的制图工具才能绘制。所以，几何形是可以完全重复，任意复制的图形。

几何形有时是一种无机物的形态，亦被称为"机械形"。它所具有的机械性的严谨结构和单纯直线、弧线及方向感，往往表现出力动和速度美感。因此，几何形也显得较为生硬和冷漠，是一种"冷"的形态。但是几何形往往能够揭示出自然界万物形态本质的结构关系。

（二）有机形

有机形是以自然形态为基础的。所谓"有机"意为有机体，是有自然生命的，是生命的外在形式。另外，在生命运动和自然力学作用下而形成的以自由曲线为主的一些无生命物体，如河滩的卵石，以及许多人造的流线型物体，都可以是一种有机形。因此，它常常又被称为是一种"生命的抽象"。

有机形的形成，一般不依赖数理方式或机械方式，而是以比较自由的、缓和流畅的运动方式形成。有机形是内在张力和外力相互抵抗时达到平衡后的一种和谐关系，所以给人以完整、柔和的美感。有机形具有很强的亲和性，是一种"暖"的形态。有机形具有较强的精神元素，往往可以成为人深层意识的符号和暗示，有如细胞、生命的初始状态。自然界的动植物形态都是有机形，人造物中的以曲线构成的物体，往往具有有机形的形态特征。如曾风靡一时的"流线型设计"就是一种以有机形为主体的设计风格。

（三）偶然形

这是从形态的形成方式所做的分类。偶然形完全不同于有机形或几何形，是一种偶然条件下产生的、难以预料的形，它往往具有偶发性，是一种非刻意的，常常无法控制的形。因此，偶然形都具有偶发性、随机性和外观上的复杂性。如墨迹、裂纹、斑痕等都是在一种特定的、偶然的情况下产生的形态。

复杂因素，因而也不可能产生完全相同的图形或形态。这就像随意揉一个纸团所形成的偶然形，要想随意再揉出一个完全一样的纸团来是绝对不可能的。

偶然形的复杂性、丰富性往往具有视觉肌理的效果，所以偶然形的形成方式，也常常成为构成设计和装饰设计中的创造肌理的基本方法之一。这些方法包括：吸附、拓印、喷洒、渍染等。现代计算机的图形处理软件有许多滤镜功能，可以模拟出千变万化的偶然形来，这是电脑随机计算的结果，但仍然具有一定的偶发性，情形有如摇奖机中的随机号码排列。

（四）自在形

亦称为"自由形"或"随意形"，它是一种人为的，由人随意描绘的形。所谓"自在"就是人在一种无任何压力的情况下的自然流露，是无意识的、潜意识的。所以，自在形最能够自由表现人的感情情绪和内在意念。自在形往往可以见出一个人的性格特征和情绪倾向,因为自在形是一种自然而然的流露。严格地说,自在形也是一种不可重复的图形,因为重复本身就是刻意的、

不自由的作为。熟练的笔迹,虽然可以重复,但已经是人的一种很自然的行为,所以心理学家可以根据一个人的笔迹来判断其心理和性格特征。

第三节　形式审美

所谓形式法则,就是形式构成的基本规律。这个规律不是来自设计,而是自然界普遍存在着的形式规律,这个规律具有合目的性,它既反映了自然的本质,也反映了人的本质。当艺术设计在其自身的形式和形态中遵循和显现了这个法则,就获得了设计形式的审美价值。设计美学把反映在设计形式中的形式法则称为"形式美",形式美在整个艺术领域中具有普遍的美学意义。

艺术设计之所以把形式构成作为主体的研究课题,是由于形式在设计中具有重要地位和主导作用。设计,除开物质功能的实现,本质上是通过一定的形式使"物"成为主体审美的对象,成为一种非物质的、观念的、精神的文化活动。这就造成了形式在受到内容、功能制约的同时,还必须受到形式自身规律的制约。

形式构成是"按照精神力学来实现传达目的的视觉创造,是按照一定的原则将造型要素组织成美好的形态。"一个审美的视觉形式必然符合形式美的法则,因为形式美的法则反映了视觉艺术的普遍原理。形式中的形式美,是一种抽象的审美体验,这种体验往往抽离了具体的内容,观照的是形式本身呈现的形态、空间、动力等所表现出来的那种表现性的张力。

一、比例与尺度

作为一种空间关系的度量,比例是部分与部分、部分与整体之间的数比关系;尺度是部分与部分、部分与整体之间的数量关系。比例与尺度都是一种参照、比较之后的结论,它们对于形式构成具有重要的美学意义。比例与尺度都是概念中的"数"对事物外在形式产生的影响,如"黄金比例"就是由数形成的一种完美和谐的数比关系。比例在形式构成中常常富有表现性,如大小比例、高低比例都能够表达不同的意义。

尺度有长短、大小之分。尺度的大小通常是两个层面的度量:一个是指具体的可量尺度,即事物的空间可量度,如物体的长宽高的具体尺寸;另一个是关系性的尺度,是把人作为判断基准,以人为度,这种关系性尺度是相对于人的尺度比例而言的关系度量。特别是一些与人接触的实用器具、工具、建筑等,则必须把人的尺度作为参照的标准。尺度同样具有表现性,对不同尺度的观察和表现会得到完全不同的形式效果。

二、对称与均衡

对称与均衡都是一种力的关系，是形态在空间中的一种状态。对称可分为均齐式对称和平衡式对称。均齐式对称，是形态左右或上下完全相同的平衡关系，这种关系如同照镜子，所以也称为"镜像对称"。平衡式对称，是一种重力的均衡关系。

对称是达成平衡的前提，植物要平衡地生长就必须依靠对称的形式；具有运动特性的人造物体，也是依据空气动力学的平衡性要求而具有对称的外观形式。对称对于空间形式的布局意义重大，因为它是构成"空间定位"的先决条件之一。对称的"中心"或"轴线"，把左与右、上与下清晰地界定出来，因为这个概念中的"中心"和轴线能够成为空间定位的基准。城市空间的平面规划的中轴线常常与子午线重合，就是依据面南坐北的方位来确定一个城市的平面布局。平面设计也常常把基础平面中心的十字延伸为垂直和水平的两个轴，然后才开始设计和编排。

均衡与对称不同之处，是在于它仅仅是一种心理上的感受，是一种心理力对于物理样式的重力特性和方向特性的一种同构性观照。人对于均衡常常赋予审美意义，认为它是达到和谐的基础。均衡是力的表现，是各种力的冲突达到相对平衡的一种状态。如很多有机形态是一种自然进化后，内力与外力高度平衡的结果，所以常常呈现优美的形式。现代设计对于均衡的表现常常情有独钟，认为均衡是突破传统对称性结构，构成新的视觉张力的一个有效途径。

三、对比与调和

对比是眼睛观看的基础，是视认的条件。没有对比，形态就不可能从背景中分离出来，眼睛就不可能在一个复杂的图形关系中看到对象。对比因素对于一个视觉形式的呈现状态是极其重要的，它是形式构成的基本条件，没有对比就不可能造型，不同的对比就会形成不同的造型样式。如色彩的不同对比就会形成完全不同的色彩基调和视觉形式。设计的过程，通俗地说就是一个合理和富有创意地运用对比的过程。现代设计很多原创性的形式，往往是突破固有的对比概念而创造的。经常性的做法是把过去认为毫不相干的东西通过"混搭"形成对比。

调和是一种特殊的对比形式，是在对比基础上的一种和谐关系。对比与调和是一个对立统一的关系，对比常常需要调和来达成某种统一性，调和则必须要有对比参与。因为，没有对比的单一因素就不存在调和的概念。调和是一个在某种统一因素协调下，不同要素间的共生关系，以便使对立的各方达成表现上的一致性。调和具有很强的审美特性，因为调和的状态总是和谐的，它既丰富又协调一致，既变化又统一。

四、节奏与律动

节奏与律动是一种具有表现性特征的运动形式，通常表现为形式结构中的某种秩序感，常常通过条理与反复来形成。条理与反复既是形式构成方法又是形式表现的状态。形式构成中的视觉元素都可以表现出丰富的节奏与律动形式。有规律的重复、渐变、推移最能形成节奏与律动的状态。

节奏可以表现为比较单纯的重复性运动，也可以表现为比较复杂的变化性运动。律动一般都表现为复杂的变化性运动，是一种富有韵律感的运动形式，但其中往往会隐含着一个简洁的秩序性结构，如诗歌中的音韵和格律。形式构成中的节奏与律动是通过形态、色彩、位置、大小、疏密、轻重、虚实、交叠和混搭等构成的手法来实现的对立与统一。

所有的形式法则都遵循一个基本的原则，就是对立统一。这是宇宙的普遍法则，是事物运动变化的根本。黑与白、冷与暖、阴与阳、动与静、有序与无序等都是一种对立关系，然而它们又总是统一在相互的关系之中，因对方的存在而存在。设计形式中的对立，表现在不同要素之间的差异和对比上，没有对立就没有变化，就不可能产生形式；同样形式如果没有统一性，也不可能获得整体的形式样式。对立与统一作为辩证关系总是深入到艺术设计的每一个角落的，把握艺术设计的要领最为关键的就是合理地运用这个关系。形式美感的存在是形式要素对立统一的结果。艺术设计的美学意义就是把宇宙抽象的普遍法则，物化为能够为视觉所感知的、具体的、生动的形象。

透视矛盾是对传统透视方法的一种挑战，因为传统的透视方法只能刻板地再现现实空间。而当视觉艺术家想要利用透视来表现某种特殊意义的时候，就可以自由地改变或是综合传统的透视方法。许多立体主义、超现实主义、表现主义的作品常常利用背离传统的透视原则来获得某种神秘的、梦幻般的特征。如将成角透视和平行透视综合在同一画面中，就会造成两种互不协调的空间系统之间的矛盾冲突。

并不是所有的透视都是用来表现空间的，视觉艺术也常常利用透视来抑制空间的表现，使物体的空间深度消失，以达成平面化表现的目的，让视觉表现回到人类最初的空间经验中。中国许多民间艺术就是应用了这样的方法，如民间剪纸的空间处理最为典型。而正因为如此，视觉空间才能够具有如此丰富的内涵和表现性。一部视觉艺术的历史，客观上也是一部认知和表现表象空间的历史，视觉艺术作为记录和讲述人类历史长河的画卷，它积累了人类数十万年的视觉经验。

心理空间，完全是一个心理学的命题，但它与客观存在着的物理空间又有千丝万缕的联系。因为，人类空间心理的形成是在不同的生活环境空间中形成的，长期生活在山区与平原、城市与乡村、内陆与海岛的人，就会形成完全不同的空间心理特性。

心理空间与物理空间的区别在于，物理空间是客观的，不以人的意志为转移的；而心理空间常常因人的个体差异而存在很大的差别，这些差别受着经验和心理状态的影响，甚至在有些时候心理空间与所认知的物理空间会截然不同。格式塔心理学曾列举过一个生动的例子：当一个人在严冬骑马穿过一个被坚冰覆盖的湖泊时，他仍然认为自己是在穿越一片平原。这里骑马人的心理空间是平原，而客观的物理空间却是湖泊。

很多错视现象都是由于物理空间干扰了人的视知觉而形成的错误判断，或者说是形成了一种特别的心理空间式样。心理空间对于人类有着特殊的意义，它是由物理空间所引起的一种心理场，这种所谓的心理场，常常会形成特殊的心理导向，直接影响人的行为选择。抽象图形可以传递意义，并不是由图形本身引起的，而是图形的物理空间给予了视知觉心理建立某种心理场的外部条件，由心理的共鸣造成的。

形状，是一种空间的样态，也是某种内容的形式。广义的形状概念即事物的表象或形式；狭义的形状是眼睛所把握的物体空间的基本特征之一，它涉及的是除了物体在空间的位置和方向等性质之外的那种外部形象，这一形象是由物体空间占有的轮廓而形成的。不是由所观察到的那种单一的面相所决定的，而是由它基本的多个面相的形状空间特征所构成的。人对形状的感知也并不单纯依赖对物体的即时刺激作用而做出的反应，眼前所得到的东西常常与人过去的经验相联系。

格式塔心理学提出过一系列对形状的视知觉规律，认为人的眼睛倾向于把任何一个刺激式样看成已知条件所允许达到的最简洁的状态。格式塔心理学常常将视觉过程看作是一个力的过程，将视觉式样看作是一个力的式样，因此，视觉就常常倾向于从力学的结构上去判断一个形状，并倾向于将其作为一个简洁的结构式样来加以看待，因而，视觉就具有对形状进行简化的倾向。例如一个三角形和一个正方形相比较，虽然正方形的要素比三角形多，但正方形就比三角形简洁，因为其力学结构比三角形简单，正方形中所包括的四条边不仅长度上都相等，而且离中心的距离也都相等，同时它只有两个方向，即垂直方向和水平方向，所有的角大小也都相等，整个图式看上去高度对称；而三角形则不同，虽然与正方形的要素相比要少，但其力学构造的方式却比正方形复杂。格式塔心理学认为：构成一个形状式样的结构特征越少，就越简化，而这一结构特征不是指要素（成分）的多少，而是指形状结构的性质是否简洁。如格式塔心理美学家阿恩海姆在总结形状简化的规律时给出了五个造成简化的条件：大脑领域中所存在的那种向简化的结构发展的趋势，能使知觉对象看上去尽可能简单；唤起知觉经验的刺激物的简化，即"好形"和"完满的形"；由知觉对象所传达的意义的简化；知觉对象对其传达的意义之间的关系；个别观察者的精神状态。

物理学认为任何一个已知的物理场，所包含的力的分步最终总要导致一种最规则、最对称和最简化的结构。这个场越是孤立，场中包含的力的分布图式也就越自由，而力的活动越自由，最后得到的力的分步图式也就越简化。这种力的简化分布图式往往是以规则、对称的形状显示出来的。

格式塔心理学认为：形状的简化，取决于大脑领域中所存在的那种向简单结构发展的趋势，而使知觉对象看上去尽可能简单，并称其为脑动力的一个基本倾向。格式塔心理学将这种简化看作是视知觉心理的一种组织因素，即格式塔性的组织原则之一的"完结原则"。

人对形状与色彩的反应是有差异的，这在许多心理学实验中已得到证明。

色彩往往对视觉有强烈的感染力，如在要求儿童对一堆由红色、绿色和三角形、圆形混合组成的测试式样（如积木块）进行相似要求的选择时，儿童会将相同颜色的三角形、圆形区别出来，而不顾及其形状因素。但是对于六岁以上的儿童，大多数会选择形状上相同的积木块，而放弃色彩的因素。阿恩海姆在解释这一实验例证时说：儿童"放弃"色彩的因素，是说明这些儿童并非不知道眼前积木块色彩的相同因素，而是认为形状更重要的缘故。心理学家海恩斯·维尔纳说，这是因为随着儿童受到教育熏陶和实践的训练，慢慢将形状作为识别物体的基础造成的。

第六章

民族文化符号的特征与分析

第一节　民族文化符号的生成与特征

民俗艺术，它土生土长，有着浓厚的乡土气息和强烈的民间俗信，直接反映了劳动群众的生活经验和习俗。它是传统生活习惯中传承下来的，向往美好生活的朴素情结。民俗艺术家往往把自然界的事物和人们美好的愿望相结合，使作品充满天然和淳朴的设计思想。其内容往往来自大自然的万物，如花鸟鱼虫、飞禽走兽、山水树木，并将丰富的想象与美好的寓意贯穿其中，如常常出现的蝙蝠、梅花鹿、瑞兽与喜鹊，取其谐音，即为"福、禄、寿、喜"。民俗艺术主要是劳动人民为了自身生活的需要，亲手制作，美化自己的生活和环境，丰富节日活动和生活礼仪习俗，往往反映出祈望吉祥幸福、团圆，寄托对未来的希望和向往。因而，中国民俗艺术是在生活中发生，并为现实生活服务的文化表现形式，它的文化内涵和艺术魅力始终无法摆脱创作者的群体意识、情感气质和习俗心理，它是为生活而创造的艺术。它与宫廷艺术、文人艺术的区别不仅有创造者的不同，还有使用对象的不同，以及对生产生活的影响不同。民俗艺术在思想内涵、表现手法与它们有着明显的差异，处处体现了其凡俗化和生活化的特质。

艺术中充满各种各样五彩缤纷的符号。从符号学的观点看，民俗艺术符号是在民俗事物活动中对图形、文字及色彩等艺术符号的应用和传承。这些艺术符号背后的文化功能与它们所蕴含的价值观念，分别象征着真假、美丑、善恶、正邪、曲直、祸福、爱情、亲情等种种不同的意义，这些含义是作为民俗艺术的组成成分进入民俗活动的。但是，这些符号的含义却不是整个民俗艺术所传达的"意味"的构成成分，它只能作为传达这种意味的形式的构成成分或是这个表现性形式的构成成分。

民俗艺术符号是一种充满了情感和生命的意象。民俗艺术符号的背后积淀了劳动群众的全部情感和对生命的体验。

一、民族文化符号的生成

民俗艺术是我们祖先在中华大地上顺乎自然、征服自然、发展自己的社会活动中自发形成的，与中华民族发展的一定历史阶段的物质生产水平、生活内容、生活方式、社会心理及自然环境、政治气候相适应的。民俗艺术符号既然积淀了劳动群众的全部情感和对生命的体验，其生成就必然会有其自身的条件。归纳起来，不外乎内部条件和外部条件。法国史学家和艺术批评家丹纳曾经说过："的确，有一种'精神的'气候，就是风俗习惯与时代精神，和自然界的气候起着同样的作用。"他把包括自然环境和社会环境在内的"环境"看成是艺术现象发生、发展的"外部压力"。自然环境形成内部条件，社会环境则制约外部条件。

（一）自然环境

大自然多姿多彩，充满着各种各样的符号。人类来源于自然，本能地同它有一种天然的亲近感与和谐的一致性。

大自然以造化的神力，孕育了人类起源的神话，包括图腾崇拜、生殖生命崇拜，巫术仪式与祖先、鬼神、万物之灵的信仰。如果仅仅从民俗艺术符号题材和内容上看，自然的影响还是表面性的、直观的，但民俗艺术符号的风格和审美趣味中蕴含的自然界的作用却是深层的。自然与艺术符号的互动过程，实际上是人如何利用自然条件、与生存条件合而为一的过程。自然环境处于一种相对静止的状态，它对人的潜能的影响来自人对它的变化着的认识和主观反映。传统社会中人们对自然的依赖程度远比现代人要大得多。直到今天，在经济相对落后的贫困山区，我们仍然可以从民俗艺术符号中找出人与自然的这种原始的和谐关系。

但是，自然界的外在环境毕竟只为人类的艺术创作提供了前提条件，它们自身并不能直接与艺术品发生联系，不能直接形成艺术符号，对艺术符号的形成过程的参与是通过人这一创造主体来完成的。在绵延数千年之久的民俗艺术历史中，民俗艺术的材料既没有高贵的，也没有专用的，总是因地制宜，得之天成、取之自然，利用唾手可得的低廉材料进行制作。例如北方黄河流域各地，黄土层疏松丰厚，处于半干旱地区，雨水集中，适宜种植小麦，所以用面粉为材料的丰富多彩的面花、礼馍成为整个流域民俗艺术的主要角色。自然是人类的母亲，给我们提供了取之不尽、用之不竭的符号源泉。但自然界无论具有多么诱人的魅力，它始终与艺术有一定的距离。民俗艺术家的任务就是通过归纳和借鉴，从大自然中捕捉灵感，吸收艺术营养，开拓新的民俗艺术世界。民俗艺术是劳动群众自然感情表达方式的一种选择，是将自然形态的原型转化为一种新的形式、新的符号，浓缩劳动群众的精神意识和生活状态。我国地域辽阔，民族众多。民间的民俗艺术多种多样，异彩纷呈，美不胜收。诸民族中又有很多的分支，每个分支的艺术风格和形式都不相同。占人口多数的汉民族，因为居住的地域不同，环境和条件的差异，艺术的气质、风格、品类和形式也有很大的差别。比如，水乡泽国和高原山地之间的生活与生产习俗，往往会有很大的差异。南国江河纵横，气候湿热，才有可能产生龙舟竞渡、门悬菖蒲、苦艾，口饮雄黄酒以避邪的端午之俗；而北方的春秋季节，气候高爽宜人，才会出现清明祭扫连带踏青，以及重阳登高眺远的习俗；而对天后妈祖娘娘的崇拜，也主要发生在沿海、沿江的口岸地区。各地的环境、风俗不同，人们的审美情趣千差万别，必然形成多种不同的民俗艺术符号。

例如，民间剪纸是在节日里为烘托气氛，用色纸剪成各种花草、动物或人物故事，贴在窗户上、门楣上作为装饰之用，是表意性的，讲究形象概括简练、虚实对比鲜明、线条规整流畅、色彩对比强烈的造型特点。民间剪纸作为民俗艺术的重要载体和实现方式，维系着整个民俗艺术最本原的文化根基。各地民俗习惯的不一样，艺术风格也异彩纷呈：大体北方粗犷豪放、造型简练，属简刻；南方构图繁茂、精巧秀美，简属繁刻。如满族民间剪纸，受冰天雪地大山大水的影响，剪纸作品显得特别粗犷和豪放，他们都使大剪刀，没有画稿拿起剪刀就剪，线条简洁，充满动感；东北剪纸明显地带着黑土地的淳朴气息，既有对当地自然环境和人们开荒生活的反映，又有对来自黄土地艺术的意象演化，剪法浓厚粗拙，苍劲古朴；陕北剪纸更如信天游，张口就来，拿剪就剪，透出了陕北人率直浪漫、洒脱奔放的个性："剪纸剪刀随心走，不怕花样丑，全凭一双巧手，图案故事出自心里头，有情有趣有看头。"这些都与地理环境有着密切的关系，但在内容上都十分丰富，多以表达吉祥、美好的寓意。

民俗艺术符号在传播地域上常常决定于河流和山脉。道路崎岖的山区，环境闭塞，传播范围有限，虽然是同一个节日，却往往百里不同风，十里不同俗，民俗活动的形式各异，甚至相左，呈现出多层次的瑰丽色彩，民俗艺术符号也就形成了多样性；平原地区，交通便利，传播和交流广泛，故而民俗艺术符号则呈现出趋同性。我们知道，人类最初开始对世界感知的方式是相同的，都是建立在对客观现实世界表象感知的基础上，无论是生存在哪个地方的先民。在人类漫长的艺术发展史中，有许多东西是可以变的，是不同定的，但在最低层次的认识规律和方式是永远不变的。不同地域的人们对同一事物形态都有着相同的感知或相似的理解，对已形成了某种固定概念的符号就更是一样了。如对鸟的形象认识，南方称之为鸟，北方人也称之为鸟，概念是相同的，只是在图形或色彩表达方式上不同，但在对符号意义的理解上是相同的。民俗艺术符号的审美凝聚着某一民族或地区人们的思想意识和审美情趣，有强烈的民俗性和共同性。地域的文化积淀、习俗风情、地貌环境必然给这个地区的民众意识、情调、志趣、喜好等提供营养和土壤，并留下一定的烙印。这便是艺术上形成的"天人合一""天人感应""天人相通"的艺术情致，这是人们主观情感与外界事物同形同构的关系所致，是外界事物的情感化、意识化，即"自然人化"的结果。

（二）社会环境

民俗是约定俗成、社会普遍传承，并被社会承认的社会现象。它是人们在共同生产和生活中所形成的风俗习惯，不是个人爱好、性格、兴趣所决定的，如各种礼仪、生活和生产方式、民间往来等均是一定范围和规模上的社会现象。民俗艺术真实而生动地展示了中华民族如火如荼的现实社会生活和丰富多彩的民俗风情。它是一种艺术形态，同时又与民众生存生活密切相连，是特定社会条件下生活方式的体现。民俗艺术符号生存的环境不是单一的世俗文化社会，而是与上层的官方文化或两者共同构成的有机的民族传统文化相互影响、交流的社会。

首先，民俗艺术符号受社会经济的制约。"一个地方受自然环境的影响，经济状况富庶或者贫困，对当地的风俗、礼仪、民俗艺术的品种、品位都有相当的影响"。社会环境是民俗艺术产生、发展和生存的背景，一定的生活方式和文化方式决定，影响了民俗艺术的创造动机、创作形态和样式。在经济相对发达的地区，由于经济的繁荣，因而手工艺行业极为发达，民俗艺术品的精致程度很高，这与市民的欣赏趣味和好尚有密切关系；而在一些经济相对落后的地区，由于生产力水平低下，生活方式停留在延续下来的相对低的程度，因而其民俗艺术品显现出粗犷豪迈的风格。因而，民俗艺术的影响力与该文化共同体的社会经济发达程度息息相关。强势群体的民俗往往是超地区甚而超国界的，如我国历史上的许多传统节日，如春节、端午、中秋节等等，几乎影响到所有邻国。

其次，民俗艺术符号呈现出强烈的伦理道德色彩。一般人们已习惯于运用道德伦理的眼光来看待一切，评判是非、区分美丑、审度善恶。在现实生活中，每个人都自觉或不自觉地受到一定的民俗观念的制约和影响。因而，民俗艺术对于他们也下意识地转化为伦理观念。民俗艺术符号中各个因素如宗教、民间信仰、传统习俗、艺术创作标准和作品题材内容、欣赏趣味、评介活动都自觉或不自觉地打上了道德伦理的印记。在中国汉民族中，几千年来宗法社会的残余，儒学思想的根深蒂固，以家庭、宗族为纽带的民俗活动，在人们的心里有着举足轻重的地位。至今在广大的农村仍不难看到在门楼、牌匾、门楣的雕镂书画装饰，"四代同堂""仁义功德""竹节""德"等都昭示出血亲宗法基础上建立起来的传统文化精神，品德家风千百年来代代相传。中国传统伦理道德观中的孝敬父母、尊师重教、讲和睦修善以及诚信、道义等内容被完整地保留下来。民俗艺术符号以其强烈的道德感、使命感和质朴的形式、大众化的语言直抒人民大众的心声，反映他们的悲欢离合、喜怒哀乐，成为他们的代言人。

最后，相对闭塞的地区传统民俗艺术符号保存较好。传统民俗艺术符号多诞生于手工业社会，在许多落后的社会形态中，如原始部落、土著社会、生产力水平较为低下的少数民族生活区域，自然环境尚差、缺少与外界交流的广阔深远的大山里居住着劳动、生活、服饰、情感、信仰、风俗习惯仍基本保持着古老民俗的人们，他们用简单、粗糙的生产生活工具，用淳朴的思维方式，用坚毅而虔诚的性格与大自然抗争，经受着大自然的锤炼。他们言谈朴实，性情淳朴、持重，热情好客，讲究礼义，民俗传统深厚。传统性民俗文化之所以重要，就在于它具有消解疲惫、回归自然、唤醒人类、找回自我的巨大功能。它可以使人暂时远离当今城市的喧嚣和污染，像天真活泼的孩子一样，进入一个无忧无虑的空间，远离当代工业文明主导下的种种弊病和尘世的烦恼，使情感得到净化，精神得到愉悦。

随着社会的进步、人类文明的发展，人们的观念意识和审美情趣也在不断地发展变化，与之相生相伴的各种艺术形式也都打上了鲜明的时代烙印。民俗艺术符号作为形式艺术也是人类思维和意识形态的反映，必然有一个发生、发展的过程。

二、民族文化符号的特征

民俗艺术从产生到现在，都受到民族崇拜、民族文化心理和民俗习惯的影响，不同的民族创造不同的文化，不同的文化也创造着不一样的民族，这也是我国悠久的多民族文化之所以多姿多彩的原因。在民族文化的沃野上，中国民俗艺术符号宛如一朵绚丽多彩的奇葩含苞怒放，以其特有的民族风格、丰富多彩的表现形式、坚忍不拔的艺术追求，在人类艺术史上谱写了雄奇壮美的篇章。

民俗艺术符号的背后积淀了劳动群众的全部情感和对生命的体验。当我们揭开民俗艺术表层附会的吉祥寓意后，会发现更多的是对天下太平、四季和顺、五谷丰登、福禄喜庆、长寿安康、诸事顺利的期盼和对生命的礼赞。它自身存在过程中所具有的互为矛盾又互相统一的不同特性，决定了其对于不断变革的文明渗透所采取的自然选择方式，从而与其他艺术符号拉开了距离。

民俗艺术符号自有它本身的特征，具体表现在：民俗艺术符号的产生是伴随着劳动群众自我精神理想的追求而展开的，它是同劳动群众精神文化生活息息相关的活动。岁时节令的迎财神、送灶王、撒纸钱、贴门神及年节装饰居室的年画等，都附和着诸多传统民俗事象，反映着劳动者的朴素愿望。因此，民俗艺术符号必然与不同地区、民族的风俗习惯息息相关，并一直作为具有约定俗成力量的传承文化而沿袭下来。

民俗艺术来源于民间习俗，因而民俗艺术符号的使用，就必定依附于民间特定的文化背景与生活环境。这种受民俗功能制约的依附性特征，多表现在画面的构图处理与使用功能上。比如，每到春节都有掸尘习俗，总要把窗格上的旧纸清除，新贴上一层白纸，这层白纸上常常就有红艳艳的新窗花加贴在上面，民居经过这番出新后，再陈旧的房屋，也会显得红红火火，喜气洋洋。

春节贴的窗花不仅要用大红的纸（显得红红火火），而且对尺寸大小有严格规定（要与窗格相配），图形也有安排（多镂空，否则迎光看去就缺乏美感），悬空吊挂的门笺、碗架云子之类，必须线线相连传统的年画的张贴也有讲究—送子、美人这类画挂小两口的房间，八仙庆寿是给老人的。挂笺在民间还有很多传说，如：姜太公封神时给穷神立了个规矩，即见破就回。人们害怕穷气进家，就特意将纸剪破贴到门上，以阻止穷神进门。又传，古代过年挂桃符，以驱邪魔，后人将桃符一分为二，变成了门对和门彩。门彩便是今天的挂笺。门笺的图案内容大都以吉祥词语或吉祥图案为主，用象征、谐音、寓意等手法，表现民众对美好生活的追求，如"招财进宝""年年有余""万事如意""双喜临门""鸿喜""迎春增福"等。如山东临沂地区的门笺，色彩丰富，造型稚拙朴素，庄重而又喜庆热烈。贴门笺有一定顺序和规矩："头红二绿三黄，四小红，五子（紫）登科。"春节时农家村舍挂上色彩鲜艳的门笺，配着红春联、门神画，节日气氛更加浓厚。门笺的制作工艺多样，比如套色法中，将五种色纸叠成一叠放在蜡盘上用刀按刻，五种色纸图案相同，之后调换纸的颜色、位置、纹样，进行"换膛子"实形填补虚形，背面用纸片粘贴住，色彩便丰富有序。五色纸门笺通常为大红、绿、黄、粉红、蓝紫（或蓝），鲁南称此为"三红加黄绿"。贴门笺时，五色的排列次序因地而异。五色门笺单取一色张贴也有不同习俗，有喜事全贴红的，有丧事全贴蓝的，灶上方贴黄的，牲口槽、水磨上贴蓝紫不贴红的。唐代诗人韦庄写过一首《春盘》诗，描述了古人春节时在院门上挂门笺的情景。诗中这样写道："雪圃乍开红果甲，彩幡新剪绿阳丝，殷勤为作宜春曲，题向花笺贴绣楣。"这种门笺是剪纸的一种形式，好像旌旗小幡一样，逢年过节挂在门上，用于驱灾辟邪，招财纳福。人们希望这些贴在墙上的花纸真的能给自己带来吉祥如意、四季平安、富贵有余、连生贵子、长命百岁。这些诸多的限制，也促成了艺术上的独特性。

民俗艺术符号在完成一定的民俗作用之外，又极力显示着自身超越民俗背景的独立性——即美的特性。在民俗艺术作品中，除所必须具有的诸多功能外，人们还是尽量要求美的。人类对艺术的审美需求是永无止境的。对美的渴望与追求是人类的天性，正如高尔基所说："就天性来说，人都是艺术家，他无论在什么地方，总是希望把'美'带到他的生活中去。"民俗生活的丰富多彩和审美感觉能力的丰富多样，以不同的表现手段和表现方式来反映不同的对象，创造出多种多样的艺术作品。民俗艺术表现形式粗犷而质朴，艺术风格活泼而清新，真正做到了内容与形式的完美统一，是我们生活在东方大地上的中华民族的精神风貌和审美意识的印证。民俗艺术符号使人类的视觉和听觉审美能力得到极大发展，它总是以直观的可感的形象诉诸人们的视野，即使在祭祀活动结束后就要烧掉的纸马，也得加上几笔颜色。更何况贴在房间里的吉祥画了，这些画大都是岁末"扫屋"之后贴上，无异于一次现代社会的"美术大展"，一展就是一年，长时间地观看，使民众对年画的审美愿望几乎超越了依附民俗的要求。这种艺术形式的独立性，并不是对于民俗限度的脱离，而是充分驾驭民俗形式的随心所欲，其存在价值也就超越了陪衬民俗的行为目的，具有艺术的相对独立性。依附性和独立性融为一体，相互制约。

传承性和变异性的统一：民俗的产生总是历代相延，积久而成的。民俗艺术符号的形成，往往需要数十年、上百年甚至上千年的时间积累。民俗艺术符号的出现和存在，反映了特定时空范畴内人们的世界观、价值观、道德观和审美观。民俗艺术符号实际是一种地域文化的传承现象。

一种民俗一旦创造出来，就为民间所传袭，并具有一定的规律性和约束力。没有传承，就不能成为民俗。所以，一个事物要成为民俗现象，首先就要为人们共同传承，在群众当中，为世代所遵循。按一般的观念，"传承"必须是三代以上的重复。中国民间传统文化的长期稳定、民间习俗相对稳定的发展，为民俗艺术符号的传承铺设了一条具有自然色彩的、恒定趋势的路基。在传承中，最重要的因素就是保持原有风貌，使某种规矩或方式熔铸在民俗艺术活动中。

民俗艺术家是普通的劳动群众，除了在艺术上的成熟之外，大都有比较稳定的习俗、观念、技艺及民俗文化的全面传承。在传统的农业社会中，民俗艺术符号一直发挥着维系社会稳定和延续传统文化、艺术的作用。具体表现在人们对老样式的喜爱，随着他们的生活环境的经久不变而保持着。传统民俗艺术符号的传承者多是那些不识字或略有文化的老艺人和农村妇女，照搬古样是他们的艺术生产方式之一。在各年画产地，都有些老版子甚至粉本、过稿，有的农村老年妇女还保留着祖上传下来的绣花底样、剪纸熏样、各种女红活计，如绣花兜肚、裙带、儿童衣帽。民俗艺术符号的传承性还体现在一些常用图像的应用上，比如不少剪纸作品的手法和品位与传统的画像石、画像砖、瓦当纹等具有惊人的相似之处；民间以神荼、郁垒为门神的民俗，显然要比唐代以后秦琼、敬德为门神的民俗更早等等。

在民俗艺术世世代代传承演变中，民俗艺术符号集中体现了人们对生活所表现出的吉祥瑞庆、福禄寿喜、消灾避邪、多子多寿等内容的追求。这个最现实、最基本的人生要求，正是中国民众千百年来为之劳作奋斗的人生理想，也是民俗艺术长盛不衰的永恒主题。当人们重复着祖先留传下来的民俗艺术式样时，很少去过问为什么要如此，这即是所谓的"知其然，不知其所以然"。

同时，任何民俗都处于不断变化之中，不变的民俗是不存在的。变异性是指民俗在传承过程中，为适应新的生存环境而呈现出的某些具有不同的外

部特征。变异性是民俗发展的必然规律。民俗在传习过程中，因为时空条件的变易、社会生活的发展、科学与技术的进步、外来因素的契入等，必然发生形态或功用的变化，不可能永远是无增无减地传习。民俗艺术符号既然在民间社会中生存、繁殖，就势必会随着社会的发展变化产生某些甚至大幅度的变异。这种变异，与民俗艺术符号赖以生存的中国农村传统文化结构有着密切的关联。随着时代及文化教育、生产方式、风俗习惯、审美取向的改变，人们新的心理需求的不断增长，与劳动群众生活相适应的民俗艺术符号也无疑会发生新的变异，在流行和传播中发生变异，这也是任何稳定的社会结构都无法制约的。但是，这种变异是传承中的变异，是相对于艺术格局的稳定性和一致性而言的传承的一个方面。变异性导致了民俗的丰富性和庞杂性。它不仅有相同题材、形式的变异，也有技艺、创作方法、欣赏趣味的变异，更为重要的是社会心理尺度下的审美观

念的更替。

传统民俗艺术符号的多种式样，附和着历史遗留下来的风俗习惯，仍会在民间存在，但是旧形式在变异中逐渐扬弃原本的内涵，使其功能标准发生质的变化。比如贴在洞房的剪纸喜花，在民间仍作为新婚装饰居室、烘托喜庆气氛的必需品，但几乎已无人知道它原本是祈求生儿育女的护符；节日的灯彩，也不再有娱神祈福的性质，而成为群众岁时节令的游乐性节目；金秋送爽，丹桂飘香，俗称重阳节（农历九月初九）是人们登高远眺、赏菊赋诗、吃重阳糕、插茱萸的日子，一般要在这个节日里蒸制各种花糕，取"节节高"的吉祥含义。但是现在，传统的民俗活动已被官方宣布的"老人节"的活动内容所取代，只是其敬老宗旨不变。老人们在这一天或赏菊以陶冶情操，或登高以锻炼体魄，给桑榆晚景增添了无限乐趣。

民俗的传承和保存，相当大的程度上需仰仗民俗艺术符号的存在，尽管民俗艺术符号在传承过程中出现一些变异现象，但仍不失为民俗和民俗文化的"活化石"。

民俗是可以变异的，而且民俗始终处于变异之中。民俗艺术符号的传承过程必然会有变异，变异支撑着传承的继续，有变异才会有所发展、创新，传承和变异相得益彰。用发展的眼光看待传统民俗艺术，它的某些变迁是符合历史潮流的，是不应阻挠也是无法阻挠的。事实上，任何民俗艺术都会随着社会的变化而不断变化，任何一个民俗艺术要充满活力就必须与其他文化接触交流。

由于历史的演化、族种的差异和社群传统的不同，民俗的传承、变异、整合、消长是一个复杂的文化过程，且涉及物质、精神、社会及语言等诸多层面，其外显及内隐的文化功能将社会结成了整体，并在时间上连接着过去与未来。

因此，在弘扬本民俗艺术的同时去吸收其他民族的优秀文化，去借鉴国外先进民俗文化成果，然后在与这些异质文化的交流中不断实现民俗艺术符号的发展创新，促进它的良性循环和可持续发展。

第二节　民族文化符号的分析

一、民族文化符号的识读

在中国传统的宇宙观、人生观的影响下，劳动群众形成了理想化的审美心理定式，对事物的理解和认识具有完整、圆满的倾向，对民俗艺术符号要求其完美性，即完整与美好的有机结合，以达到和谐统一的理想境界。

一般说来，中国人对生活的追求是理想的，但对待生活的态度却是现实的、积极的。民俗艺术符号不仅表现为劳动群众对生产劳动生活的祝颂，而且更多地趋向对农事、物产、年运的祈愿，在人们的经验中，"吉，无不利"，"国家将兴，必有祯祥"。因此，趋吉避凶的观念，成为人们处置社会政治、经济事物的基本态度和原则，并通过丰兆吉语最终演化成迎祥纳福的吉祥符号，吉祥观念就成为民俗艺术符号的永恒主题。

"吉者，福善之事；祥者，嘉庆之征。"在中国人的心目中，"吉祥"自古就是表示政治清明、天下太平、四季和顺、五谷丰登、福禄喜庆、长寿安康、诸事顺利、万象更新的祝吉之词。如民间广泛流行的"一团和气""连年有余""花开富贵""指日高升""福寿绵长""万事如意"等。"吉祥"最早见于春秋战国时期的《庄子》一书："虚室生白，吉祥止止"。在商周时期的青铜器上已有"吉羊"二字（古代"羊""祥"通用）。在汉代大量的石刻、画像石、画像砖及丝织品中出现许多含吉祥意义的符号，如四灵瓦当（以青龙、白虎、朱雀、玄武四种动物形象镇卫四方，驱除邪恶）、形如狮子的辟邪石刻等。在丝织品上还直接织有许多吉祥文字，如"龙凤呈祥""延年益寿""万事如意""福禄寿喜""五子登科"等。吉祥符号起始于商周，发展于唐宋，鼎盛于明清。明清时，几乎到了"图必有意，意必吉祥"的地步。

民俗艺术符号取材传统，贴近自然；造型随意，简略概括；色彩对比，纯洁明快；构图对称均衡，随意自然；材料素美，富意象征。民俗艺术符号

具有与其他的艺术形式迥然不同的风格，其最典型之处就是它有着稚拙古朴的艺术神韵。它不仅真实而生动地展示了中华民族如火如荼的现实生活和丰富多彩的民俗风情，表现了人民群众对生命的无比热爱和对真善美的执着追求，而且还深刻地反映了中华民族勤劳勇敢、自强不息的精神风貌，折射出民族文化的灿烂光辉。中华民族传统文化心态崇尚吉祥、喜庆、圆满、幸福和稳定，这一理念反映在民俗艺术符号上，则表现为追求饱满、丰厚、完整、乐观向上、生生不息的情感意愿，并向人们展示民俗文化理念的深层底蕴和生命情感。所以，有人称民俗艺术是"本源艺术""母亲艺术"，有的造型还被誉为"活着的化石"。中国民俗艺术以其特有的民族风格，把中国人民追求理想、追求永恒的拼搏精神，表现得淋漓尽致。

民俗艺术符号是通过集体意识的渗透作用深入到个体意识当中，成为家喻户晓、约定俗成的共同语汇，并深深影响着人们的审美活动。民俗艺术符号的造型形式，均与民族心态、民族习俗紧密相连，重在表达一种审美思想。如民俗艺术符号中常用的鲤鱼、石榴、莲花、寿桃、佛手、喜鹊、公鸡、狮虎、梅花、福、禄、寿、禧、摇钱树、聚宝盆、太极图、万字符、方胜、八宝、盘长等，都是劳动群众的集体意识历史地建构起来的造型符号，并且作为特定的象征符号应用于民俗活动。

民俗艺术符号的造型和意义有着浓厚的地域特色和艺术感染力，识读民俗艺术符号就必然要从这些符号的造型形式和自身蕴涵的意义入手。

（一）造型形式

民俗艺术是人类精神文化的一种特殊形态，艺术在本质上是创造美的技巧。劳动群众在各种集体意识活动的约束中，形成了自己的创作思维方式和审美标准：由集体表象

方式形成的传统性、民族文化并存的兼容性、构形方法上的共通性等，劳动群众所创造的民俗艺术符号就具有严格的程式性的造型规律。在民俗艺术符号中常以鸳鸯象征爱情、龟鹤象征长寿、松柏表示常青、灵芝象征福寿……久而久之，当人们一看到这些符号就会联想到它所具有的美好吉祥的含义，这些民俗艺术符号已经成为美好愿望的标志。中国重视家庭的延续以及子嗣承传的多子多福思想，绵延了几千年。为了表达此类朴素的愿望，吉祥图案中有象征"榴开百子"的石榴图案，又有石榴、佛手、桃子组成的多子、多福、多寿的"三多"图案，有金红色的鲤鱼上坐一白胖娃娃的"望子成龙"图案，还有"麒麟送子""子孙满堂"等丰富多彩祈福的祥瑞图案。我国人民祈望有美好的现实生活，并延续这种现实，这种观念表现在吉祥图案上可谓形式多样，千姿百态。有表示幸福的，如"纳福迎祥""翘盼福音"等；有表示情爱的，如"连理枝""同心结"等；有表示长寿的，如"松鹤长春""蟠桃献寿"等；有表示喜庆的，如"喜上眉梢""马上封侯"等；有表示富裕的，如"年年有余""五谷丰登"等；有表示平安的，如"四季平安""竹报平安"；等等。总之，这些内容是一种人间的、现实的、生活的祝愿，是劳动人民对美好生活向往的最朴素的表达，直接反映我国民族性格和品德，具有一种内在的精神文化价值。

民俗艺术符号在材料工具的运用，取材内容、造型形式、表现形式等方面都十分相近或相同，但最后形成的艺术风格、艺术特点却各异奇趣，各具特色。任何艺术符号都需用造型的手段来揭示艺术形象、精神、意境、美感……不同地域的民族有着不同的造型手段和方法。就中国的民俗艺术符号而言，其造型形式基本上有两种：即单一形式与组合形式。

1. 单一形式

民俗艺术符号的单一形式是指单纯地表现一种植物、动物、人物或抽象形。比如剪一丛菊花，捏一只泥狗，缝一只布老虎，塑一个面人等。在民俗艺术符号中的一些单一形式的吉祥图形符号，如寿桃、佛手、公鸡、梅花、福禄寿禧、摇钱树、聚宝盆、八吉、百吉图、太极图、方胜、"S"字符以及生肖图案等等，流传至今。

春节贴"福"字，是我国民间由来已久的风俗。"福"字指福气、福运，寄托了人们对幸福生活的向往，对美好未来的祝愿。"福"可说是吉祥总代表，

《尚书·洪范》说："五福：一曰寿，二曰富，三曰康宁，四曰攸好德，五曰考终命。"其具体说明五种幸福。过农历新年，喜迎新春，张灯结彩，挂红灯，贴春联，贴窗花，挂挂件，贴"招财进宝""四季平安"等吉利话的条幅和斗方"喜"字、"福"字，取抬头见喜、纳福迎祥之意。从前在农村不仅在大门上贴对联、横批，影壁上贴"福"字，在狗窝、鸡舍、牲畜棚等处，也贴一些寸把见方的小"福"字。偶有不识字的老人，将"福"字头朝下，贴倒这本是不吉利的事，大过年的，最怕做不吉利的事，也最忌讳说不吉利的话，为讨个"口彩"，把"福倒了"，读为"福到了"。找个辙，打个圆场，讨个吉利，

这本是无可奈何之事，后来却成为一种贴"福"字的方式流传至今。民间还有将"福"字精描细做成各种图案的，图案有寿星、寿桃、鲤鱼跳龙门、五谷丰登、龙凤呈祥等。

太极图也称"太极八卦图""先天图"，为"易图"的一种，是道家的标志符。原本太极阴阳图是用黑白两色相间，一条波纹线将黑白隔开，黑中有白，白中有黑。黑代表阴，白代表阳，组成后很像两条图案化了的鱼形，阴阳八卦被人们认为是一种吉祥的道符。太极阴阳图有吉祥、避邪的含义，包含保佑健康、免除人为不测的祝福；它熔铸了中国古代先人的无穷智慧，蕴涵了丰富的哲理和科技奥秘，是中国文明的一项重要标志，对于现在和未来的科学文化都具有重要意义。

"万字不到头"，又称为"万字锦""万字纹""万字拐""万不断""万字曲水"等，是一种中国传统文化中具有吉祥意义的几何图案。"万"原为古代一种符咒、护符，被认为是太阳或火的象征。"卍"后来被宗教沿用下来，成为佛教的吉祥标志。佛教传入我国之后，"卍"也一起传入。武则天长寿二年定这个字为"万"，意为功德圆满，从此，"卍"被正式用作汉字。"万字不到头"利用多个万字（卍）联合而成，是一种四方连续图案。其中"万"字，寓意"吉祥不到头"，寓意连绵不断，因此万字不到头包含吉祥连绵不断、万寿无疆等含义。

生肖文化是最具有东方特色的文化现象之一。生肖代表十二地支。据考，十二生肖产生于战国后期，西汉趋于完善，东汉时已在民间普遍流行。十二生肖成为中国的纪岁传统，为民间艺人提供了剪纸创作的题材，表现了民众对生辰信仰的延续。如果孩子在虎年出生就剪只虎、龙年出生的就剪条龙贴在床头，表示对孩子的疼爱与期望。同时，生肖作为中华民族的纪年形式，也体现了中国古代的哲学思想以及人们对动物特有的感情。生肖与花草相结合，体现了动物各自的特征，如猴的机灵好动、猪的憨厚、虎似猫般的亲切可爱等，并有地支嵌于画中。这些剪纸选用的是用品色染绘的色纸，因而色彩鲜艳饱和，且有强烈的装饰性。生肖文化的影响深远：东亚和中亚各国，在东亚地区，越南、日本、韩国都受到这种文化的浸染。不过，在艺术表现形式上，因为中国是生肖文化的发祥地，所以它的表现形式更加丰富多彩，在中国民间我们可以看到各式各样的民俗艺术都在表现生肖形象，如喜钱、罗盘、蜡染、宫灯等民间工艺品上经常出现生肖形象，其中民间剪纸的表现最丰富也最富特色。在中华大地这一独特的生态环境和生产活动中，我们的祖先创造了充满中国味的生肖年习俗，这些习俗至今仍在我们生活中熠熠闪光，它们不仅使我们的生活更加丰富多彩，也为世界带来一片异彩。

"一团和气"是广泛流传又深为百姓喜爱的题材之一。图中人物团坐，做嬉笑状，手捧"一团和气"的繁体字样，寓意待人接物笑口常开、一团和气，充满喜庆气氛。整体造型犹如一个圆浑的球体，形态既丰富又单纯，既具体又简括，既具象又抽象，诸种空间表现因素均有机地统一在一个稳定、凝聚的造型结构中，融入了中国民间特别重视的春节风俗之中。其造型、色彩、寓意以及形制，都与广大民众的欣赏趣味和祈福愿望相呼应，旧时几成家家户户春节购买的"年货"。"一团和气"向人们展示了喜庆欢快的情趣，成为桃花坞木刻年画的标志性作品，且产生过多种版本。除了"一团和气"之外，还有"如意一团和气""和气致祥""和气吉祥"等等，都表达了"祥和"的意思。

民俗艺术紧密地依伴着各种节日习俗而出现，成为年节生活的一部分。民俗艺术符号中的这些造型形式和纹样是经过千百年来的积累、提炼、创造并代代相传的一种传统式样，注重程式化的传承和发展。

2. 组合形式

民俗艺术符号的组合形式是指把植物、动物、人物、器物、文字等夸张组合在一起的表现形式。组合手法可以概括为多种：不同植物的组合，比如把莲花和桂花组合在一个枝条上；不同动物的组合，比如面塑"蛇盘兔"即把蛇和兔子捏合在一起；植物与动物组合，比如刺绣"双鱼戏莲""喜鹊落梅"，再比如将莲花绘在泥老虎的额上或身体上。有的甚至于将众多的植物、动物、人物、用具（工具）都有机地组合到一个画面中，还有动物、植物与文字结合的形式等等。

（1）不同植物的组合

比如"三多纹"或"三果纹"，画面由石榴、桃子、佛手及相应的枝叶组成，造型单纯，但其中蕴藏着丰富的含义。石榴籽多，表示多子；桃子表示长寿，佛手表示福气。其寓意表达出劳动人民期盼多子、多福、多寿的美好愿望。

（2）不同动物的组合

比如"蛇盘兔"，即把蛇和兔子组合在一起，蛇首兔头相对，蛇躯环绕兔身。蛇与兔这两种不同动物的组合，在剪纸、面塑、刺绣中大量存在。民间有"蛇盘兔，年年富"的谚语，"蛇盘兔"象征男女同心合作才能发财致富。

又如五毒图，源于宋代，五毒后世名目不一。一般是指蝎子、蜈蚣、蛇、蟾蜍、蜥蜴等五种有害于人的毒虫。端午在古人心目中是毒日、恶日（古时的"五"字，意为天地交汇，阴阳调和。按照阴阳之说，此时正处于变化交替之中，自然环境难免出现不利于人类生活的因素）。在民间，每到阴历五月初五，人们要在房前屋后撒石灰、燃艾蒿（一种气味极呛的草药）、喝雄黄酒、贴刻着"五毒"的剪纸，姥姥还要给小外孙穿绣着"五毒"的背心，人们希望借这五种虫，以毒攻毒，祛病消灾。

陕北民间剪纸中常见的"鸟衔鱼"图案，作为新婚喜花剪纸，以鸟或鸡喻天、喻阳，以鱼喻水、喻阴，寓意男女相交、天地相合、阴阳相谐、化生万物、子孙繁衍、生生不息；作为葬俗剪纸，则喻天地相通、阴阳相会、灵魂通天。这一图案造型是华夏民族寓意吉祥的传统民俗观念的典型表达，剪纸只是它当前的艺术载体，在延绵几千年的历史中，虽然每个时代具体的创作形式和承载它的材质都不尽相同，但是为表现"鸟衔鱼"这一传统主题的基本造型模式和图纹样式却是一贯的。

（3）植物与动物的组合

在造型上把不同的植物与动物加以组合，常常运用适形构图的原则，通过复合形、对称形、适合形和共用形等方式，使作品平中见奇，奇中显巧。如"金鱼满堂""双鱼戏莲""喜鹊登梅"等等，劳动人民尽可以凭借他们的想象描绘出理想的一切，以形传神，表达出巧意、新意、美意。

在中国传统文化中，鸡为吉物，是阳性的象征，人们认为太阳的升落与鸡有关，雄鸡一鸣，太阳驱散阴霾。鸡具"五德"：文、武、勇、仁、信。在汉字中，"鸡"谐音"吉"，寄托着大吉大利、万事如意的美好愿望。我国古代民俗中，长期以来还有专门把发式做成鸡的形象顶在头上的。凤凰也是以鸡为原型创造出来的，同样也是生命和阳性的象征。南朝宗懔的《荆楚岁时记》载：正月初一"贴画鸡户上，悬苇索于其上，插桃符其旁，百鬼畏之"。所以在门神神荼、郁垒之上画有金鸡。因此"金鸡镇宅""金鸡踩牡丹"、

"凤凰戏牡丹"等纹样，都表达了自然阴阳和谐的状态，寓意吉祥红火，为人们带来平安。

（4）动物与文字、器物的组合

在中国传统艺术中，表达渴求生命、向往长寿的内容更可谓比比皆是，尤其在颇具民俗色彩的吉祥图案中，更是丰富多彩，令人耳目一新。蝙蝠之"蝠"与"福"、蝴蝶之"蝶"与"耋"、"猴"与"侯"、鹌鹑之"鹌"与"安"、绶鸟之"绶"与"寿"、鲤鱼之"鲤"与"利"等同音转化而形成吉祥语与图案之例，屡见不鲜，因为这是中国民间祈求吉祥之愿望，并运用独特的想象力，自然演化而成的特殊现象。木雕"五福捧寿"：五只蝙蝠围着一个大寿字团团飞舞，亦称"五福供寿"。

"五福"之意：一曰寿、二曰富、三曰康宁、四曰有好德、五曰考终命。也就是一求长命百岁，二求荣华富贵，三求吉祥平安，四求行善积德，五求人老善终。寄托着人们对人生幸福生活的最高追求——长寿、富贵、康宁、好德、善终（民间说法是"福、禄、寿、喜、财"）的美好愿望。还有，最让人们拍案叫绝的是，让蝙蝠与铜钱搭配在一起，就成了"福在眼前"了。

可见民俗中蝙蝠是院宅和寓室中的吉祥物。因而，健康长寿、幸福吉祥是中华民族千百年来永恒不变的追求和向往。

此外，还有器物与植物的组合、人物与植物的组合、文字与植物的组合等等。这些民俗艺术的符号，有的实际上已经脱离现实生活的原形，通过文化传承，形成一种集体的契约，成为约定俗成的符号系列，形成了一整套特有的具有象征意义的符号体系。如莲生贵子（婴儿抱莲花）、福寿双全（蝙蝠寿字）、竹报平安（小儿放爆竹）、吉祥如意（小儿骑白象执如意）、六合同春（鹿鹤、梅花）、麒麟送子（小儿骑麒麟）、连年有余（莲花、鱼）、五子登科（五小儿）、天官赐福（天官、蝙蝠）、多福多寿（一群蝙蝠、一堆桃）、麻姑献寿（麻姑担桃篮）、鱼跳龙门、丹凤朝阳（凤凰、太阳）、龙凤呈祥（龙、凤）等等。

人们为什么要把诸多不同的物体表现在同一作品中，并且传承不息地反复加以制作呢？这种类似于语言中的文法的结构，便是存在于民俗艺术活动中的"心理"，或者称为"观念"。这种观念表达的是"应该怎样"，而事实是怎样的却是次要的，甚至于可以不予顾及。"礼从宜、事从俗"，民俗活动的需要直接促进了民俗艺术的发展，民俗艺术符号也被赋予不同的吉祥含义。如，莲花和桂花是不可能嫁接一处的，但却要把它们剪在一个枝条上；老虎的身上是没有花朵式的斑纹的，但却要给它绣上一朵莲花。再如我国广大农村的许多地方至今仍可见到小孩穿的"虎头鞋"，其造型稚拙、憨厚、质朴，弥漫着浓郁的乡土气息和传统的风格。它以情感为纽带，以事物固有性格特征为核心，通过特定的极度夸张的外形特征，张扬事物的真、善、美，舍弃老虎的威猛凶暴，以猫温柔可爱的品格取而代之，没有了"沉重、恐怖、神秘和紧张，而是生机、活泼、淳朴、天真，是一派生机勃勃，健康成长的童年气派"。在这里，老虎的形象被作为寄托情感的言情物，假借老虎的某些特征，寄托内心的情感，希望自己的孩子虎头虎脑、无病无灾、健康快乐成长，表达了母亲对孩子的美好祝愿和护生的民俗心态。虽然这些图形在形式上具有非逻辑性特征，在内容上具有功利性特征，但都表达了人们对吉祥、幸福生活的追求，蕴涵着对生命生生不息的哲学思想，充满智慧和情趣，洋溢着欢乐、喜庆、祥和的气氛，给人以生存的希望和生活的信念。这些说明了历代劳动人民对美好生活的憧憬和追求、坚定和执着、乐观与自信；体现了中华民族特有的民俗心理意识和审美观念。民俗艺术所反映的人类思想观念是丰富而复杂的。但是，如果我们进一步向深处开掘，就会发现，人们用各种方式歌颂植物的花与果，歌颂活生生的动物，究其实质是在歌颂人类自身，是对生命与生殖的歌颂。民俗艺术符号寄托了人民群众的美好愿望，是人民群众出于对生活的热爱，对理想生活的向往而表露出来的炽热感情的结晶，同时，也是对现实生活的真实反映。

（二）表现领域

民俗艺术符号不仅表现为劳动群众对生产劳动生活的祝颂，而且更多地趋向对农事、物产、年运的祈愿，趋吉避凶的观念，通过丰兆吉语最终演化成迎祥纳福的吉祥符号，在民间绘画、年画、皮影、木偶、玩具、风筝、纸扎、面花、剪纸、服饰、刺绣、印染、民间陶瓷、民间雕刻、居民建筑和生活用具等中被大量使用，受到社会的欢迎和喜爱。这些作品大都题材朴实，造型生动，表现美妙，寓意深刻，直接为劳动群众的物质生活和精神生活服务，成为意趣鲜明的民俗艺术。

作为历史悠久的文明古国，丰富的民俗艺术是中国文化不可缺少的一个重要组成部分。不同的民俗艺术都有它的历史渊源、独特情趣和深广的群众基础。它们反映了社会的传统习惯、道德风尚和宗教观念，寄托着整个民族的憧憬，是千百年来一代代岁月财富的聚集。民俗艺术符号的丰富性和广泛性贯穿于生活的各个方面：大的有木雕、砖雕、拴马桩；小的有泥玩、剪纸和年画；吃的有糖人、花馍和面塑；穿的有绣花、蜡染和虎头鞋；等等。随着社会的发展，人们的观念意识和审美情趣也在不断发展变化，与之相生相伴的各种艺术形式也都打上了鲜明的时代烙印。在民俗活动中，不论是何种表现方法，都无一例外地表现出求吉的观念。现列举以下几种最具代表的表现领域：

1. **年画**

年画，顾名思义，就是过年（春节）时张贴的画。多数地方都有过新年张贴新年画的习俗，因一年更换，或谓张贴后可供一年欣赏之用，故称"年画"。年画可算是中国民俗活动中最普及的艺术品之一，是百姓用来迎新春、祈丰年的一种民俗艺术，是中国社会历史、生活、信仰和风俗的反映。"年"的欢悦大半并不在于过年本身，而源于盼年渴求。年画中有年的独特意味，也就是年味儿。经过一代代的精心创造，作为年的装饰品的年画有着深刻的年文化的内涵；它的吉祥图案与吉祥文字，全都是中国人文化心理的公开表现。可以说，只要我们还要过年，就缺不了年画。少了年画，年味就淡了。

年画始于宋代，繁荣于明清，它以独特的艺术样式，成为中国民俗艺术的龙头。中国年画看起来比较夸张，色彩鲜明，线条明快，色调反差很大。它的内容是现实的，但又是超越现实的。民间年画内容题材非常广泛，从早期的自然崇拜逐渐发展为以表现驱邪纳祥、欢乐喜庆的传说故事和节日风俗。

年画采用木版套色印刷，多以写实与装饰、写人与写景相结合的简明而夸张的手法，表现欢乐、幸福、吉祥、劳动和勇敢等题材；它色彩明快，画法工整细致，构图集中，人物突出，形象优美。有些年画是贴在大门上的，因此又称门画。画的内容包括：门神、财神、门童。门神又有几种，有捉鬼驱邪的钟馗，有挂在门背后手持兵器的古代武门神将。在两扇门上，一边是关公，一边是张飞；或是秦叔宝、尉迟恭；或是程咬金、罗成。财神也分文财神、武财神，一边是手展"招财进宝"条幅的比干，一边是手展"双喜临门"条幅的赵公明。门童有胖娃娃或鲤鱼跳龙门等。年画中最具代表性的杨柳青年画，历史悠久，以其细腻的笔法、秀丽的人物造型、明艳的色彩、丰富多彩的形式内容而著名。杨柳青年画题材的一大种类便是娃娃。这些娃娃体态丰腴、活泼可爱。他们或手持莲花，或怀抱鲤鱼，都象征吉祥美好，非常惹人喜爱。

民间木版年画品种繁多，它广泛分布于各地农村，各有特色。如兰州民间诸神木版画，色彩艳丽，以象征着富贵庄重的紫罗兰为主调，并且是诸神都有的大团圆年画；陕北、陇东的门画简洁明快、言简意赅。木版年画还有表现《三国演义》《西游记》中故事情节的，如"回荆州""西王母蟠桃大会"等，它们和对联融为一体，使年节氛围更加浓艳。宋代出现雕版技术后，为木版年画提供了制作技术条件，促使年画不断发展。随着年画的广泛流传，其内容和功能也不断丰富。到清代，年画发展到高峰。从最初被作为辟邪驱鬼的符箓，渐渐地又增加了吉祥如意、多子多寿、娃娃仕女一类的题材，从而也具有表达在新一年中的美好意愿以及美化环境的功能。"天官赐福""福禄寿多子多孙""麻姑献寿"是我国历代民俗画中最重要、最常见的题材。自古以来，"福"是中国人梦寐以求的人生目标，希望在虔诚礼拜福神之余，能够降福家门、带来好运。同时，年画也出现了表达农民自己现实生活以及民间传说、故事的内容，使年画具有丰富文化生活、传播知识的作用。

民间木版年画的体裁有很多，也很讲究。门神是贴在院门上的，根据门神的种类，又细分为贴在大门、二门、后门或闺房门上的区别。神像有灶王神、天地神、仓房财神，甚至贴在牛棚马圈上的车马神。"中堂"贴在客厅，"月光"贴于窗旁，"斗方"则贴在箱柜或升、斗上，真是各有规矩。总之，过年时，屋里屋外，院内院外，各个角落都贴得红红火火，花花绿绿，既用以表达了主人的心愿，又布置烘托了节日气氛。今天，我们再贴门神已不是旧时的迷信色彩了。这些历史上的门神在几千年的中华文化中神佑着中华民族的子子孙孙，人们喜欢这种五颜六色的吉祥门画，只有贴上门神才能在欢度佳节的喜庆气氛中得到一种让他人难以想象的思想满足和精神满足。

在漫长的农耕时期，随着社会生产力的不断发展，木版年画题材的开拓、形式的翻新，无一不是顺应各民族、各地域人民群众的不同观念、信仰和习俗，它记录下华夏民众的理想情感和审美趣味，成为中国百姓最为喜爱的民俗艺术形式，同时也是反映不同历史时期世俗民风的一面镜子。随着时代的推移，旧年画中一些迷信落后的观念渐渐被淘汰。如今年画已成为中国一些地域乃至整个中华民族的文化符号。年画是中国民俗、年俗文化的代表。它不但是中华民族的文化瑰宝，也是世界宝贵的文化遗产。

2. 剪纸

剪纸是中国最普及的民间传统装饰艺术之一。也许因为中国人发明了造纸，也许因为我们苦于贫穷又富有美感的祖先必然会寻找一条简单而经济的创造美的途径。于是，中华文化的土壤中便有了这样一株独特而珍奇的民俗艺术之花剪纸。根据考古，剪纸的历史可追溯到公元 6 世纪，但人们认为它的实际开始时间比这还要早几百年。剪纸常用于宗教仪式、装饰和造型艺术等方面。民俗剪纸是表现生命、表现吉祥、表现美好心愿的一种祈愿祝福的语言，一种承接着祖先生命信息、祝祷着今天的符图。剪纸使民间生活有了人性的光彩，使时间之河在剪刀下流淌了过来。在民间，每逢年节之期、婚丧嫁娶之日、祝寿办满月之时，人们都会用剪纸这种艺术形式来表达祈福迎祥的心愿。生活习俗是促进剪纸发展的社会因素，同时又形成了丰富的剪纸内容和不同的剪纸样式。用朴素的艺术手段，反映当地的民俗和文化，点缀生活，供人观赏，其内容多是日常生活中所见的花鸟虫鱼、飞禽走兽或戏曲人物、民间传说，也有以象征、谐音的艺术手法，寄托美好愿望的。剪的方法有单、叠、拼、点、勾、衬、双。剪纸一般都是借物寓意，讲究艺术夸张。

剪纸最早被用作印染工艺的花样；建筑、家具装饰的油漆、雕刻底样；陶瓷器皿的贴烧纹样。剪纸因材料单薄，多用满幅铺排匀称而物像互相串联的平面构图法，形象多富装饰性，避免大块黑白，用精致花纹点缀装饰主体人物。平面重叠铺陈的手法不仅造成浓烈的民族风味，并且扩大了画面的容量、提高了剪纸的表现力。绝大多数剪纸都并不追求严格写实，而是群众心目中的意象的表现。

在民俗的日常生活方面，剪纸又可作刺绣的底稿，纸扇、花灯、窗户的贴花，婚嫁用的大红双喜，送殡办丧用的纸幡，银锭钱币等等，成为千千万万人生活中不可缺少的一部分。剪纸不仅表现了群众的审美爱好，并蕴含着民族的社会深层心理。剪纸的种类有窗花、墙花、顶棚花、礼花、喜花、春花、灯笼花、枕头花、鞋花、帽花、门笺、花样、纸扎花、丧花、供花等等。它的产生和流传同农村的节令风俗有着密切的关系。例如窗花、门笺、灯花，便是在春节或元宵节时贴挂的。喜花是结婚时作为对新房的布置，张贴在室内等家具和器物上。同样，寿花和丧花也是在过生日和办丧事时张贴的；墙花和顶棚花是布置房间时分别贴在墙上和屋顶上的。总之，它们大都是用作布置环境，增强节庆气氛，贴在庭院、居室或器具上的。

民间剪纸一般以花鸟鱼虫、小动物与戏曲人物为题材，多以谐音、象征、寓意等手段，就开始剪以"送穷"为主题纹样的窗花、炕窑花、顶棚花、箱柜花、纸缸花。剪纸名称多为"连年有余""招财进宝""吉祥如意"表示美好与吉庆。用鱼与福字表示接鱼（余）纳福；还有用喜鹊登梅表示喜上眉梢，用莲和鱼的图案表示连年有余等；刻意追求形似和神似，用以表现生活环境和人们热爱生活的美好情趣。由剪刀、红纸和约定俗成的纹样符号体系构成的剪纸传统，其代表性创造群体就是中国民间妇女。"兽进宝""大白菜""富贵龙"等。据魏《镇原县志·民俗》记载："岁时，正月元日，彻夜燃灯，焚香荐牲设醴，供五祀，祭祖先五日，未明时，户户剪纸为人并舟车，糗饵，送之通衢，名曰：莘穷。"每年过了腊月二十三以后，姑娘和媳妇们"放下锄头上炕头，拿起剪子剪虎头"，过春节布置房屋装饰农舍的窗花、顶棚花、门笺等，都要在年前剪好。"二十八，贴花花"，腊月二十八是个约定俗成的贴年画、贴窗花的日子。那些庆贺丰收、六畜兴旺、延年益寿、吉祥美好的剪纸，体现着农家的希望，使俭朴的农舍面貌焕然一新，不仅渲染了隆重热烈的节日气氛，也常常使屋子的主人喜气洋洋，精神愉快。

不仅春节需要剪纸，其他节日同样也要剪纸。二月二龙抬头节、五月初五端阳节、十月初一鬼节、腊月二十三祭灶节……人们都用剪纸来表达自己的愿望。在男女成婚时，把一些寓意多子多福、夫妻恩爱、喜事临门的剪纸如石榴花鸟、鸳鸯戏水、喜鹊登梅，布置在洞房中，形成了嫁妆花、喜花。给老人祝寿送礼时，在礼品上剪一朵礼花，内容多为松树、寿桃、牡丹、仙鹤等。

民俗剪纸不仅增添了民俗生活的气氛，而且生动形象地反映出人们追求幸福美好生活的理想。剪纸作品展示了不同地域、不同民族民俗剪纸的艺术价值和文化价值，反映了劳动人民的思想感情、理想愿望、道德观念、性格特征及审美观念。民间剪纸所蕴含的文化远远超越出剪纸本身，中国文明的持久性反映在地域文化中不同文化带的分布，反映在不同区域文化中早期文化的交汇融合流变。郭沫若先生曾对南北方剪纸做过如下评价："曾见北国之窗花，其味天真而浑厚，今见南方之剪纸，玲珑剔透得未有，一剪之巧奇神功，美在民间永不朽。"

剪纸是民间生活土壤上长出的文化树，民俗活动传统造就了剪纸，剪纸

又维系了民俗活动传统的持久存在。剪纸与民俗生活密不可分，它是中国民间文化艺术中，群众基础最深厚、地域性最广泛、文化内涵最丰富的文化形态。

3. 刺绣

我国刺绣的起源，历史久远，文献记载创于虞舜，考古出土遗物目前发现仅到商周。刺绣是中国优秀的民族传统工艺之一，为闺秀针工，盛于清代，传统太谷秧歌《绣花灯》《绣荷包》就曾有对刺绣的描绘。刺绣，多以花为图案，故又称为"绣花"。刺绣与养蚕、缫丝分不开，所以刺绣又称"丝绣"。中国是世界上发现与使用蚕丝最早的国家，人们在四五千年前就已经开始养蚕、缫丝了。随着蚕丝的使用、丝织品的产生与发展，刺绣工艺也逐渐兴起。据《尚书》记载，四千年前的章服制度就规定"衣画而裳绣"。宋代时期崇尚刺绣服装的风气，已逐渐在民间广泛流行，这也促使了中国丝绣工艺的发展。

刺绣纹样采用最多的是植物、动物以及几何图形，手法简练、概括，富有抽象趣味。用各种丝线在布上绣出各种图案，用来装饰服装、头巾、鞋、袜、帽子、枕头、腰带、帐帘、手帕等。同时，人们根据物品的用途来选择刺绣图案，如：给孩子用的物品上多绣虎图案；结婚用品则绣龙凤图，喜鹊闹梅、莲（连）生贵子类图案。寿桃表明健康长寿是人们追求和期盼的重要目标之一。长寿典故和题材非常多，表示长寿的有寿桃、绶带鸟、白头翁、寿星等等。寿桃或仙桃，有寿之意，常与蝙蝠组成"多福多寿"，或与蝙蝠、双钱组成"福寿双全"，是常见的图案。

中国的刺绣工艺几乎遍于全国，苏州的苏绣、湖南的湘绣、四川的蜀绣、广东的粤绣，各具特色，被誉为中国的四大名绣。发展到今天的刺绣艺术品，工艺精细复杂，从品种来看，有绣花围腰、绣花鞋、袜底、鞋垫；有小孩穿戴的虎头虎头鞋、兔子帽、兔子鞋、猪鞋等；还有生活用品的多用壁挂、补花帐沿、桌布、手绢等。刺绣的图案可先画在布料上，也可用纸剪出图样，再依样或图刺绣。

每年春节来临前，妇女们总是要赶做各种刺绣品，如娃娃的衣服、兽头帽、儿童喜欢的动物枕头。特别是吉祥挂件"八仙祝寿""二龙戏珠""龙驮元宝""万象更新""九凤朝阳""抓髻娃娃"等最受大家喜爱，悬挂在屋内，更加增添过年红红火火、热热闹闹的气氛。无论自然物象图案，还是几何、文字图案，其色彩鲜明热烈，纹样富于变化，喜用吉利、喜庆的寓意和花草、鸟兽的母题，明显地保存着远古时代的图案样式，反映着中国劳动人民所生活的民俗习惯与方式。

4. 蜡染

享有"东方第一染"美誉的蜡染，是中国最古老的传统手工艺。早在两千多年前的

秦汉时期，我国就有了"先用蜡绘花于布，而后染之，既染去蜡则见花"的蜡缬，到了唐朝，蜡染已成为盛行的装饰纺织品，蜡染品沿着丝绸之路远销到欧亚。

蜡染，是一种防染工艺，防染剂主要是黄蜡（即蜂蜡），有时也掺和白蜡使用。古称"蜡缬"，与绞缬、夹结一起被称为我国古代染缬工艺的三种基本类型。蜡染工艺品的魅力除了图案精美外，还在于蜡冷却后在织物上产生龟裂，色料渗入裂缝，得到变化多样的色纹，俗称"冰纹"。同一图案设计，做成蜡染后可得到不同的"冰纹"。蓝白两色的经典搭配，传统的蜡染风格，时断时续的斑驳图案，古朴典雅的蜡染工艺画，其色调之调和、图案之精美，令人惊羡不已。这些各具特色的工艺，或许就是中国古代蜡染工艺发展历史中不同时期特征的不同。

蜡染艺术丰富绚丽，风格多样，渗透到社会生活的各个领域。由于居住区域、民族习俗的不同，不同民族在将印染技艺代代相传的过程中，不知不觉地渗进了不同民族的情趣和审美感受，使得各处的印染融进了鲜明的民族特色。蜡染艺术在少数民族地区经过悠久的历史发展过程，积累了丰富的创作经验，形成了独特的民族艺术风格。在我国西南少数民族地区尤其是贵州少数民族地区，流行很广。

蜡染艺术在少数民族地区世代相传，经过悠久的历史发展过程，积累了丰富的创作经验，形成了独特的民俗艺术风格，是中国极富特色的民俗艺术之花。

5. 陶瓷

陶瓷是一种工艺美术，也是一种民俗艺术。因此，它与民俗文化的关系极为密切，表现出相当浓厚的民俗文化特色，广泛地反映了我国人民的社会生活、世态人情和我国人民的审美观念、审美价值、审美情趣与审美追求。我国人民有一个好传统，不管处于何种时代、何种处境，都热爱生活，追求幸福、和谐、吉祥。因而，表现喜庆、幸福的祥瑞题材，自古及今，也一直是陶瓷的一个重要的题材和一个基本的文化特征。

瓷器上的吉祥图案经过长期的演进发展，于元、明时期逐渐勃兴。入清之后，瓷器上的吉祥图案日趋成熟，所寓含的内容越来越丰富，画面的组合也越来越复杂，特别是民窑瓷器，几乎达到了"图必有意，意必吉祥"的程度。在众多吉祥图案中，尤以象征长寿的画面为多。在选择题材表现寓意时，主要围绕着福、禄、寿、喜、和合、吉祥如意等内容展开，经常选用如下一些事物：珍禽类，经常选用凤凰（百鸟之王，象征大富大贵、大吉大利，凤凰相偕喻爱情）、白鹤（有清高、纯洁、长寿之喻）、白头翁、喜鹊、鸳鸯、雄鹰；在瑞果类中，常用桃子（常称寿桃，象征寿）、石榴（象征福，有榴开百子之说）。如红绿彩狮子戏球纹罐：舞狮子为民俗喜庆活动，寓意祛灾祈福。我国古代民俗艺术中的狮纹样，是历代民间艺人加工、提炼并加以图案化的结果，较真狮英武而活泼；绣球是用丝织品仿绣球花制作的圆球，古代视绣球为吉祥喜庆之品。"狮"与"事""嗣"谐音，双狮并行是表示事事如意，狮佩绶带表示好事不断，雌狮伴幼狮是预祝子嗣昌盛，狮子咬住绣球则是将有喜事上门的吉兆。

民窑烧制的碗、盘、瓶、碟、罐等民用陶瓷与民俗活动和日常生活密切相关，其造型古朴大方、拙中寓巧，装饰图案题材多样，有人物、山水、花卉、鸟兽、虫鱼和反映日常生活的画面。与人们日常生活密切相关的民间陶瓷随处可见：印纹大缸、青花瓷碗、堆塑油灯和彩绘鱼盘等等，连放在床下起夜用的夜壶也画满赏心悦目的花卉和图案。民间陶瓷是劳动人民亲手制造并为自己和同阶层的人们所使用，自然地流露出对美好生活的期盼。从远古时期的泥质陶、夹砂陶、彩陶到原始青瓷的出现，从唐三彩到宋元明清各种陶瓷彩绘，可以看出民间陶瓷生生不息的发展脉络，以及建立在实用基础之上的朴实的审美特点。除一些著名的陶瓷产地之外，山东的淄博、安徽的界首以及贵州、云南、西藏、新疆等少数民族地区，都生产风格独特的民间陶瓷，它们有着鲜明的地方特色，并与当地人民的生活习惯密不可分，形成了具有浓厚地方特点的窑口。

民间陶瓷的服务对象是平民百姓，它的一大特征便是通过大批量生产，来满足广大民众的需求。与之相应的是民间陶瓷的装饰也是大量重复描绘的。民间烧造的瓷器也以其就地取材，风格淳朴，装饰粗犷为特色。如山东的青花鱼盘、遍布全国的民间青花瓷、吉州窑的剪纸贴花瓷、建窑的兔毫盏及各种色釉瓷器等等，多有独特的烧制工艺和装饰方法。民窑器不受约束，画法粗犷、潇洒纹饰图案大多为民间喜闻乐见的、具有浓郁的民俗生活情趣的内容，豪迈奔放，生动自然。

民间陶瓷之美，是将一种朴实、平和、乐观的生活态度融入陶瓷的制作之中，体现出朴素自然的审美意识、乐观向上的创造精神。

6. 木雕

一代又一代的民间艺人口传身授，日积月累，创造了具有独特艺术魅力的手工木雕艺术。它是中国农村特定的社会结构和文化结构所形成的集体审美意识，具有民俗艺术家们独特的思维方式和造型意识。木雕艺术经历了数千年的发展和演变，汇聚了各个历史时期的不同艺术风格，渗透着浓厚的艺术趣味。尤其是明清以来建筑木构件上的窗棂、门楣等，更是体现了极其精湛的工艺价值和极高的艺术欣赏价值。木雕在古建筑中通常表现在梁架、梁托、斗拱、雀替、檐条、楼层栏板、华板、柱棋、窗扇、栏杆等的上面，特别是沿天井四周一圈齐整的栏板上，雕花掇朵，富丽繁华。徽州古建筑中的砖、木、石三雕，在我国明、清建筑史上别具一格，饮誉海内。

不论是砖雕、石雕还是木雕，虽然是附属在建筑物上的部件，但它们统统都是一幅独立的画，一件完整独立的艺术品，富含深厚的民俗寓意。如以蝙蝠、鹿兽、寿桃为谐音的"福、禄、寿"，以石榴、麒麟寓意多子多福的作品，多见于窗格栏板、雕床画椅等处。此外，如"五福捧寿""百鹿图""八仙庆寿""百子图""松鹤延年"，画面立意巧妙，布图有趣生动，寓意深长。民俗题材双喜、寿字、万字、八节、回纹及人物题材中的力士、仙佛、罗汉等形象，应用在建筑装饰的部位上，被赋予美好的、吉祥的寓意。它们姿态各异，使人目不暇接。有的雕着四季花草，那含苞欲放的莲瓣、迎风起舞的菊花，使人清心悦目；有的刻鸾凤、麒麟、游龙、仙鹤，姿态万千，栩栩如生；有的雕着鸡、狗、猪、牛、马、羊寓意六畜兴旺；有的刻寿星、八仙、和合二仙，象征着吉祥如意。

木雕内容丰富，生动活泼，艺术感染力无穷。作为一种民俗艺术表现形式和作品的平民个性，木雕艺术饱含着众多的历史信息。这种艺术品的生命力，来源于民间，永恒于民间。这种艺术价值最珍贵的部分，也是"民俗"要素的存在。木头原本是有生命的物体，它给人类带来数不尽的好处，而人类所能给予的回报应是将它们那种特别的温和与美丽以及淳朴的品质，尽量地体现保存下来，并赋予新的生命。随着岁月流逝、古建筑的变迁，它们带有岁月见证的古意，带着深厚的民俗艺术色彩，给观者以美的熏陶和无限的启迪。

7. 面塑

面塑在民间叫"面花""花馍"，是作为仪礼、岁时等民俗节日中馈赠、祭祀、喜庆、装饰的信物或标志，是一种由风俗习惯久而积淀成的极有代表性的地方文化。面塑与风俗人情有着千丝万缕的联系，民俗使生活充满了神秘和乐趣。一般的交往礼仪活动要使每时每刻的生活变得丰富多彩，面塑的参与是必不可少的。面塑的形式、用途、色彩都与当地民俗活动、民俗风情紧密联系并发展变化着。

传统面塑以发酵的白面蒸制，这样蒸出来的面塑圆润、饱满、自然。制作要经过揉面、搓面、造型、蒸制、点色，大都配以红枣、豆类装饰。其造型夸张、生动，用色明快、大方，风格粗犷、朴实、简练，并富有稚拙的美感，而且有着鲜明的民间和地方特色。面塑大多是抽象性的、信仰性的、理想性的。祭供灶神的叫饭、花糕，形制都较大，谓之米面成山，晋南传说是为纪念大禹治水而做的。祖灵前一只面羊为牲祭之俗，以表虔诚之意。长辈送儿孙后辈"钱龙"意在引钱龙入府、招财进宝。再如，春节时山西民间面塑的主要功能是对天、地、神的祭祀和祈祷，是追求丰衣足食、万事如意的生活理想的体现。供奉天地的叫"枣山"——人们认为它有着某种超乎自我的神秘力量，是人与神的交流桥梁。制作时把发好的面擀成大三角形，上面铺一层红枣，再用面做成盘云、盘龙、盘兔、如意纹样，间或点缀以"连理""元宝""下山虎""瓜果"之类，以五谷杂粮点睛镶鼻，蒸出锅来、绵颖憨实，洁白的面与深红的枣、五彩的粮或豆形成色彩上整体的对比效果，表达一种丰衣足食的美好愿望。婚礼迎娶之俗中的"玉兔"——晋北风俗，迎娶之日早上，新郎新娘各自吃一对"欢鱼吉兔"，洞房门顶上放一对用红线连在一起的面兔以象征玉兔金缘，实则兔之本意为虎，是民间镇宅驱邪的护佑之神……另有各种点彩的带花馍馍，更是酬宾待客访亲探友的讲究礼物。

面塑之美，美在其自然的材料、自然的工艺、质朴的心境。它塑造的形象是符合民俗文化心理的，是老百姓喜闻乐见的。总之，面塑作为一种民间生命力极强的造型艺术，生长和扎根于民众生活，成为民俗风情的一种表现方式。它作为一种艺术形态也好，一种食品文化也好，都有其独特的体系程式；它的造型意识和方法，原始宗教意识和衍变，人文思想及发展，都有着亟待开发的深刻内涵。

中国的民俗艺术是在长期的农业经济基础上孕育和发展起来的，无论是物质民俗的居住、饮食、服饰、生产、交通；社会民俗的家族、村落、岁时节令、人生仪礼，还是精神民俗的巫术信仰、道德礼仪、游艺竞技等都是中华民族千百年来创造并享受的文化，是民众智慧的结晶。民俗艺术涉及精神生活和物质生活的许多方面。我国古代的宇宙观与西方不同，我国劳动人民重视在世，热爱生活，而不去追求天国，寄于幻想，因此，我国人民祈望有美好的现实生活，并延续这种现实，这种观念表现在民俗艺术吉祥符号上可谓千姿百态。民俗艺术符号是一种有形的文化，也是一种有形的、实体性的民俗。年画也好，刺绣也好，蜡染也好，剪纸也好，都以实体为介质——质料、造型、图案、色彩等体现出来的，而且还与生产制作的水平、工艺技巧的传统以及生活使用的要求，更重要的是与民间习俗有着密切的关系。例如，民间祭祀活动中的神像（或彩绘、木版印、雕刻）其应用意义远远超过作为艺术制作的意义，它之所以以艺术的形式出现或流传，首先是它具有民间信仰的社会功能性，其次才是艺术的作用。

民俗活动中，劳动群众坚韧永恒的生存要求和强盛不息的求吉观念，使得民俗艺术符号呈现出从形态样式到题材内容的多样性。民俗艺术的符号内容上既然集中体现了追求"吉祥"的理念，形式上就要相应的充分反映劳动群众生产、劳动、生活的思想感情和审美要求。中国历史上的诸多流传于民间的吉祥符号的内容及样式大都来源于现实或精神的功利要求，因此并不具备纯粹的审美意义。但随着历史的演化及其整合，民俗艺术符号的审美意义越来越强，并独立出来，从而有了诸如前文所述的剪纸、年画、刺绣、木雕、蜡染、陶瓷、面塑等形式。因此，民俗艺术符号呈现出的并不是艺术形象本身，而是与人的精神需求和生活理想紧密结合的人化的艺术形象。

二、民族文化符号的意义

在民俗艺术的符号化过程中，当人们接收到某种民俗信息时，立即会经过听觉、视觉或其他感官接收到一个直观的、形象的、具体的东西，这便是民俗艺术符号的"能指"。那一个个被推知、被理解或被联想到的民俗艺术含义或概念，则是民俗艺术符号的"所指"，也就是人们赋予民俗的内涵和外延。正因为有了民俗艺术符号的"所指"，才最后完成了传递民俗信息的任务。民俗艺术符号的"能指"和"所指"关系便是符号的形式和内容的关系，便是对符号的意义分析。

民俗艺术往往借助某种符号形式寓寄求生、趋利、避害的吉祥观念。现实原型均以特定观念内涵即符号意义进入形式结构，民俗艺术的每一结构成分并不指示事物自身的概念，而是隐喻人的主观意念。这些意义体现着中华民族的共同文化意识，它们是神圣的、含目的性的，也是审美的。对于这些意义，农村往往朴素地概称为"吉利""吉祥"或"如意"等等。毫无疑问，吉祥意识、吉祥文化已深深地植入中国人的生活中，中国的吉祥物、吉祥符号之多，大概没有其他国家可比。例证可以信手拈来：比如流行于粤语系的数字，对数字"8"人们已经痴迷到了无可复加的境地，因为它意味着繁荣、财富和地位；而数字"4"因与"死"谐音，不吉，就多被人冷淡，实在躲不过去了，便变通一下，借用音符念"发"；偶数要比奇数更加吉祥，"2"意味着和谐，"6"寓意顺利；最大的个位奇数"9"代表了长久；还有利用语言中谐音的特点，"葫芦"可以变成"福禄"；外貌不那么讨喜的"蝙蝠"也变成了"遍福""变福"等等，因此了解了诸如上述这些符号文化、吉祥文化，也就了解了中国传统文化的某种特征。中国社会这种浓厚的民俗吉祥观，可谓是具有鲜明的中国传统特色。

在民间，民俗艺术的审美表现，是与艺术的生活实用紧密联系在一起的，作品必须在生活中有着一定的实用性，才有其产生和存在的可能。一对门神贴到大门上，虽然没有什么物用价值，但却满足了心理需求（因为它们能驱邪纳福）；一双绣花鞋不仅要好看，穿到脚上还要舒适；一个青花瓷罐不光摆在桌上可欣赏，还得用它盛油盐酱醋——这些都是物质需求与精神需求和谐统一的形式。

在中国传统观念中呈现出这样一种情形：凡是真的，必是善的美的；凡是善的，也必然是美的真的；美而不真不善，不成其为美。人们对真的肯定、善的感悟、美的追求是相互交织渗透在一起的，是人们在现实与理想、历史与未来、社会与个体间对待生活与生命的人生态度问题。对真与假、善与恶、美与丑这些相对的矛盾，善良的中国人总是态度鲜明，颂扬前者而抑除后者；在平素的修身养性中，也是将和善、福祉、吉祥、美好作为追求的目标。人类的一切文化创造，都可以归结为对真善美的追求。

（一）求真弃假

民俗艺术符号的"真"并不是视觉真实，而是指心理真实，即是劳动群众所理解的生活中应该存在和发生的东西。真也就是真情实意。廉晓春在《情与美》一文中说："真诚是心声的自然流露，唯有真诚才是感人的。"

中国人对生活的追求是理想的，但对待生活的态度却是真实的、积极的。劳动群众总是采取乐观态度，用全部精力和能力战胜苦难、获取生存。生育与繁衍是民俗艺术符号的永恒母题。多子的石榴、鱼、葫芦、莲蓬、西瓜等，因其自然习性和形状特征，成为"子"的象征。在民间剪纸传统图案中的"送瓜祝子"，往往表现为一个小孩拖着一个南瓜，瓜上栖息着一只喜鹊，而孩子衣裤的装饰纹为梅花图案。这种喜上眉梢与瓜、儿同图的构想隐含着"得子有喜"的暗示；民间刺绣中的"麒麟孵雏"图案，通过神话传说寓意着繁衍生息的吉祥，造型刻画生动、稚拙，大小、虚实安排十分合理，反映了创作者对生活深刻的感觉和丰富的幻想，也抒发了人们内在的情感，表达了对生活的美好的愿望。无论直接表现还是暗喻人们对生命的崇拜、对生殖的渴求，都反映出劳动群众情感大于理智的人生态度和求生本能。

生，是生命的开始，人们对于新生命的关怀和爱护，除了体现在各种生育习俗中之外，还体现在小孩的衣服鞋帽、装饰品和玩具等民俗工艺品之中。在小孩服饰中比较典型的工艺品就是虎头帽、虎头或猫头鞋、虎围涎、老虎除五毒兜肚等，此外还有其他各式造型，包括虎形、锁形等吉祥物和装饰品。小孩睡的虎枕，既柔软舒服，还可以当玩具。虎在民间被奉为保护神，具有避邪驱灾、保佑平安的功能，这些都充分体现了中华民族古老的"虎文化"的内涵。"挂虎"体现了民俗艺术的吉祥含义，镇宅攘灾、纳吉求福和祈子延寿。围绕这种意义核心，虎头形体上绘饰的色彩和纹样均有"讲究"。绿色，意万年长青；红色，意四季红火；石榴，意多福多子；艾草，意祛毒辟邪；海棠，意富贵；蝴蝶，意多福；贯钱，意万贯利钱；牡丹，意吉祥高照。五毒、长命锁、门神等图案的构形，都出于长命锁——富贵长命，象征儿童已被锁住，还可健康成长，将来富贵吉祥，民间以此表达子孙繁衍、富贵永远延续之意。长命锁上常镂有"长命富贵""长命百岁""玉堂富贵"等吉利语，都出于劳动群众对健康的愿望、对生命渴望的真实流露、对平安吉庆的祈念，总是饱含着保护生灵的含义。

我国人民有一个好传统，不管处于何种时代、何种处境，都真诚地热爱生活，追求幸福、和谐、吉祥。因而在民俗艺术中主要以祥瑞为题材，围绕着"福、禄、寿、喜、和合、吉祥如意"等内容而展开。它的产生就是一种民族心理的表现，也是一种民族文化和民族哲学。对中国民族心理和文化影响最大的是儒家哲学。儒家是讲天人合一的，认为人与自然的关系不是一种对立的关系，而是一种亲和的关系，赋予花、鸟、虫、鱼、兽等以祥瑞寓意，便是这种亲和关系的表现。

（二）扬善抑恶

"中国传统文化作为一种伦理文化，具有复杂的礼仪规范和严肃的道德准则。它所确立的人生价值理想，既在尽性亦在尽善。尽人之德性的'至善'要求，促使各种形式的文明创造不仅关怀人，更要改造人，即造就'文化'的人。"人中圣哲都倡善，抑恶扬善是人的本分。正是从寄"善"着想，用仁善心理，洞察自然物象、民情生活、风俗习惯，发现"善"美；用"善"美的心灵，托物喻理，晓善人生，求慈化于弘通，造"善"美之形；用仁意"善"美之形越情万类，衍生意象，陶冶人们的心灵，舒豁人们的胸怀、思想、境界。

民俗艺术的内涵，便因此浸透了旨在启蒙化育人之德性的伦理道德因素。在民俗中，无论是忠勇仁义之士，还是镇宅驱鬼之神：无论吉祥娃娃还是贞德淑女，都是善的化身，美的形象。"图画者，莫不明劝诫，著升沉千载寂寥，披图可鉴。"众多的民间诸神成为民俗艺术符号的表现内容，往往不仅是因为他们具有的神性，更重要的，是由于他们或有功于世人，或其行为品格符合民众的道德理想，堪为后世师表，具有榜样与教育作用，以直观可感的生动形象启发和教育人们从良向善、修己渡人，成圣成贤。"寄善"的心境使他们因物移情，缘情发聚，开拓意境，畅意写神，塑造出善和、天真、妙解物趣的万物生灵的美好意境。从原始社会到今天，动植物的吉祥内涵始终被稳定平和地延续着、传承着，成为广大民众精神寄托的重要载体。许多禽鸟虫鱼都是民众熟悉和喜爱的，它们都有各异的功能特点，且与人类的生活有关，所以它们的本质常被认为是"善"的，因此被人类赋予灵性，成为祝颂吉祥的常用素材。民俗艺术的符号意义，从平静、自由、随意、真切等中立意，去感受生活的脉搏，求索自然意趣的"善"形，从和顺、爱慕等构想中，去发掘具有生趣和神采的意象，透出浓浓的民俗情结；从艺术的内容与形式中，去追寻"善"与"意"的多样造型情致，达到内涵丰富、意趣盎然的境地。这些"善"形造型夸张、诙谐，有说唱艺术的滑稽夸张神气，加上鲜明艳丽的色彩和粗犷线条的表现，揭示出意境深邃的哲理兴味，富有生活的热情和生命的意义。

中国艺术传统是美善相合，一切艺术的审美取向都具有伦理性，道德伦理拥有涵盖的功能，其中重要一点便是扬善抑恶的教育作用。佛教奉行的"善有善报，恶有恶报"与道教主张的"神鬼行空"都是以"善"与"恶"的标准来要求人的，这些封建伦常观念渗入民间下层文化，深入庶民百姓的思想，对他们的艺术创作产生了深远的影响。在民间，灶神又被称为"灶君""灶王""灶王爷""灶君菩萨"等。

作为家神，灶神的神祃儿常年被供于家中灶台上方墙壁，接受香火。人们普遍认为灶神的神职是掌管饮食，民以食为天，所以人们祭灶有感谢和颂扬灶神功德的意思。民间还传说灶神有搜集家庭隐私，然后向玉皇大帝报告的职责，说他"受一家香火，保一家康泰，察一家善恶，奏一家功过"。送旧家神、请回新家神，是每年农家过年的一件大事。腊月二十四是民间约定俗成的"送旧家神日"。传说这一天，灶神和其他家神（床神、窑神、财神、行业神）都要升天拜谒玉皇大帝，报告人间一年来的善恶诸事，玉帝根据报告决定来年的吉凶事宜。西杨家埠的年画题材本身带有较多的当地民俗夸饰成分，比如除了有灶王爷和灶王婆之外，还有二位尊神，一位面目和善，手上捧着一个贴有"善"字的陶罐，另一位长相凶丑，手上捧着一个贴有"恶"字的陶罐，对于不识字的农民来说，他们理解"灶王爷"对人世间的"善行""恶行"就是这样随时记录在"罐"的。人们希望众神为自己说些好话，获得来年鸿运亨通，就用糖果、五花肉、糯米糕、汤圆等甜黏食品黏住众神像之口，求得众神坏事说不出口，一定能"上天言好事，下界报吉祥"。

民间的尊老习俗和寿命有定的俗信，与传统文化中的"孝"相吻合。如"借寿"习俗，即是当父母或祖父祖母病危时，儿孙自愿斋戒，祷告上苍，宁将自己寿命减少若干年以救长辈。另外还有增寿信仰，认为人做好事是积阴德，会增寿，做恶事则减寿。这些都反映了以农民为代表的下层文化的伦理道德观念。寿庆一般是三年、五年一庆，"起一"大庆。大庆之时，大宴宾客，张灯结彩，至亲好友送寿幛、寿匾。祝寿时，寿匾高挂中堂，子孙拜祝老人。庆寿仪礼和庆寿画等民俗艺术品所传达出来的是积淀了丰富内涵的文化精神和民俗心态。

在人类最早的意识中，"美"与"善"是未分的，善的转换引申含义有吉祥、幸福、美感。善还被承载了社会伦理道德的意义，美与善是统一的，善是更根本的东西，也就是说，美的事物未必是善的，而善的东西却往往是美的。中国民俗艺术符号中的"福"是吉祥之首。"禄""寿""喜"是"福"含义的延伸，也都符合"善"的观念，通过对"善"的直接肯定来揭示美或寄托美的理想。

尚美避丑，直接起源于功能之中。民俗艺术符号的追求更是审美标准和功能标准直接联系到一起，中国的劳动群众崇尚美的传统，是任何一个民族都不可比拟的。民俗艺术的灵魂是情与美，基本精神是乐观与繁荣。艺术大师罗丹说"艺术就是情感"，也可以说，美就是感情。民俗艺术正是情与美的高度融合；劳动群众的理想是"四季兴旺""五谷丰登"，理想、愿望等精神活动与物质文明水平基本和谐。民俗艺术是劳动群众创造美好世界的理想外化，体现了乐观的精神面貌和繁荣的理想景象。

大量的民俗艺术品都从审美需求出发，以形象化、综合概括化的造型规范和象征性、主观性的色彩法则，把人物诸事的美丑观鲜明地划分开来。在民俗美学的范畴中，衣食住行、婚丧嫁娶、信仰崇拜、节日习俗等文化现象均属于现实美，其美学的原始表达无不与其实用功利和象征性联系在一起。但是，民俗艺术则逐渐脱离了现实的世界，进入了纯粹的审美精神领域，其审美本质也日益显露和丰富。如同瓶子表示平安，金鱼表示富裕，瓜蔓表示延绵，桃子表示长寿，鸡与菊花表示吉利吉祥……年画之所以成为年画，就因为它是过年的画，年的符号之一。由于"年"这个中华民族最大的节日，是国人的理想信仰、思想传统、审美情趣一年一度的集中体现，年画的价值与内涵便远远超出其艺术本身。当事物成为过去并化为历史时，它的文化价值才一点点显现出来；同时也就变得愈来愈珍贵。正如鲁迅先生在谈到农民张贴年画时说："先前售卖的旧法花纸，其实乡下人是并不全懂的，他们之所以买去贴起来，好像了然于心者，一半是因为习惯；这是花纸，好看的。""富贵与麒麟"中麒麟是古代传说中一种吉祥动物，喷火献瑞，人畜安康，五谷丰登。人们便把麒麟奉为吉祥物，其态昂首挺胸，健步欲翔。据说只有遇到"贵人"它才会出现。它是仁慈祥和的象征，又有"麒麟送子"之说，寓意麒麟送来童子必定是贤良之臣。因此麒麟被人们用来求"福寿安康、富贵天长"，象征太平盛世，百姓安康、财帛绵长。可以说，只要我们还要过年，就缺不了年画。"爆竹声中一岁除，春风送暖入屠苏。千门万户曈曈日，总把新桃换旧符。"宋代诗人王安石的这首七绝《元日》通过对春节到来时一些美好景象的描写，呈现了一幅春风送暖、喜气洋洋、万物更新的迎春图，其中"总把新桃换旧符"说的就是贴春联和年画。年画贴在墙上不揭下，第二年贴上新年画，以示除旧迎新。民间有"不贴年画过不了年"的说法。

人类的一切文化创造，都可以归结为对真善美的追求。对真与假、善与恶、美与丑这些相对的矛盾，善良的中国人总是态度鲜明，颂扬前者而抑除后者；在平素的修身养性中，也是将和善、福祉、吉祥、美好作为追求的目标。可以说中国传统民俗艺术的内容，就是一门吉祥文化！民俗艺术把人们的良好愿望和目标象征化、艺术化、社会化，帮助人们从心理层面、社会生活层面上树立信心，积极创造，是我国民族传统文化中的瑰宝。在民俗艺术中凝聚着民族的性格、民族的精神、民族的文化、民族的真善美。

民俗艺术符号是紧紧地伴随着民俗事象而生存与发展的。周而复始的岁时节令和由生到死的人生礼仪，纵横交错地织成了一幅幅民俗风情画。

第七章

景观设计的概念与学科定位

关于景观设计原理的研究，首先要对景观设计的概念有明确的认识，尤其目前在我国对园林、园艺、绿化、景观设计的范畴有不同的见解，更有必要在此给出明确的解释，以及明确的学科定位。

第一节　景观设计的概念与类型

一、景观设计的概念

（一）景观的含义

景观在旧约圣经中，指城市的景象或大自然的风景。15 世纪，欧洲风景画的兴起，使"景观"成为绘画专用术语，其本意等同于"风景""景色"，这时可以把"景观"一词理解为一幅表现陆地或海洋风景的画或像。18 世纪"景观"的含义发生了转变，它与"园艺"紧密联系在了一起。19 世纪下半叶，景观设计学的诞生，使"景观"与设计结合得更加紧密，并以学科的形式得以广泛推广。

不同历史时期、不同学科领域的学者对"景观"都采取着不同的认知含义。而本书则这样对景观定义：景观是指土地与土地上物体构成的多种形态，它是时间与生命体在土地上存在的痕迹。

（二）景观设计的含义

景观设计学是一门交叉性的设计学科，涉及建筑学、林学、农学、心理学、地理学、管理学以及环境、文化艺术、区域规划、城镇规划、旅游、历史等多个方面，可以说景观设计是一门综合性很强的学科。

景观设计学是关于景观的分析、规划布局、设计、改造、管理、保护与恢复的科学和艺术，是一门建立在科学、人文与艺术学科基础上的应用学科。美国景观设计师协会

（ASLA）对景观设计学的定义是："景观设计是一种包括自然及建筑环境的分析、规划、设计、管理和维护的学科，属于景观设计学范围的活动，包括公共空间、商业及居住用地的规划、景观改造、城镇设计和历史保护等。"

景观设计是一门面向户外环境建设的学科，是一个集艺术、科学、工程技术于一体的应用型专业。景观设计强调对土地与土地上的物体和空间进行全面的协调和完善，以使人、建筑、城镇以及自然中其他的生命种群得以和谐共存。

（三）景观设计的特征

1. 景观设计的形成特征

景观设计的形成特征主要表现在两个方面。

（1）在其综合特征上

景观设计的构成元素比较丰富，所涉及的知识领域也非常宽泛，是一个由多种空间环境要素和设计表现要素相互补充和协调的综合设计整体。

（2）其形成特征含有长期性和复杂性

室外环境景观设计要受到城市总体规划设计的制约，一些规模较大的景观设计从开始到基本形成，需要较长的时间。

时间作为第四空间维度，在整个景观设计与建设中起着重要的作用。同时，景观设计的诸多要素都是特定的自然、经济、文化、生活、管理体制的产物，处理和整合它们之间的关系有一定的复杂性。所以，从一套景观设计方案形成到项目实施完成，有其特殊行业的复杂特性。

2. 景观设计的文化特征

景观设计是一个民族、一个时代的科学技术与文化精神的综合体现，也是生活在现实生活中的人们的生活方式、意识形态和价值观念的真实写照。

景观设计的文化特征具体体现在其思想性、地域性和时代性这三个方面。

（1）思想性

景观设计的思想性是指一个国家的文化思想在景观设计中的体现。比如，中国儒家哲学所强调的"礼"学思想和中国封建社会的秩序、等级观念，在中国古代的建筑和城市规划中都有所体现。受儒家思想影响的景观设计一般都表现出严格的空间秩序感和对称的形式理念，如北京的故宫、四合院的建筑设计和空间布局。又如，中国的道家思想至今还在影响着当代的城市景观设计以及设计师们对设计理论的不断思考。道家思想的核心是"天人合一"观，追求的是人与自然的和谐统一，中国园林景观设计中的"巧于因借，精在体宜""相地合宜，构园得体"等设计思想都是道家"天人合一"哲学思想的具体体现和延伸。所以说，景观设计中的思想性是其文化特征中的核心部分。

（2）地域性

景观设计的地域性特征体现在其所反映的不同地区存在的不同景观形态与人文特性上。景观设计应根据不同地域、不同民族风俗、不同宗教信仰来研究景观的设计形态构成，要体现出景观本土特征与外部环境的独特个性的表现语言，在精神风貌上展示出自己的文化气质与品位。当前很多国家和城市的景观设计都给人以"似曾相识"的感觉，地域性的景观文化被全球一体化的错误设计观念所冲击，这种以自我文化特质的消失来换取对别人设计成果的盲目跟风的景观设计，势必会使城市的景观设计在技术堆砌和复制中迷失自我、丧失个性。

（3）时代性

景观设计的时代性特征主要体现在以下几个方面。

第一，景观设计要随时代的发展而发展。今天的景观设计是为普通百姓服务的，而不是像古代的园林景观专为皇亲国戚、官宦富贾等少数统治阶层所享用。现代的景观设计强调的是人与景观环境的互动交流，在设计上应充分体现人性化的关怀和亲和力。

第二，景观设计要引入当今社会的先进科技成果。现如今，先进的施工技术和高科技含量的新型施工材料，已经打破了传统园林景观所采用的天然材质和单一的施工技术表现形式，科学技术的进步给景观设计提供了充分表现自己独特魅力的设计舞台，极大地增强了景观的艺术表现力。

第三，景观设计思想由过去的单一注重园林设计审美，提高到对生态性、环保性、可持续性设计思想的认识，把景观设计的重点放在提高人类生存环境质量的高度。

3. 景观设计的功能性与形式性特征

（1）景观设计的功能性特征

景观环境是人类生存与生活的基本空间，景观形态的功能性与形式性是人类生理功能与视觉审美功能所要求的。其功能性特征体现在景观设计是为室外环境的构成而提供物质条件的，如广场、庭院等。人们生活和行走在城市街道中，需要能够集会、散步、游戏、静坐、眺望、交谈、游园、野餐等舒适的景观环境，而景观设计正是满足这一功能的具体形态物质。

（2）景观设计的形式性特征

形式性特征则体现在景观设计的审美性上。景观设计不仅要赋予景观环境以功能性，还要使生活在真实空间环境的审美主体（人）在享受和流连于景观环境中时，得到视觉和心灵的美感体验与满足，这也是"以人为本"设计原则的具体体现。景观外部形态设计形式的处理与表现，能真实地反映出设计师驾驭设计形式语言的能力和水平。所以说，景观设计只有将功能与形式完美地结合，才具有鲜活的生命，才能实现人们对景观环境的美好期盼。

（四）景观设计的目的和任务

景观设计的目的和任务是在带给人类视觉上美的享受的同时，从根本上改善人与自然环境的关系，带给人类一个全新的生存理念。

景观设计的目的和任务主要体现在以下几个方面。

（1）保护自然环境，维护自然景观与人类的平衡关系。（2）以人类生态系统为前提，不孤立于某一元素。景观设计是一种多目标性质的设计，体现出整体优化的特性。（3）为人类提供精神享受场所与美的环境。（4）对古代文化遗迹进行保护和研究。（5）建立区域化特色城市，做到城市景观、建筑整体统一。（6）以提高人类生存状态为基础，探讨如何体现可持续发展理念的方向与途径。

（五）景观设计专业

1. 景观设计专业的确立

阿姆斯特德之子 F.L. 阿姆斯特德在美国哈佛大学首次开设了景观设计学专业课程，当时很多拥有多种技能的设计师投入了这个新的学科领域，这标志着景观设计专业的诞生，并通过教育的形式得以广泛传播。在以后的发展中，景观设计专业纳入了规划，并逐渐从景观设计学中派生出了城市规划专业，城市规划专业与景观设计专业相互联合成立了城市与区域规划学科。这极大地丰富了景观设计学的范围，从而形成了建筑—景观设计—城市规划相结合的局面。景观设计学科的设置，大大加强了规划与建筑学之间的联系，同时它摆脱了传统艺术院校僵化死板的教学模式，提出了一种全新的、系统化的、有时代特色的教学模式，其核心思想是"形式随从功能"。到了21世纪，借助新型材料、新工艺以及计算机辅助设计成为景观设计专业的新特点。

2. 景观设计专业的教学方式

景观设计专业在教学方式上非常注重从多方面、多角度培养学生的设计能力，大致可以总结为以下五个方面。

（1）设计课程教学

主要是通过与设计相关的知识学习，如历史、文学、工程、自然科学等方面，使学生全方位地了解设计与其他因素的关联性，并与其专业相融合，从而培养学生多方面的能力，即对事物的感受力，理解、分析、思考的能力，丰富的想象力，创造力及动手的实践能力。在教学的实践过程中，结合设计课程的特点进行假定性的命题，使学生在学习理论的同时，增强实际应用过程中处理各种特殊情况的能力。

（2）考察

对现实中的优秀范例进行实地考察是对所学理论知识提炼和印证的过程，可以从中领略到一些平常所熟知的理论是如何活学活用于特定场所的。考察可以增强实地的感受性，如光线、功能、空间等一些抽象的概念在实景中得以理解和贯通，参观考察一直是景观设计教学的主要形式之一。

（3）讲座

讲座是教学过程中不可缺少的环节，它借助于个学科领域的专家的学术讲座，促进学生从多方面吸收，有助于设计方面的经验，开阔眼界，提高自身的修养。这对平时所学的理论在实际中更好地运用起到了非常好的帮助作用。

（4）校际交流

主要通过院校之间进行学术研讨交流的形式进行，交换老师和学生是最主要的合作方式。由于不同的院校对本校的学科具有不同侧重点，校际交流会促进弱势学科的良好发展，以达到相互借鉴，共同发展的作用。同时，学生在异校能够接触到一些新的知识技能，这是本院校所不能给予的。

（5）专业实践

学生在学校所学的知识是指在正常情况下如何运用的理论。在实际操作过程中，任何特殊情况均可能发生。专业实践，对于学生所学知识的灵活运用具有非常重要的作用。同时，动手实地操作，对材料和计算机的运用，也是专业实践的重要内容。它的目的是让学生在实习单位接受全面训练，为以后的实际运用提供了学习机会。

（六）景观设计师

景观设计职业（即景观设计师）是大工业、城市化和社会化背景下的产物，是在现代科学与技术基础上发展起来的。景观设计师所要处理的对象是土地综合体的复杂性问题，所面临的是土地、人类、城市和土地上生命的安全与健康及可持续发展的问题；是以土地的名义来监护合理利用，设计脚下的土地及土地上的空间和物体。

在职业内涵和概念上，景观设计师与建筑师、工程师、规划师、园林设计师、园艺师是有所区别的、建筑师主要从事建筑物设计和设施设计的工作，如住宅、写字楼、学校等；土木工程师负责为公共设施建设提供科学的依据，通过科学原理来进行设计和建造，如道路、桥梁等方面；城市规划师则强调对土地的合理使用，为整个城市或区域的发展制订计划；园林设计师、园艺师的工作职责主要在于园林设计和养护管理等方面。而景观设计师则不同，他是站在更高的尺度来宏观地把握全局，包括户外景观和用地的设计使用问题，主要体现在场地规划、城镇规划、公园休闲地规划、区域规划、园林设计和历史区域保护等综合设计方面。在各种项目的运行过程中。景观设计师对多种学科队伍的紧密协作起到了至关重要的作用。

二、景观设计的类型

（一）城市公共空间景观

城市公共空间是指城市或城市群中，在建筑实体之间存在着的开放空间体，是城市居民日常生活和社会生活公共使用的室外空间，是居民举行各种活动的开放性场所。它包括广场、公园、街道、居住区户外场地、公园、体育场地、滨水空间、游园、商业步行街等。目前景观设计场地大部分都是城市内公共空间的场地景观设计。

（二）自然保护区景观

自然保护区景观实质就是自然保护区的自然景观与人文景观相结合的复合型景观。比如，代表性的自然生态系统，珍稀濒危野生动植物物种的天然集中分布区，以及有特殊意义的自然遗迹等保护对象所在的陆地、陆地水体或者海域等。

自然保护区也常是风光旖旎的天然风景区，具有特殊保护价值的地质剖面、化石产地或冰川遗迹、岩溶、瀑布、温泉、火山口以及陨石的所在地等。

（三）风景名胜区景观

风景名胜区是指具有观赏、文化或者科学价值，自然景观、人文景观比较集中，环境优美，可供人们游览或者进行科学、文化活动的区域。

风景名胜包括具有观赏、文化或科学价值的山河、湖海、地貌、森林、动植物、化石、特殊地质、天文气象等自然景物和文物古迹，革命纪念地、历史遗址、园林、建筑、工程设施等人文景物和它们所处的环境以及风土人情等。

（四）纪念性景观

《现代汉语词典》对"纪念"一词的解释是：用事物或行动对人或事表示怀念。它是通过物质性的建造和精神的延续，达到回忆与传承历史的目的。根据韦氏字典的解释，"纪念性是从纪念物（monument）中引申出来的特别气氛，有这样几层意思：①陵墓的或与陵墓相关的，作为纪念物的；②与纪念物相似有巨大尺度的、有杰出品质的；③相关于或属于纪念物的；④非常伟大的等。"通过对"纪念""纪念性"和"景观"的释义，并借鉴《景观纪念性导论》（李开然著）一书中对纪念性景观内涵的概述，把纪念性景观理解为用于标志、怀念某一事物或为了传承历史的物质或心理环境。也就是说，当某一场所作为表达崇敬之情或者是利用场地内元素的记录功能描述某个事件时，这一场地往往就是纪念性场地了，所形成的景观就是纪念性景观。它包括标志景观、祭献景观、文化遗址、历史景观等实体景观，以及宗教景观、民俗景观、传说故事等抽象景观等

（五）旅游度假区景观

旅游度假区景观是指以接待旅游者为主的综合性旅游区，集中设置配套旅游设施，所在地区旅游度假资源丰富，客源基础较好，交通便捷，对外服务有较好基础。旅游度假区的景观设计包括自然景区设计、生态旅游规划、文化浏览开发、旅游度假设施建设等相关主题进行的景观设计。景观生态学的迅速发展和合理应用，为建设生态型的旅游度假区提供了理论依据。运用景观生态学的原理，研究了旅游度假区景观建设的生态规

划途径，以保障景观资源的永续利用，目前我国有 12 处国家旅游度假区。

（六）地质公园

地质公园是以具有特殊地质科学意义、稀有的自然属性、较高的美学观赏价值以及一定规模和分布范围的地质遗迹景观为主体，并融合其他自然景观与人文景观而构成的一种独特的自然区域。建立地质公园的主要目的有三个：保护地质遗迹，普及地学知识，开展旅游促进地方经济发展。地质公园分四级：县市级地质公园、省地质公园、国家地质公园、世界地质公园。

（七）湿地景观

湿地按性质一般分为天然湿地和人工湿地。天然湿地包括：沼泽、滩涂、泥炭地、湿草甸、湖泊、河流、洪泛平原、珊瑚礁、河口三角洲、红树林、低潮时水位小于 6 米的水域。湿地景观是指湿地水域景观。近几年来，湿地景观设计作为一种特有的生态旅游资源，在旅游规划中的开发和利用也越来越受到重视。

（八）遗址公园景观

遗址公园景观，即利用遗址这一珍贵历史文物资源而规划设计的公共场所，将遗址保护与景观设计相结合，运用保护、修复、创新等一系列手法，对历史的人文资源进行重新整合、再生，既充分挖掘了城市的历史文化内涵，体现城市文脉的延续性，又满足现代文化生活的需要，体现新时代的景观设计思路。

遗址公园既是历史景观，又是文化景观，遗址公园设计主要应把握风貌特色和历史文脉得以延续和发扬。

第二节　景观设计的学科定位

一、景观设计所涉及的范围及学科

景观设计是在传统的城市规划、建筑学、园林学和市政工程学等学科基础上形成和发展起来的新兴学科。

二、景观设计的学科定位

从景观设计所涉及的范围及相关学科来看，景观设计涉及范围极广又错综复杂。它与多门学科之间相互交叉又彼此制约和影响，如城市规划、建筑学、园林学、生态学、美学、文学、艺术等。因此，景观设计师应本着科学严谨的治学态度，通过现代科技手段和科学的认识方法，努力掌握其他学科的相关理论知识。

作为一门综合性很强的学科，景观设计是任何一门单一的学科都无法取代的。针对一个单体的景观设计来说，可以有所侧重地突出它在某一学科中的特点，但就整体的景观设计而言，如果只是片面地去追求它在某一学科中的刻意表现则是不可取的，任何一种单一性的景观设计取向都是难以为继的。

三、景观设计的学科特点及重要性分析

景观设计是一门综合性较强的新兴学科，目前景观设计的教学才刚刚起步，景观设计所涵盖的学科范围非常广，它不仅是一门社会科学，也是一门艺术；它是工学的，也是人文学的和美学的；它是理性的，也是感性的。因此，根据景观设计的学科特点，对于这一学科的研究应是"融贯的综合研究"，只有通过这种全局性和长远性的研究，景观环境设计才会具有指导性和可操作性。

景观是人类生活环境中的一个重要组成部分，它可以为人类提供多层次、多方位的生活空间。景观设计能够改善人类与环境的相互关系，并建立起人类与自然以及人类与文化之间的生态平衡。通过景观设计能够改善和提高城市及社区的环境质量，进而创造出一种融合社会形态、文化内涵、历史传承，面向未来的生存空间，使人们的生存环境更具有人性化、多元化和理想化。

四、景观设计与其他各学科之间的关系

景观设计虽然是一门新兴的学科，但它与其他相关学科之间却有着十分紧密的联系。其中，城市规划、建筑设计、园林设计等都是必须了解的重点学科。城市规划、建筑设计与景观设计之间的关系。

（一）景观设计与城市规划的关系

城市规划是伴随着社会经济和工程技术的不断发展而得以逐步实现的。城市规划是时代需求、审美观念、生活方式以及人们对生活环境的追求和向往。城市规划属于整体设计，它包括城市总体规划和重点区域的控制规划两个方面，城市规划是景观设计的执行依据和基本原则。

景观设计和城市规划的主要区别在于，景观设计是对城市物质空间的进一步规划和设计，景观设计的规划与设计内容，涵盖了整座城市和城市各区域的所有物质空间，而城市规划则是更加注重社会经济、城市总体的发展计划。城市规划是从更大的宏观角度来研究城市的发展，而景观设计更多是用微观的近距离视角来研究城市的具体物质空间。

（二）景观设计与建筑设计的关系

与景观设计相比，建筑设计具有更加注重施工技术和使用功能的特点，而景观设计则偏重于精神功能和艺术价值。尽管建筑设计也强调精神文化，也研究艺术与技术的完美结合，但是建筑设计的最基本出发点，还是偏重于建筑的使用功能以及工程技术等方

面。在景观设计中，要更多地考虑到艺术性和精神方面的需求问题，并且一切设计理念和技术要求都要围绕着这一主题来展开。

（三）景观设计与城市设计的关系

"城市设计是对城市环境形态所作的各种合理处理和艺术安排。"在城市设计领域中，人们所见到的一切都可以作为城市的设计要素，如建筑、街道、地段、广场、公园、环境设施、公共艺术、雕塑小品、植物配置等。

景观设计与城市设计的着眼点基本相同，其差别仅在于研究范围的大小，景观设计所研究的要素相对城市设计来说，只是进一步的设计延续和设计内容的更加具体。

（四）景观设计与园林设计的关系

园林设计历史悠久，已形成了成熟的专业理论和美学思想体系。传统园林设计是将自然环境和人工环境相结合的一种建筑形式。

景观设计虽然是一门新兴的学科，但通常认为园林设计是景观设计的早期形态。景观设计和园林设计的共同之处在于，它们都是改造人们所处环境，并为人们营造新环境的行为。传统园林设计与景观设计的区别，则是由历史原因造成的。在历史上，园林设计多为地位显赫的人们来服务，园林设计的风格更注重个人的喜好和偏爱。而现代的景观设计，则是以城市大环境为设计的基本出发点，并根据周围公共环境等因素的需要进行建造。

相对于景观设计而言，园林设计偏重于园艺技术，而景观设计更偏重于城市的美化和艺术表现，并且在新材料与新工艺的运用方面有所突破。

（五）景观设计与公共艺术设计的关系

对于公共艺术设计的解释，可简单地理解为公共空间的艺术品设计，它一般包括广场、绿化、雕塑、建筑、城市设施等方面的艺术品。公共艺术品，是景观设计中不可缺少的设计元素。景观设计比公共艺术设计更关注利用综合的途径和方法来解决城市的环境问题，更注重城市物质空间的整体性设计。景观设计是建立在科学性和理性基础上的产物，景观设计是多学科知识相互结合的物质空间的创造活动。

第八章

景观设计的构成与要素

随着现代社会的不断向前发展和人们生活方式的日益多样化，人们对于景观环境的空间形态、空间特征以及功能要求等都会出现相应的改变或调整。本章主要研究景观设计的构成以及景观设计的要素。

第一节　景观设计的构成

一、景观设计的功能构成

（一）使用功能

景观设计的功能，首先体现在其使用方面上。景观环境中的任何一种设施都是以能够满足人们一定的功能需求或具有一定的目的性而存在，否则景观设施将会失去它自身的存在价值。

在城市的生活空间中，景观是构成和影响城市空间的主要因素。在现代城市中，由于人与人之间的交流形式越来越多，对于交流场所和交流空间的要求也各不相同。这就要求通过城市景观设计，来提供更多的使用功能，以满足多元化使用特点和要求。

城市中心区是功能高度集中和浓缩的地带，在这里它拥有大量的建筑群体、方便快捷的交通网络、智能化的信息传输系统、高度发达的程控管理体系、高密度的人流以及物质财富的高度集中等。

（二）美化功能

景观设计可以使人产生美感，具有美化功能。景观艺术的环境美化功能，主要体现在视觉的形式美方面，通过其自身的形象来表达意念、传达情感。

景观设计中的最终审美目的，应当是在表现借物喻人的同时，又能使人们产生情景交融的精神享受。

（三）精神功能

景观设计不仅与自然科学和技术的问题相关，同时还要与人们的生活和社会文化非常紧密地联系在一起，景观环境是人类文化、艺术与历史发展的重要组成部分。

在景观环境设计中，要了解人的需求，特别是要了解人与环境之间相互联系方面的诸多问题，尤其是人对环境的作用，以及环境对人所产生的反作用。

在景观设计中，对于精神功能方面的表现方式是多种多样的，如静态景观的表现形式、动态景观的表现形式、有景观主题的表现形式、无景观主题的表现形式等。

（四）安全保护功能

1. 景观环境保护功能的理解

景观环境的保护功能体现在以下两个方面：

（1）景观环境的建设可以对其周围的生态环境进行有目的的保护。（2）可以通过景观环境的设计而避免人们在活动时给周边环境带来人为的伤害，或者是能够防止周边环境中给人们带来的自然危险。

因此，在对景观环境的保护功能进行设计和实施时，就要针对其中人的活动来进行全方位的保护性分析和研究，防止景观环境中突发事故及自然灾害的产生。

2. 景观环境保护功能的形式

针对景观环境中保护功能的设计形式来讲，其保护功能所采取的主要方式有阻拦、半阻拦、劝阻、警示四种具体表现形式。

（1）阻拦形式

阻拦形式是指对景观环境中人的行为和车辆的通行加以主动积极的控制，为保障人或车辆的安全而设置阻拦设施，如设置绿化隔离带、护栏、护柱、壕沟等。

（2）半阻拦形式

与阻拦形式相比，半阻拦形式强制的措施相对减弱，半阻拦设施的用途主要起限制和约束作用。

（3）劝阻形式

劝阻形式的一般表现方式是不直接采取对行人或者车辆通行的直接阻拦，而是通过地面材质的变化或高低变化等来使其行动产生相对的困难，从而起到对人或车辆的劝阻作用。

（4）警示形式

警示形式，是直接利用文字或标志的提示作用，来告诫行人或者车辆的活动界限，以警示其危险性。

（五）综合功能

每个景观环境都是由不同的土地单元所构成，它们都是在具备了明显的视觉特征的同时，还兼具经济、生态和美学价值，这就是景观环境的多重性价值。其中，景观环境的经济价值主要体现在生物生产力和土地资源开发等方面，景观环境的生态价值主要体现为生物多样性与环境的功能改善等方面，而景观环境的美学价值则主要体现在它是随着时代的发展而不断地呈现出人们审美观念的变化等方面。正因如此，在景观环境的基本功能构成中还应具有综合功能的体现。

在一般情况下，景观环境的功能构成都不会以一种单独的功能来出现，它要同时把与其相关联的某些功能进行有序组合，目的是能够充分地满足人们多方面的用途和需要。

影响人们对景观环境的心理需求因素非常复杂，这里既有社会方面的因素，同时又有个人方面的因素。人们在社会方面的心理需求因素包括地区的、民族的、宗教的、时代的以及邻近地区之间的相互渗透和影响等。在此，个人因素的差异也很重要，它包括人与人之间的具体需求差异和因为年龄、性别、文化修养、受教育程度、个性、习惯、喜好的不同而产生的差异，甚至还包括同一个人因在不同的时间内而产生的情绪变化差异等。

因此，面对如此多样化的共性与个性因素，在进行景观环境设计时，就应当尽可能地使大多数人得到满足。但并不是不去考虑人的个性需求，而是要将这些个性因素进行归纳和分类，并在方案设计的过程中作为最基本的问题来予以综合性的考虑。设计在某种程度上来说，还十分需要一个设计师拥有非凡的洞察力和关爱生活的情趣，用一颗热爱生活的心来对待自己身边发生的每一件事情。

二、景观设计的形态构成

景观环境的形态是由景观元素所构成的实体部分和实体所构成的空间部分来共同形成的。

实体部分的构成元素主要包括：建筑物或构筑物、地面、水面、绿化、设施和小品等。

空间部分的构成元素主要包括：空间界面（连续的界面或间断的界面）、空间轮廓、空间线形、空间层次等。

景观设计，应当首先从空间的角度来营造环境气氛，用空间中的设计元素来叙述主题，同时还要注重表现形式与设计内容的和谐统一。从一定意义上讲，景观设计是空间设计，而非平面规划或平面设计。景观设计平面图只是一个景观设计空间的垂直投影图，它根本无法正确表达出一个景观环境的空间形态。空间设计是景观设计的现实目的之一，而平面图上的设计探讨只可决定出一些有关设计方面的相对位置关系。

一般来说，在景观环境的形态构成方面，虽然实体能够给人带来物质上的需求，但其更主要的决定因素是空间在此起到了重要的支配作用。因此，应本着注重和强调空间形态胜过强调实体的设计理念，注重城市景观环境的空间结构以及景观格局的塑造，并通过视觉空间的领域来进行整体的景观环境设计，这是目前需要解决的关键问题。

在景观环境中，影响人们空间感知的主要因素包括一个人的文化素养、心理状态、视觉范围、时间趋向、运动速度和运动方向等。

人们对空间感受的认识和理解，伴随着科学技术的不断进步而发生转变。这里的空间是指城市中的建筑物、构筑物、绿化植物、室外分隔墙等垂直界面和地面、水面等水平界面所围合，

由景观小品、使用者、使用元素等点缀而成的城市空间；或者是由建筑物、构筑物、绿化植物、室外分隔墙等垂直实体控制和影响的城市空间；为满足人们城市生活而提供的使用空间。

三、景观设计的空间构成

（一）景观空间的构成

从构成的角度来讲，城市空间是由它的底界面、侧界面和顶界面@所构成，在此也正是通过这三个不同的界面内容来共同决定了一个空间的比例、体量和形状。

（二）景观空间的类别划分

1. 从空间的横向层面划分城市空间领域

依据城市空间领域的使用性质不同，通常可以将城市空间底界面，即地面部分，包括道路、广场、景观小品、设施、绿地、树木、水面等。侧界面，是指由周围建筑立面等集合而成的竖向界面。

顶界面，是指由周围侧界面的顶部边线所确定出的天空范围划分为：公共空间、半公共空间、私密空间、半私密空间四种空间类型。

此外，还可以从空间的纵向层面上来进行分类。

2. 从空间的纵向层面划分城市空间领域

如果按照一个空间在形体环境中所处的相对位置来划分，则又可将空间构成的形式分为：地面空间、地下空间和空中空间三种基本类型。无论采取哪一种空间构成的划分形式，其目的都是更方便于空间设计研究和空间形式分析。在景观设计过程中，应当根据实际需要以及设计的具体特点来合理地对空间进行构建和分类。随着城市建设的不断发展，人们对地下公共空间和空中公共空间的探索与开发越来越重视。

（三）景观空间的特点和主要空间

1. 景观空间的特点

景观环境中的空间，可能是相对独立的一个整体空间，也可能是一系列相互有联系的序列空间。在城市景观环境的空间特点上，其空间的连续性和有序性占据了空间构成中的主导地位。一个整体空间的连续性和有序性，是指通过设计的方式根据各个空间的

不同功能、不同面积、不同形态等因素而将其在整体空间中进行合理搭配、相互联系、有序排列的一种空间构成体系。例如，一个从住宅一庭院一绿地一园林一街道再到广场等的空间连续性和有序性。在此，总是要尽可能地保持居住区景观环境序列的合理、连续以及完整。

2. 景观设计中的主要空间

一般来讲，城市景观设计，主要是设计城市的公共空间部分，它主要包括城市的街道景观、居住区景观、广场景观、滨水景观、绿化景观等。其中设计最多的要数街道、居住小区和广场。

（1）街道景观

街道是城市中公有化最突出的空间，也是城市中最富有人情味的活动场所之一。通过街道景观环境的设计，不但可以表现出一个城市的整体演变与发展，同时还能够从不同的侧面反映出一个城市的文化特色和个性特征。

（2）居住小区景观

居住小区的景观环境属于城市中的半公共空间，是居民进行户外活动和邻里交往的场所，它体现了人们对生活方式的向往与追求。

（3）城市的广场景观

城市的广场景观环境是城市形象的代表，它被誉为城市的会客厅。城市广场的景观环境与周围的建筑物、街道、设施等共同构成城市的活动中心。

（四）景观空间界定及地域性特征

空间是人类赖以生存的最基本的物质元素。空间能够使被它所包围的一切事物，产生某种特殊的感情色彩。

在景观设计中，如果从空间构成的角度来进行分析，景观环境是自身体量和外部空间之间的结合体，它们在不同的地域文化背景中，都可以表现出各自所限定的景观体量与空间环境之间的联系，从而构成了具有地域性景观的外部空间环境。

所谓地域性景观，是指一个地区自然景观与历史文脉的总和，这里包括它的气候条件、地形地貌、水文地质、动植物资源、历史资源、文化资源和人们的各种活动以及行为方式等。

应该说，在某一个地理区域内，景观环境的含义应当具有某种文化上的特殊性，然而在此区域之内景观环境本身也会同时具有一定的普遍性。

任何复杂的景观环境形态，当对它进行分解简化后，都可以得到点、线、面、体等基本构成要素。一棵树木的平面投影可以看作一个点，立面投影又可理解为一条线；一段围墙的平面和侧面投影是一条线，而正投影则是一个面；三棵树木的平面投影若按"一"字排列时，其正投影可形成面：如果这三棵树木的平面投影按照三角形的形式排列时，那么这三个平面上的点就能够在整体的构成形态上限定出一个空间。

在伊斯兰建筑中，清真寺利用穹隆周围四个角上的小尖塔，限定出了一个虚幻的正方体空间，与建筑自身虚实相映，可体现出伊斯兰民族所特有的精神和力量。

（五）景观的时间与运动

尺度的含义，不仅可以反映出空间的形态，也能够体现出时间的状态。时间尺度是指其动态变化的时间间隔。在中国传统景观设计中所追求的"步移景异""得景随机"就是利用时间与空间之间进行相互转化、相互渗透的意境深化过程。

随着社会的发展与时代的变迁，人们欣赏景物的习惯也发生了一定的变化。早在过去，古代人更多的时间是处于静态地观赏景色，十分强调内心的平静和画面的完整性。到如今，由于生活节奏的加快，特别是交通工具的改变，使现代人更多的时间是处于动态地欣赏周围景色，因此，就更有必要来强调出一幅画面与另一幅画面的连续性和过渡性，强调观赏者的运动路线以及观赏者和运动系统的关系。

景观环境设计与建筑设计的最大区别在于，景观环境是随着季节和时间的变化而不断地发生改变的。

从一定意义上讲，景观环境本身是一个具有生命力的客体，它始终处于不断生长、运动和变化之中。因此，景观设计应当把空间与时间运动的思想理念作为人们认识自然和感受自然的出发点。必须要正确地认识和理解景观环境的时间性与时效性因素，注重景观环境随着时间的变化而产生的运动效果，应塑造出一个随着时间的延续而可以不断得到更新、相对稳定的景观动态效果。

（六）景观空间尺度与心理感受

1. 景观空间尺度

对于景观尺度的研究包括空间和时间两个方面，这里仅对空间尺度进行简要的介绍。

在景观环境中，空间尺度是指景观单元的体积大小，而时间尺度指的是其动态变化的时间间隔，感受景观空间的体验，应当首先是从与人体尺度相关的室内空间开始，并以此作为恒量一个景观空间的大与小、高与低的基本体验，即一个人的空间尺度感受及体验主要来源于他对自身生活空间的理解和追求。不同阶层的人，对同一个空间的感受和评价会有所差别；而同一阶层的人，也会因时间、地点、心理的差别而使他们对空间的感受和评价不完全相同。

一个室内空间的尺度感，主要反映在平面尺度和垂直尺度两个方面。其中，垂直尺度的变化对整个室内空间的影响最大。室内空间的四周墙壁起着围合的封闭作用，而顶棚界面的高与低则决定了室内空间的亲切程度。在室内空间中，其垂直尺度对人们空间尺度感受的影响，是相对于这个室内的平面尺度而言。

此外，室内空间的平面尺度和顶棚形状也会对人们的心理感受产生影响。

2. 景观空间的心理尺度

人们对空间的心理感受是一种综合性的心理活动，它不仅体现在尺度和形状上，而且还与空间中的光线、色彩及装饰效果有关。对此，在景观设计的空间感受中，应当具体问题具体分析，万万不可千篇一律或生搬硬套，如一个人的运动速度不同，那么他的空间感受也不相同。

（七）人的视觉范围及观察特性

人们在进行空间感受的过程中，由于视觉感受在此占有主导性的地位，并且人眼的视觉距离和视角都具有生理上的局限性。因此，必须先了解人眼的视觉范围及观察特性。在正常光照的情况下，当人眼距离观察物体 25 米时，可以观察到物体的细部；当人眼距离观察物体 250 ~ 270 米时，可以看清物体的外部轮廓；当人眼距离观察物体 270 ~ 500 米时，只能看到一些模糊的形象；但是在人眼距离观察物体远到 4000 米时，就不能够看清物体。人眼的视角范围近似一个扁圆锥体，其水平方向视角为 140°，最大值为 180°。垂直方向的视角为 130°，向上看比向下看约小 20°，即向上看为 55°，向下看为 75°，而人眼最敏感的垂直视角区域只有 6° ~ 7°。

一般情况下，人们观察物体时，头部会通过移动来辅助人眼的活动。在景观设计中，对于这一点应给予充分的考虑。

在进行景观设计时，应当有效地利用视距和视角这一基本原理，来更好地感知外部空间，并做好景观环境的规划和布局。

影响人们对空间的视觉感受因素有很多，如人对环境的熟悉程度、环境光的照射亮度、光影的对比强度、色彩效果以及环境的空间形态等。

第二节　景观设计的要素

一、地形

（一）地形的形态

地形泛指陆地表面各种各样的形态，从大的范围可分为山地、高原、平原、丘陵和盆地五种类型，根据景观的大小可延伸为山地、江河、森林、高山、盆地、丘陵、峡谷、高原、平原、土丘、台地、斜坡、平地等复杂多样的类型。总结起来，可将地形划分为平坦地形、凸地形（凸起的地形）和凹地形（凹陷的地形）。

地形的形态直接影响景观效果，所以要根据排水、灌溉、防火、防灾、活动项目和建筑等各种景观所需来选择和设计地形形态。例如，需视野开阔，就要相应地选择平坦地形；而要采光好，就要选择阳坡等，如云南的石林。

（二）地形的作用分析

地形在景观中的作用具有以下几个方面。

1. 地形的骨架作用

景观设计中的其他要素都在地形上来完成，所以地形在景观设计中是不可或缺的要素，是其他要素的依托基础和底界面，是构成整个景观的骨架。

2. 地形的空间作用

利用地形不同的组合方式来创造外部空间，使空间被分隔成不同性质和不同功用的空间形态。实现空间的分隔可通过对原基础平面进行土方挖掘，以降低原有地平面高度，可做池沼等或在原基础平面上增添土石等进行地面造型处理，可做石山、土丘等；或改变海拔高度构筑成平台或改变水平面，这些方法中的多数形式对构成凹凸地形都非常有效。另外，不同的地形进行组合，也能起到很好的空间作用，如台地与陡坡组合可增加空间纵深感。

3. 地形的造景作用

不同的地形能创造不同园林的景观形式，如地形起伏多变创造自然式园林，开阔平坦的地形创造规则式园林。要构成开敞的园林空间，需要有大片的平地或水面；幽深景观需要有峰回路转层次多的山林；大型广场需要平地，自然式草坪需要微起伏的地形。

4. 改善小气候的作用

地形的凹凸变化对于气候有以下几个方面的影响。

（1）对环境的影响

从大环境来讲，山体或丘陵对于遮挡季风有很大的作用；从小环境来讲，人工设计的地形变化同样可以在一定程度上改善小气候。

（2）对采光的影响

从采光方面来说，如果为了使某一区域能够受到阳光的直接照射，该区域就应设置在南坡，反之选择北坡。

（3）对风向的影响

从风向的角度来讲，在作景观设计时，要根据当地的季风来进行引导和阻挡，如土丘等可以用来阻挡季风，使小环境所受的影响降低。在作景观设计时，要根据当地的季风特征做到冬季阻挡和夏季引导。

5. 审美和情感作用

可利用地形的形态变化来满足人的审美和情感需求。地形在设计中可作为布局和视觉要素来使用，利用地形变化来表现其美学思想和审美情趣的案例很多，如私家园林中常以"一峰则太华千寻，一勺则江湖万里"来表达主人的情感。

（三）不同的地形形态在景观设计中的处理

1. 平坦地形在景观设计中的处理

平坦地形没有明显的高度变化，总处于静态、非移动性，并与地球引力相平衡，给人一种舒适和踏实的感觉，成为人们站立、聚会或坐卧休息的理想场所。

但是，由于平坦地形缺乏三维空间，会造成一种开阔、空旷、暴露的感觉，没有私密性，更没有任何可遮风蔽日、遮挡不悦景色和噪声的屏障。由此，为了解决其缺少空间制约物的问题，我们必须将其加以改造，或给加上其他要素，如植被和墙体。

水平地形自身不能形成私密的空间限制空间和私密性的建立必须依靠地形的变化和其他因素的帮助平地在视觉上空旷、宽阔，视线遥远，景物不被遮挡，具有强烈的视觉连续性。平坦地形本身存在着一种对水平面的协调，它能使水平线和水平造型成为协调要素，使它们很自然地符合外部环境。相反，任何一种垂直线型的元素，在平坦地形上都会成为一突出的元素，并成为视线的焦点。

由于平坦地形的这些特性，使其在处理上也有其特殊之处。总的来说，平地可作为广场、交通、草地、建筑等方面的用地，以接纳和疏散人群，组织各种活动或供游人游览和休息。

2. 凹地形在景观设计中的处理

凹面地形是一个具有内向性和不受外界干扰的空间。它可将处于该空间中任何人的注意力集中在其中心或底层，凹地形通常给人一种分割感、封闭感和私密感。

凹地形具有封闭性和内倾性的特征，可以成为理想的表演舞台，演员与观众的位置关系正好说明了凹地形的"鱼缸"特性。

3. 凸地形在景观设计中的处理

凸地形在景观中可作为焦点物或具有支配地位的要素，特别是当其被较低矮、更具中性特征的设计形状所环绕时，尤为如此；它也可作地标在景观中为人定位或导向。

如果在凸面地形的顶端焦点上布置其他设计要素，如楼房或树木，那么凸面地形的这种焦点特性就会更加显著。这样一来，凸面地形的高度将增大，从而使其在周围环境中更加突出并与除了焦点性外，凸地形还具有外向性的特点。

二、水体

（一）水体的形态

水体的形态，按照不同的依据，具有不同的分类方法不同的依据划分的类别各类别的特征水体的形式自然式水体水景自然式水体是保持天然的或模仿天然形状的水体形式，如河、湖、溪、涧、潭、泉、瀑布等。自然式水体在园林中随地形而变化，有聚有散，有直有曲，有高有低，有动有静规则式水体水景规则式水体是人工开凿成的几何形状的水体形式，如水渠、运河、几何形水池、水井、方潭以及几何体的喷泉、叠水、水阶梯、瀑布、壁泉等．常与山石、雕堕、花坛、花架、铺地、路灯等园林小品组合成景混合式水体水景混合式水体水景是规则式水体与自然式水体的综合运用，两者互相穿插或协调使用。

水流的形态静水不流动的、平静的水，如园林中的海、湖、池、沼、潭、井等。粼粼的微波、潋滟的水光，给人以明洁、恬静、开朗、幽深或扑朔迷离的感受不同的依据划分的类别各类别的特征水流的形态动水动水如溪、瀑布、喷泉、涌泉、水阶梯、曲水流觞等，给人以清新明快、变幻莫测、激动、兴奋的感觉。动水波光晶莹，光色缤纷，伴随着水声淙淙，不仅给人以视觉，还能给人以听觉上的美感享受。动水在园林设计中有许多用途，最适合用于引人注目的视线焦点上

（二）水体的特征举要

水体有着大量的、自身所独具的特性，影响着园林设计的目的和方法。水体的特征，可论述为以下几个方面。

1. 透明性

水体首先具有透明性的特征。水本身无色，但水流经水坡、水台阶或水墙的表面时，这些构筑物饰面材料的颜色会随着水层的厚度而变化，所以，水池的池底若用色彩鲜明的铺面材料做成图案，将会产生很好的视觉效果。

2. 可塑性

水本身无固定的形状，其形状由容器所造就。水体边际物体的形态，塑造了水体的形态和大小，水体的丰富多彩，取决于容器的大小、形状、色彩和质地等。

水是一种高塑性的液体，其外貌和形状也受重力影响，由于重力作用，高处的水向低处流，形成流动的水；而静止的水也是由于重力，使其保持平衡稳定，一平如镜。

3. 音响性

运动着的水，无论是流动、跌落，还是撞击，都会发出各自的音响。水声包括涓涓细流、叮咚滴水、噗噗冒泡、哗哗喷涌、隆隆怒吼、澎湃冲击或潺潺流淌等各种迷人的音响效果。因此，水的设计包含了音响的设计，无锡寄畅园的八音涧就是基于水的这个特性而创作的。

4. 泡沫性

喷涌的水因混入空气而呈现白沫，如混气式喷泉喷出的水柱就富含泡沫。另外，驳岸坡面表面粗糙则水面会激起一层薄薄的细碎白沫层（与坡面的倾角有关）。

5. 倒影性

平静的水面像一面镜子，在镜面上能不夸张地、形象地再现周围的景物（如土地、

植物、建筑、天空和人物等），所反映的景物清晰鲜明，如真似幻，令人难以分辨真伪。

6. 人的亲水性

人在本能上是喜爱接触水的，尤其是小孩子，对水的喜爱更为强烈，无论是否有人鼓励，小孩子总是喜欢玩水，可以把大量时间消耗在戏水上。炎炎夏日若是泡在水中，更觉得十分舒畅、愉快。

（三）水景设计

1. 水景设计的原则

（1）景观原则

水有较好的可塑性，在环境中的适应性很强，无论春夏秋冬均可自成一景。水体本身就具有优美的景观性，无色透明的水体可根据天空、周围景色的改变而改变，展现出无穷的色彩；水面可以平静而悄无声息，也可以在风等外力条件下变幻无常，静时展现水体柔美、纯净的一面，动时发挥流动的特质；如与建筑物、石头、雕塑、植物、灯光照明或其他艺术品组合相搭配，会创造出更好的景观效果。

（2）生态原则

水景的设计一定要遵循生态化原则，即首先要认清自然能提供给我们什么，我们又该如何利用现有资源而不破坏自然的本色。比如，还原水体的原始状态，发挥水体的自净能力，做到水资源的可持续利用，这样既能节约成本，还能达到人们热爱自然、亲近自然、欣赏自然的目的。

（3）意境和艺术原则

不同的水体形态表现不同的意境，我们可以通过模拟自然水体形态创造"亭台楼阁、小桥流水、鸟语花香"的景观意境，如在阶梯形的石阶上，水倾泻而下；在一定高度的山石上，成瀑布而落；在一块假山石上，泉水喷涌而出等水景。另外，可以利用水面产生倒影，当水面波动时，会出现扭曲的倒影，水面静止时则出现宁静的倒影，从而增加了园景的层次感和景观构图的艺术性。例如，苏州的拙政园小飞虹，倒映在水中随波浮动，宛如飞虹。

（4）特色文化原则

水景设计应避免盲目的模仿、抄袭和缺乏个性的设计，要体现地区的地方特色，与地方特色相匹配，从文化出发、突出地区自身的景观文化特色。水景是游人观赏、休闲和亲近自然的场所，所以要尽量使人们在欣赏、放松的同时，真正体会到景观文化的内涵。

2. 水景设计的要点

（1）水容易产生渗漏现象，所以要处理好防水、防潮层、地面排水等问题。（2）水景要有良好的自动循环系统，这样才不会成为死水，从而避免视觉污染和环境污染。（3）池底所选用的材料、颜色、明暗不同会直接影响到观赏的效果，所产生的景观也会随之变化。（4）注意管线和设施的隐蔽性设计，如果显露在外，应与整体景观搭配。寒冷地区还要考虑结冰造成的问题。(5)安全性也是不容忽视的。要注意水电管线不能外漏，以免发生意外。再有就是根据功能和景观的需求控制好水的深度。

3. 不同类型的水景设计

（1）水池的设计

水池是水景设计常用的组景方式，根据规模的大小一般可分为点式、线式和面式三种形式。

点式水池指较小规模的水池或水面，它布局较灵活，因此它既可单独设置，也可与花坛、平台等设施组合设置。

线式水池指细长的水面，有一定的方向感，并有划分空间的作用。线式水面中，一般都采用流水，可将许多喷泉和水体连接起来，形成富有情趣的景观整体。线式水池一般都较浅，人们可涉足水中尽情玩乐，直接感受到水的凉爽、清澈和纯净。另外，也可与石块、桥、绿化、雕塑以及各种休闲设施结合起来，创造丰富、生动的环境空间。

面式水池是指规模较大，在整个环境中能起控制作用的水池或水面，其常成为环境空间中的视觉主体。根据所处环境的性质、窄间形态、规模，面式水池的形式也可灵活多变，既可单独设置，随意采用规则几何形式或不规则形式，也可多个组合成复杂的平面形式，或叠成立体水池。

面式水池在园林中应用较为广泛，面式水池的水面可与其他环境小品如汀步、桥、廊、舫、榭等结合，让人置身于水景中，同时水面也可植莲、养鱼，成为观赏景观。

（2）喷泉的设计

喷泉是人工构筑的整形或天然泉池，以喷射优美的水形取胜。在现代城市环境中，出现的主要是人工喷泉，多分置在建筑物前、广场中央、主干道交叉口等处，为使喷泉线条清晰，常以深色景物为背景。喷泉以其独特的动态形象，成为环境空间中的视觉中心，烘托、调节环境气氛，满足人们视觉上的审美感受。

（3）瀑布的设计

人工瀑布）是人造的立体落水景观，是优美的动态水景。天然的大瀑布气势磅礴，给人以"飞流直下三千尺，疑是银河落九天"之艺术感染，园林中只能仿其意境。由瀑布所创造的水景景观极为丰富，由于水的流速、落差、落水组合方式、落坡的材质及设计形式的不同，瀑布可形成多种景观效果，如向落、片落、棱落、丝落、左右落等多种形式。不同的形式，传达不同的感受，给人以视觉、听觉、心理上的愉悦。

三、建筑

建筑是景观设计中最为重要的环境构成要素之一。建筑能反映一个国家的历史、文化、政治、经济、艺术的综合实力和成就。建筑景观是城市空间环境布局、建筑群体以及城市精神文明与物质文明的整体展现。

从宏观的景观环境概念来看，一个没有建筑的景观传达给人的视觉信息是苍白的，没有生命力的。无论古代还是今天，中国的城市景观和园林景观，建筑唱的都是"主角"。特别是中国的古代建筑，无愧于人类的文明发展史，是世界建筑体系的骄傲。

在当前的城市景观设计中，建筑不仅是景观环境中的组成部分，它还具有两种独立的景观形式，应加以尊重和保护。

一是在城市的发展史上具有代表性的公共历史建筑景观，将成为一段历史时期的一种人文精神与科学技术的代表，在当代的景观设计中，一定要将其作为民族文化遗产倍加珍惜和保护，不能随意破坏；二是在某一历史时期具有代表性的、有民族特色的民居建筑和完整的典型街区景观，在城市改建进程中，不能完全拆旧建新，应传承其精华，延续其文脉。

四、植物

（一）植物的类型

1. 乔木

乔木有独立明显的主干，可分为小乔（高度 5～10 米）、中乔（高度 10～20 米）、大乔（高度 20 米以上），是园林植物景观营造的骨干材料。乔木树体高大，枝叶繁茂，生长年限长，管理粗放，绿化效益高，常可观花、观果、观叶、观枝干、观树形等。按植物的生长特性把乔木分为常绿类和落叶类。

（1）常绿乔木

叶片寿命长，一般为一年至多年，每年仅仅脱落部分老叶，才能生长新叶，新老叶交替不明显，因此，全树终年有绿色，所以呈现四季常青的自然景观。常绿乔木又可分为常绿针叶类和常绿阔叶类。常绿针叶类如油松、雪松、白皮松、黑松、华山松、云杉、冷杉、南洋杉、桧柏、侧柏等；常绿阔叶类如广玉兰、山茶、女贞、桂花等。

（2）落叶乔木

每年秋冬季节或干旱季节叶全部脱落的乔木。寨叶是植物减少蒸腾、度过寒冷或干旱季节的一种适应，这一习性是植物在长期进化过程中形成的。落叶乔木包括落叶针叶树类和落叶阔叶树类。落叶针叶树类如金钱松、落羽杉、水杉、水松、落叶松等；落叶阔叶树类如银杏、梧桐、栾树、鹅掌楸、白蜡、紫叶李、法国梧桐、毛白杨、柳树、榆树、玉兰、国槐等。

2. 灌木

灌木通常指那些没有明显的主干、呈丛生状态的树木，一般可分为观花类、观果类、观枝干类等。灌木种类繁多，形态各异，在园林设计中占有重要地位，主要用于分隔与围合空间。常用灌木有海棠、月季、紫叶小檗、金叶女贞、黄杨、牡丹、樱花、榆叶梅、紫薇、迎春、碧桃、紫荆、连翘、棣棠、白蜡等。有些花灌木常植成牡丹园、樱花园等。

3. 花卉

草本花卉为草质茎，含木质较少，茎多汁，支持力较弱，茎的地上部分在生长期终了时就枯死。它的主要观赏及应用价值在于其花叶、色彩、形状的多样性，而且其与地被植物结合，不仅增强地表的覆盖效果，更能形成独特的平面构图。

在绿化时选择不同类型和不同品种种植，可根据市场或应用需要通过控制温度、日照等方法人为地控制其开花期，以丰富节日或特殊的需要，还能带来可观的经济效益。

常用的草本花卉按其生育期长短不同分为以下三类。

（1）一年生草本花卉

生长期为一年，当年播种，当年开花、结果，当年死亡，如一串红、鸡冠花、凤仙花。

（2）两年生草本花卉

生长期为两年，一般是在秋季播种，到第二年春夏开花、结果直至死亡，如石竹、三色堇等。

（3）多年生草本花卉

生长期在两年以上，它们的共同特征是都有永久性的地下根、茎，常年不死，如美人蕉、大丽花、郁金香、唐菖蒲、菊花、芍药、鸢尾等。

4. 藤本

藤本植物的茎细长而弱，不能直立，只能匍匐地面或缠绕或攀缘墙体、护栏或其他支撑物上升。藤本植物在增加绿化面积的同时还起到柔化附着体的作用。具木质茎的称木质藤本植物，具草本茎的称草质藤本植物。木质藤本植物如紫藤、葡萄；草质藤本植物如牵牛花、葫芦。

5. 草坪

草坪是用多年生矮小草本植株密植，并经修剪的人工草地。草坪不仅可以美化景观，还可以覆盖地面，涵养水源。它一般种植于房前屋后、广场、空地，供观赏、游憩；也有植于足球场作运动场地之用；还有植于坡地和河坝作保土护坡之用。18世纪中期，大量使用草坪就是英国自然风景园的最大特点，而中国近代园林中也开始用草坪。常用的草坪植物主要有结缕草、狗牙根草、早熟禾、剪骨颖、野牛草、高羊茅、黑麦草等。

6. 水生植物

水生植物指生理上依附于水环境、至少部分生殖周期发生在水中或水表面的植物类群。水生植物有挺水植物、浮叶植物、沉水植物和自由漂浮植物。水生植物可以大大提高水体景观的观赏价值。

（二）植物的功能

景观设计中的唯一具有生命的要素，那就是植物，这也是区别其他要素的最大特征。

树木、花卉、草坪遍及园林的各个角落。植物使园林披上绿衣，呈现色彩绚丽的景象；植物可以遮阳、造氧，使空气湿润清新；还可以保持水土，有利于长久地维持良好的生态环境；植物的四季色彩变化更增添了园林的魅力……总体来看，植物主要有两大功能，即生态功能和审美功能，具体如下。

1. 生态功能

植物对生态环境起着多方面的改善作用，表现在净化空气，保持水土，吸附粉尘，降音减噪，涵养水源，调节气温、湿度等方面。植物还能给环境带来舒畅、自然的感觉。

2. 审美功能

（1）可作主景、背景和季相景色

植物材料可作主景、背景和季相景色。其中，主景的植物要注意形象稳定，不能偏枯偏荣；背景的植物一般不宜用花色艳丽、叶色变化大的种类；季相景色是植物材料随季节变化而产生的暂时性景色，具有周期性，通常不宜单独将季相景色作为园景中的主景。

（2）可作障景、漏景和框景作用

引导和屏障视线是利用植物材料创造一定的视线条件来增强空间感提高视觉空间序列质量。"引"和"障"的构景方式可分为借景、对景、漏景、夹景、障景及框景等，起到"佳则收之，俗则屏之"的作用。

障景——"佳则收之，俗则屏之"。这是中国古典园林中对障景作用的形象描述，使用不通透植物，能完全屏障视线通过，达到全部遮挡的目的。

漏景——采用枝叶稀疏的通透植物，其后的景物隐约可见，能让人获得一定的神秘感。

（3）构成空间

植物可用于空间中的任何一个平面，以不同高度和不同种类的植物来围合形成不同的空间。空间围合的质量决定于植物材料的高矮、冠形、疏密和种植的方式。

除此之外，植物配置可以衬托山景、水景，使之更加生动；在建筑旁边的植物可以丰富和强调建筑的轮廓线。

（三）植物的设计原则

1. 科学原则

（1）垂直化

因水平方向绿化面积是有限的，要想在有限的空间发挥生态效益最大化，就得进行垂直方向的绿化。垂直方向的绿化可分为围墙绿化、阳台绿化、屋顶花园绿化、悬挂绿化、攀爬绿化等，主要是利用藤本攀缘植物向建筑物垂直面或棚架攀附生长的一种绿化方式。垂直绿化具有充分利用空间、随时随地、简单易行的特点，而且占地少、见效快，对增加绿化面积有明显的作用。

　　垂直绿化不仅起到绿化美观的作用，还可以柔化建筑体、增加建筑物的艺术效果、遮阳保温。如在垂直方向上采用不同树木的混交方式，将快长与慢长、喜光与耐阴、深根系与浅根系、乔木与灌木等不同类型的植物相互搭配，创造立面上丰富的层次效果。用于垂直绿化的植物材料，应具备攀附能力强、适应性强、管理粗放、花叶繁茂等特点。常用的有金银花、五味子、紫藤、牵牛花、蛇葡萄、猕猴桃、蔷薇等。

　　（2）乡土化

　　每个地方的植物都是对该地区生态因子长期适应的结果，这些植物就是地带性植物，即业内常说的乡土树种。乡土植物是外来树种所无法比拟的，对当地来说是最适宜生长的，也是体现当地特色的主要因素，它理所当然成为园林绿化的主要来源。

　　乡土化就是因地制宜、突出个性，合理选择相应的植物，使各种不同习性的景观植物与之生长的立地环境条件相适应，这样才能使绿地内选用的多种景观植物正常健康地生长，形成生机盎然的景观。

　　2. 生态原则

　　植物系统是一个极为丰富的生态系统，同时也是一个复杂的生态系统。植物因自身生态习性的差别，每一种植物都有其固有的生态习性，对光、土、水、气候等环境因子有不同的要求，如有的植物是喜阳的，有的是耐阴的；有的是耐水湿的，有的是干生的；有的是耐热的，有的是耐寒的……因此，要针对各种不同的立地条件来选择适应的植物，尽量做到"适地适树"。鉴于此，设计师要了解各种植物的不同习性，合理选种相应的植物，使之与生长的立地环境条件相适应，发挥植物最大的作用。

　　3. 审美原则

　　植物景观设计就是以乔木、灌木、草坪、花卉等植物来创造优美的景观，以植物塑造的景是供人观赏的，必须给人带来愉悦感，因而必须是美的，必须满足人们的视觉心理要求。植物景观设计可以从两个方面来体现景观的美。

　　（1）植物景观的形式美

　　植物景观的形式美，即通过植物的枝、叶、花、果、冠、茎呈现出的不同色彩和形态，来塑造植物景观的姿态美、季相美、色彩图案美、群落景观美等。例如，草坪上大株香樟或者银杏，能独立成景，体现其入画的姿态美；又如，红枫、红叶李、无患子等红叶植物与绿叶植物配置，形成强烈的色彩对比；杜鹃、千头柏、金叶女贞等配置成精美的图案，体现植物图案美、色彩美；开花植物、花卉则表现植物的季相美等。总之，春的娇媚，夏的浓荫，秋的绚丽，冬的凝重都是通过植物形式美来体现的。

　　（2）植物景观的意境美

　　意境是指形式美之外的深层次的内涵，前面讲的是植物外在的形式美，意境美则是景的灵魂。园林景观设计中最讲含蓄，往往通过植物的生态习性和形态特征性格化的比喻来表达强烈的象征意义，渲染一种深远的意境，如古典园林景观设计善用松、竹、梅、榆、枫、荷等植物来寓意人物性格和气节。

正因植物能表现深远的意境美，无论古典园林还是现代景观设计，以植物作为主题的例子很多，如杭州老西湖十景中的"柳浪闻莺""曲院风荷""苏堤春晓"，新西湖十景中的"孤山赏梅""灵峰探梅""云栖竹径""满陇桂雨"等都以植物为主题。

4. 经济原则

园林植物景观在满足生态、观赏等要求的同时还应该考虑经济要求，结合生产及销售选择具有经济价值的观赏植物，充分发挥园林植物配置的综合效益，特别是增加经济收益。例如，对生存环境要求较小的植物进行规划种植，可选植物如柿子、山里红等果实植物，核桃、樟树等油料植物；合欢、杜仲、银杏等具有观赏价值的药用植物；桂花、茉莉、玫瑰、月季等观赏价值较高的芳香植物；荷花等既可观赏又可食用的水生植物。

（四）植物的种植方法

1. 孤植

孤植是指栽种一种植物的配植方式，此树又称孤植树。单独种植的植物往往具有较好的独立观赏性，能够很好地展现自身形态。所谓孤植并非只种植一株植物，有时也可以两三株紧密栽植形成一个整体，但必须保证是同一树种，且株距不宜超过 1.5 米。

孤植树的树种选择要求较高，一般树下不得配植灌木。其树种选择一般有两种分类方式：一种是作为局部空间主景用于观赏的树种，此类树木不一定要高大浓密，但应具有优美曲折的枝干、形态利落的树叶、艳丽炫彩的花朵等较具观赏价值的元素，参考树种如雪松、金钱松、梅花、桂花、银杏、合欢、枫香、重阳木等；另一种是起庇荫作用、能够供人遮阴纳凉的高大树种，这类树种宜选择冠大荫浓、体形雄浑、分枝点高的树木。

2. 对植

对植是指两株相同或品种相同的植物，按照一定的轴线关系，以完全对称或相对均衡的位置进行种植的一种植物配植方式。该方式主要用于出入口及建筑、道路、广场两侧，起到一种强调作用，若成列对植则可增强空间的透视纵深感，有时还可在空间构图中作为主景的烘托配景使用。

3. 列植

列植是指将乔、灌木等按一定的株距、行距，成行或成列栽植的一种植物配植方式。它是规则式种植的一种基本形式，多运用于规则式种植环境中。若种植行列较少，在每一成行内株距可以有所变化，但在面积广阔大范围种植的树林中一般列距较为固定。

列植广泛用于园路两侧、较规则的建筑和广场中心或周围、围墙旁、水池等处。在与道路配合时，还有夹景的效果，可以增加空间的透视感，形成规整、气势宏大的道路景观。

4. 丛植

丛植是指三株及以上的同种或异种的乔木和灌木混合栽种的一种种植类型。丛植所形成的种植类型也叫树丛，这是自然式园林中较具艺术性的一种种植类型。之所以称其较具艺术性，是因为丛植的方式能够展示植物的双重美感，既可以以群体的形式展现组合美、整体美，也可以以单株的形式展现个体美。对于群体美感的表现，应注重处理树木株间、种间的关系；而鉴于单株观赏这一性质，在挑选植物树种之时也有着同孤植类似的要求，也应在树姿、色彩、芳香等各方面有较高的观赏价值。树丛在功能上可作为主景或配景使用，也可作背景或隔离、庇荫之用。

5. 群植

群植是以二三十株同种或异种的乔木或乔、灌木混合搭配组成较大面积树木群体的种植方式。这是景观立体栽植的重要种植类型，群植所形成的相应的种植类型称为树群。树群较树丛植株数量多、栽植面积大，主要表现的是植物群体美，因此在树种选择上没有像对单株植物要求那样严格。对树群的规模来讲也并非越大越好，一般长度应不大于60米、长宽比不大于3∶1这个数值。

群植的用途较为广泛，首先，能够分隔空间，起到隔离的作用或是形成不完全背景；其次，也可以同孤植、丛植树木一样成为景观局部空间的主景；再次，由于树群树木较多，整体的树冠组织较为严密，因此又有良好的庇荫效果。

6. 篱植

篱植是指用乔木或灌木以相同且较近的株、行距及单行或双行的形式密植而成的篱垣，又称绿篱、绿墙或植篱。

篱植可根据功能要求和观赏特性的不同，划分为常绿篱、落叶篱、彩叶篱、花篱、果篱、刺篱、蔓篱和编篱；也可根据绿篱的不同高度，按 160 厘米、120 厘米、50 厘米三个档分为高绿篱、中绿篱、矮绿篱。

7. 花坛

花坛是指在一定的几何形形体植床之内，植以各种不同的观赏植物或花卉的一种植物配植方式。它是园林中装饰性极强的一种造园元素，常作为主景或配景使用，其中作为主景或配景的花坛是以表现植物的群体美为主。

8. 花境

花境是指在与带状花坛有着相似规则式轮廓的种植床内，采用自然式种植方式配植植物的一种花卉种植模式。按规则方式划分，花境有单面观赏和双面观赏两种。单面观赏花境是指将植物配植处理成斜面，同时辅以背景以供游人观赏，但只为单面观赏，其种植床宽度一般为 3 ~ 5 米；双面观赏花境是指将植物配植处理成锥形，无须设置背景，供游人作双面观赏，其种植床宽度一般为 4 ~ 8 米。

9. 花丛

花丛是指数量从三株到十几株的花卉采取自然式方式配植而成的一种种植类型。常布置于不规则的道路两旁和树林边缘，也可作局部点缀草坪之用。

在花丛、花卉的选择上，可以是同一品种，也可以是多种品种的混合，但应保证同一花丛内花卉品种要有所限制，不宜过多，另外，在形态、色彩、大小上也要有所变化；在组合配植方式上，以不同品种的规律性块状平面组合为宜，且不可分单株不规则地乱植于花丛内。较常用的花丛、花卉品种如萱草、芍药、郁金香等。

五、照明

（一）景观照明设计原则

景观项目往往要求具备高质量的夜景观效果。在景观设计阶段，应统筹考虑灯具的选择和照明的效果。景观照明设计应遵循以下若干原则。

（1）必须满足场所安全所需要的最低照度要求，照度应符合国家相关标准规范。（2）应根据场地性质、人流量、设计目标确定灯具的选择和照度的分配。广场、道路、入口、停车场等人流量大的地方照度要高于绿地、河边、散步道等人流量小的场所。（3）要区分重点照明与非重点照明，突出重点场所、主要道路、人流节点照明。（4）综合考虑功能性照明和装饰性照明，避免单一照明，形成轮廓照明、内透光照明、泛光照明多种方式结合的照明效果。（5）要节能照明，避免光污染。

（二）灯具的选择与应用

常用的景观照明灯具主要有草坪灯、埋地灯、庭院灯、广场灯和路灯。

1. 草坪灯

草坪灯一般高度在 0.3 ~ 0.4 米，安放在草地边或者路边，用于地面亮化。

2. 埋地灯

埋地灯埋在地面下，光源从下往上照射，一般用于植物点缀照明。

3. 庭院灯

庭院灯高度在 2 ~ 3 米，用于园路、广场、绿地照明。

4. 广场灯

广场灯用于广场、人流会集处的照明，功率大、光效高、照射面大，高度不低于 1 米。

5. 路灯

路灯高度在 25 米以上，用于道路照明。

第九章

景观设计的风格与审美

要想创造出具有个性风格的景观设计作品，必须深入了解和掌握不同景观风格的类型，以及景观设计的审美，并从中提炼和吸收精髓，还要结合景观作品的具体情况，从适合景观作品本身的角度与审美出发，确定作品将要营造的风格，并在设计中合理地加以体现。

第一节　景观设计的风格类型

一、风格及景观设计的风格概述

所谓风格，即作家、艺术家、设计家等在创作中所表现出来的创作个性和艺术特色。一件优秀的景观设计作品要展现出旺盛、长久的生命力，并成为某一空间环境的标志，就必须要有自己的风格。景观设计的风格是景观作品区别于其他同类作品，展现自身独特魅力的关键，也是其环境要素整体形象的外在表现。它应作为构思主线，自始至终贯穿于整个设计的全过程。

景观设计的风格多种多样，不同的景观风格体现出不同的特点。世界各地在时代发展和文化积累中形成了极具地方人文特色的景观设计，既有精心修剪的、规整的欧罗巴贵族庄园、加州风情的现代花园，又有如同泼墨山水画的中式庭院和孤寂在日本禅林寺院中的枯山水景观风格。对自然的不同认识和理解以及文化的差异形成了世界各地风格迥异的景观设计风格。这些不同的景观设计风格是各个国家和民族经过数代人的努力

而形成的，反映了各民族的历史文化特色，深刻地展现着各民族历史和文化的精髓，为现代景观设计师进行景观设计提供了丰富的宝贵资料和设计源泉。

二、中国传统园林景观风格

中国传统园林景观从整体上看，大多是倾向于自然风格，注重发挥自然的美，追求与自然之间的和谐、相互依存的融洽关系。中国传统园林受中国传统文化的影响，以自省、

含蓄、蕴藉、内秀、恬静、淡泊和守拙为美，重视情感上的感受和精神上的领悟，追求诗情画意的审美境界。

（一）中国传统园林景观风格的地域特征

中国传统在北方以皇家园林为主，如北京的颐和园、河北承德的避暑山庄等，体现的是一种集富丽堂皇的古典建筑之精华，放置于得天独厚的天然山水环境之中的恢宏气势。

南方则是以私家园林为主，如苏州园林，追求的是以有限的空间表达无限的意境之美。

（二）中国传统园林景观风格的设计特征

中国传统园林的整体造园风格可以看成一种以绘画艺术为设计蓝本的表现。

1. 构成手法的特征

在构成手法上，中国传统园林以亭台、楼阁、花木、泉石、山水等为主要元素，融入自然，顺应自然，表现自然。运用将建筑自然化的方式，巧妙地把廊、石舫、亭、台、楼阁等建筑融入山水、泉池、花木的自然环境中去，与自然相呼应，形成一种与自然和谐、统一的整体格调，以表现景观形象的天然韵律之美，以求达到"天人合一"的中国传统园林的最高境界。

2. 形态的特征

在形态上，中国传统园林追求的是自然的曲线形，园内山峰起伏，河岸、湖岸弯曲，道路蜿蜒曲折，植物皆以参差的自然姿态为主，假山高低起伏、错落有致，即便是亭台楼阁等人工建筑，也将其屋顶起翘，塑造出自由的曲线。

3. 空间和色彩的特征

空间上，追求循环往复、峰回路转和无穷无尽，通过组景、造景，形成步移景异的空间效果。色彩上，皇家园林追求富丽堂皇的色彩，表现皇权至高无上的特点；私家园林以粉墙黛瓦为主，讲究雅致与孤赏。如同中国传统文人的淡彩浓墨，体现出中国传统文化的精髓——儒学与道学的精神观。

中国传统景观建造中的立意构思、掇山理水、亭台楼阁、移花栽木、题名点景、诗情画意等都为现代景观设计提供了取之不竭的创作灵感。

现代景观设计师可以在领悟中国传统园林造园思想精髓的基础上，采用现代的技术和工艺手段，运用现代材质与传统材质相结合的方法，表达中国传统景观设计语言的风格内涵，创造出既具有传统景观审美特点，又富有现代气息的景观风格。

三、欧洲传统庭园风格

欧洲现代城市景观设计风格总能呈现出许多其他国家传统文化的影子，欧洲的传统庭园对欧洲现代景观设计产生了深远的影响。欧洲传统庭园不像中国古典园林那样在园林的构成要素上丰富多彩，尽管后来在中国古典园林的影响下，出现了英国风景式园林，但与中国古代山水园林的自然风格是完全不同的。欧洲传统庭园是一种规整式的庭园，讲究几何图案的组织和中轴对称，体现人工的创造和超越自然的人类征服力量，表现出开朗、规则、整齐、热烈的整体艺术风格。这与欧洲的哲学、文化、思维方式有着不可分割的联系。同时，欧洲不同国家和地区又因其独特的地理环境气候和文化背景，在景观设计中具有强烈的地方特征和风格。这里只以英国风景式园林、法国几何式园林和德国自然风景式园林为代表进行介绍。

（一）英国风景式园林风格

英国的风景式园林受中国传统园林造园的影响，并不像法国式园林中那样仅有单一的草地、修剪的树木、沙砾、雕塑和瓶饰，而是一反清晰、生硬的中轴线几何式布局，大量采用了曲线布置，大量种植树木，开辟了大片的草地，而且更热衷于花卉的培植，使其具有自然园林的气息。

（二）法国几何式园林风格

法国有着悠久的园林传统，因此形成了独具特色的景观风格。法国古典主义园林倾向于平面几何式，讲究中轴对称，用规整的几何图案和轴线显示路易帝王控制与征服力量的强烈意愿。园林规模宏大，人工匠气鲜明，轴线复杂，主要景观集中。

庭园推崇"艺术高于自然""人工美高于自然美"，讲究条理与比例、主从与秩序，更加注重整体，而不强调玩味细节。法国平面几何式园林是西方古典主义规则式园林的最高体现，如著名的凡尔赛宫。

（三）德国自然风景式园林风格

德国现代景观设计最显著的风格特征就是理性至上，注重生态。德国的景观设计能够按照各种需求，以理性分析、逻辑秩序进行设计，反映出清晰的观念和思想。最能代表德国当代景观设计特征的是所谓后工业时代生态景观设计。

德国的传统园林是一种自然风景式园林，其造园思想即是利用自然风景进行造园，抛弃轴线、对称、规则式修剪等人工匠气的一面，以起伏、开阔的草地，自然、曲折的湖岸，成片的自然生长树木作为造园元素。

四、景观设计风格的定位与体现

（一）景观设计风格的定位

景观设计师在进行景观设计时，要对景观设计作品所要营造的氛围有一个整体性的把握，即营造出什么样的、区别于其他景观作品的独特风格。这就需要设计师对景观作品的风格有一个准确的定位。景观设计既不能单纯地沿袭传统景观风格，因为随着时代的变迁，传统的景观设计已经不能很好地满足现代城市的需求，不具备现代城市景观所需要具有的一些功能；同时也不能盲目地照搬、照抄其他地区的景观设计风格，因为每个城市或地域都有独特的历史文化和自然环境，刻意地模仿其他地区的景观风格会使景观作品显得不伦不类，不能使景观很好地融入城市之中。

景观设计风格的定位需要做到因时制宜和因地制宜。确定景观作品应营造出什么样的风格，需要考虑两个 * 主要因素：一是历史文化因素；二是自然因素。

1. 历史文化因素

随着时代的发展，城市积淀了丰富的历史文化。城市的文化形态包括居民的世界观、信仰、地区传统习俗等，这些都会表现出城市自己的特征，从而形成城市独有的人文特色。1 城市景观所营造的风格应当准确地反映这个城市的历史脉络和独有的文化特色，使景观作品的风格能够与整个城市的特色定位拥有同一个主题，而不至于使景观作品游离在城市的历史文化氛围之外，如伦敦大桥。城市景观设计要继承和发扬地域文化特征，建设"有灵魂的"景观空间环境，形成具有独特地域特色的城市景观文化风格，同时还要满足现代城市景观的时代要求，使景观作品呈现出时代的气息。

2. 自然因素

建筑大师弗兰克·劳埃德·赖特曾说，好的景观设计应该是从自然中有机地生长出来，而并非强加于自然中，甚至破坏自然形态面貌。因此，景观作品所处的自然环境是景观设计风格定位时必须考虑的因素，即应根据景观所处的地理位置，自然地形、地貌、气候、与周围环境的关系等因素来确定，必须使城市景观与周围环境以及整个城市建立和谐、统一的关系。在确定营造怎样的景观风格时，应考虑景观作品要做到与周围自然环境相协调。景观应该有自己的风格和特色，但不能与环境割离开来，甚至对立起来，成为"空中楼阁"，而要与周围的自然环境形成"共生"的关系。同时，景观设计师在定位景观风格时，不仅要考虑如何不去破坏周围自然环境，如何处理与周围自然环境的关系，还要考虑如何积极地、尽可能地利用现有的自然条件，做到对自然条件的合理运用，这对景观风格的体现是至关重要的。

（二）景观设计风格的体现

景观设计作品不仅要有好的设计构思定位，而且还把好的设计构思和设计风格表现出来，通过景观外在的形式语言把景观作品所蕴含的内在思想传递出来，并生动地展现在公众面前。

景观设计的风格既是景观形式的归纳与总结，又是景观个性与特色的综合表现，同时也是景观"形式美"与"内在美"的有机统一。景观由建筑、植物、道路、水体等不同景观要素构成，每个景观构成要素都有其外在的形式特征，不同的外在形式会折射出不同的内涵，蜿蜒的曲线与规整的直线会带给人截然不同的感觉。所以，最直接的方法就是通过景观要素来体现景观作品的风格。当然，并不是说把所有景观要素简单、杂乱地堆砌，就能体现景观的风格，这其中是有一定的原则可循的。景观风格的体现要把握两点原则：一是体现景观风格的统一性；二是体现景观风格的个性。

1. 体现景观风格的统一性

景观风格的营造应该从大处着眼，从宏观的角度出发，使景观所体现出的风格从整体上保持协调统一的关系，体现景观风格的统一性。景观风格统一性的体现，既包括景观作品作为一个独立整体其内部各构成要素的风格统一，也包括景观作品作为城市环境的一部分与其周边建筑风格和城市及区域整体大环境的统一。

在同一个景观作品中，要保持景观要素风格的一致性，包括要素之间的风格一致性，即在同一个景观中，建筑、植物、水体、道路、小品等景观要素应从外在形式上和所反映的主题上形成整体统一的风格，互相不能产生太大的冲突，要素之间要形成风格的统一，还包括要素与整体的风格一致性、各要素与景观整体氛围的相协调。景观的主题风格确定之后，需用主题统领建筑、地形、植物、水体等要素，使景观各要素作为景观的一部分所体现出的风格与景观所定位的整体风格相统一、协调，形成呼应，不能过于突出某一部分而破坏整体。总之，作为一个环境整体，同一个景观作品中的各构成要素应考虑与大环境的统一性、连续性、和谐性和协作性，景观要素应有统一的风格，形成鲜明的整体风格与特征，体现景观的主题思想，避免杂乱无章。

2. 体现景观风格的个性

体现景观风格的统一性并不代表要求景观作品做到千篇一律。所有景区、景点、景观要素按照一种固定的模式呈现出完全一样的面目，便显得风格语言僵化。无特征可循，没有特色，也就没有了风格。景观风格要保持统一性，是要注意景观作品不能因为太过于强调特色而忽视了景观与周围环境的相融合，破坏了整体，造成景观与周围环境的不协调，而非要求每个景观及要素在形式上都做到完全一致。

城市形象需要具有识别性，每一个景观作品作为城市整体环境中的个体，同样应该具有识别性，而景观作品中的每个景区、景点、景观要素作为景观作品的构成部分也都要具有识别性。景观风格个性的体现是景观作品及各要素作为独立的个体被认知的具体方法。景观作品可以通过对景观个体的塑造，营造相对独立的空间，在同一整体格调下形成各具特色的局部或个体，从整体风格上互为补充，使景观作品及景观各要素作为个体成为整体中的一个亮点。

所以说，景观设计风格的体现需要通过对景观整体和局部的共同营造，既要体现出景观风格的统一，又要体现出景观风格的个性，做到景观设计风格共性与个性的统一，让景观作品在整体上形成统一的风格，既能和谐地融入城市环境之中，又使每个景观作品及要素都具有识别性，各具特色，不乏味可陈。

第二节　景观设计的审美法则

一、多样与统一

多样与统一是形式美法则中最高、最基本的审美法则。

多样指构成整体的各个部分在形式上的差异性；统一是指这种差异性的彼此协调。

在景观设计中，无论从其风格形式、植物、建筑，还是色彩、质地、线条等方面，都要讲求在多样之中求得统一，这样富有变化，不单调。例如，假山造型，轮廓线要有变化，变化中又必须求得统一。又如，扬州瘦西湖五亭桥，设计者采用五个体量、大小、形状都有一些变化的园林建筑，而这些对比又都在设计者高超的技巧下统一在整体的视觉效果中，使其在变化中求得统一、秩序，体现出和谐。

二、对比与调和

对比与调和是运用布局中的某一因素（如体量、色彩等）程度不同的差异，取得不同艺术效果的表现形式。景观设计要在对比中求调和，在调和中求对比，使景色既丰富多彩，又突出主题，风格协调。

构图中各种景物之间的比较，总有差异大小之别。差异大的，差异性大于共性，甚至大到对立的程度，称为对比；差异小的，即共性多于差异性，称为调和。

（一）对比

在造型艺术构图中，把两个完全对立的事物作比较，叫作对比。对比能使景色生动、活泼、突出主题，让人看到此景就会有兴奋、热烈、奔放的感受。对比是造型艺术构图中最基本的手法，所有的长宽、高低、大小、形象、光影、明暗、浓淡、深浅、虚实、疏密、动静、曲直、刚柔、方向等的量感到质感，都是从对比中得来的。

1. 形象的对比

景观布局中构成园林景物的线、面、体和空间常具有各种不同的形状，如长宽、高低、大小等的不同形象的对比。以短衬长、长者更长；以低衬高，高者更高；以小衬大，大者更大，造成人们视觉上的变幻。

景观设计中应用形状的对比与调和常常是多方面的，如建筑与植物之间的布置，建筑是人工形象，植物是自然形象，将建筑与植物配合在一起，以树木的自然曲线与建筑的直线形成对比，来丰富立面景观。又如，植物与园路、植物中的乔木与灌木、地形地貌中的山与水等均可形成形象对比。

2. 体量的对比

体量相同的东西，在不同的环境中，给人的感觉是不同的。例如，放在空旷广场中，会感觉其小；放在小室内，会感觉其大，这是"大中见小、小中见大"的道理。在绿地中，常用小中见大的手法，在小面积用地内创造出自然山水之胜。为了突出主体；强调重点，在布局中常常用若干较小体量的物体来衬托一个较大体量的物体，如颐和园的佛香阁与周围的廊，廊的体量都较小；显得佛香阁更高大、更突出。

3. 方向的对比

景观中体现方向上的对比，最多见的就是垂直和水平方向的对比，垂直方向高耸的山体与横向平阔的水面相互衬托，避免了只有山或只有水的单调，如图3-22所示的上海松江垂直方塔与水面的对比。又如，建筑组合上横向、纵向的处理使空间造型形生方向上的对比，水面上曲桥产生不同方向的对比等。在空间布置上，忽而横向，忽而纵向，忽而深远，忽而开阔，形成方向上的对比，增加空间在方向上变化的效果。

4. 空间的对比

在空间处理上，大园的开敞明朗与小园的封闭幽静形成对比。例如，颐和园中苏州河的河道与昆明湖的对比。

这种对比手法在园林景观空间的处理上是变幻无穷的。开朗风景与闭锁风景两者共存于同一景观中，相互对比，彼此烘托，视线忽远忽近，忽放忽收，可增加空间的对比感、层次感，达到引人入胜的效果。

5. 明暗的对比

明暗对比手法，在古典园林景观设计中应用较为普遍。比如，苏州留园和无锡蠡园的入口处理，都是先经过一段狭小而幽暗的弄堂和山洞，然后进入主庭院，深感其特别明快开朗，有"山重水复疑无路，柳暗花明又一村"之感。在园林绿地中，布置明朗的广场空地供人活动，布置幽暗的疏林、密林供游人散步休息。在密林中留块空地，叫林间隙地，是典型的明暗对比。

6. 虚实的对比

在景观设计中，虚实的对比，能使景物坚实而有力度，空灵而又生动。景观设计十分重视布置空间，以达到"实中有虚，虚中有实，虚实相生"的目的。在虚实对比中，一般表现为山与水、建筑与庭院、墙壁与门窗、岸上与水中。

7. 色彩的对比

色彩的对比与调和包括色相和明度的对比与调和。色相的对比是指相对的两个补色（如红与绿、黄与紫）产生对比效果；色相的调和是指相邻近的色，如红与橙、橙与黄等。颜色的深浅叫明度，黑是深，白是浅，深浅变化即黑到白之间的变化。一种色相中明度的变化是调和的效果。园林景观设计中色彩的对比与调和是指在色相与明度上，只要差异明显就可产生对比的效果，差异近似就产生调和效果。利用色彩对比关系可引人注目，如"万绿丛中一点红"。

8. 质感的对比

在景观设计中，可利用植物、建筑、道路、广场、山石、水体等不同的材料质感，形成对比，增强效果。不同材料质地给人不同的感觉，如粗面的石材、混凝土、粗木等给人稳重感，而细致光滑的石材、细木等给人轻松感。利用材料质感的对比，可构成雄厚、轻巧、庄严、活泼的效果，或产生人工胜自然的不同艺术效果。

9. 动静的对比

动静是自相矛盾的两个方面。例如，夜深人静的钟表滴答声，更表明了四周的万籁俱寂。在深山之中的泉水叮咚，打破了山的幽静，更反衬了环境的静。

（二）调和

调和手法在园林景观设计中的应用，主要是通过构景要素中的岩石、水体、建筑和植物等风格和色调的一致而获得的。尤其当园林景观设计的主体是植物，尽管各种植物在形态、体量以及色泽上有千差万别，但从总体上看，它们之间的共性多于差异性，在绿色这个基调上得到了统一。总之，凡用调和手法取得统一的构图，易达到含蓄与幽雅的美。

三、节奏与韵律

自然界中有许多现象，常是有规律重复出现的，如海潮一浪一浪向前，颇有节奏感。有规律的再现称为节奏；在节奏的基础上深化而形成的既富有情调又有规律、可以把握的属性称为韵律。在园林绿地中，也常有这种现象。例如，道旁种树，种一种树好，还是两种树间种好；带状花坛是设计一个长花坛好，还是设计成几个同形短花坛好，这都牵涉到构图中的韵律与节奏问题。

（一）简单韵律

由同种景观要素等距离的、反复的、连续出现的构图，如树木或树丛的连续等距的出现；园林建筑物的栏杆、道路旁的灯饰、水池中的汀步等。

（二）交替韵律

由两种或两种以上的景观要素等距离的、反复的、连续出现的构图，如登山道一段踏步与一段平面交替；又如，园路的铺装，用卵石、片石、水泥、板、砖瓦等组成纵横交错的各种花纹图案，连续交替出现。交替韵律设计得宜，能引人入胜。

（三）渐变韵律

渐变的韵律是园林景观中相似的景观元素在一定范围内作规则的逐渐增加或减少所产生的韵律，如体积的大小变化等。渐变韵律也常在各组成成分之间有不同程度或繁简上的变化。园林景观设计中在山体的处理上，建筑的体形上，经常应用从下而上越变越小。例如，桥孔逐渐变大和变小等，又如，河南省松云塔（北魏）每层的密度都有一些渐变等。

（四）起伏韵律

由一种或几种景观要素在大体轮廓所呈现出的较有规律的起伏曲折变化所产生的韵律。例如，自然林带的天际线就是一种起伏曲折的韵律的体现。

（五）拟态韵律

既有相同点又有不同点的多个相似的景观要素反复出现的连续构图，如漏景的窗框一样，漏窗的花饰又各不相同等；又如，花坛的外形相同，但花坛内种的花草种类、布置又各不相同。

总之，韵律与节奏本身是一种变化，也是连续景观达到统一的手法之一。

造型艺术是由形状、色彩、质感等多种要素在同一空间内展开的，其韵律较之音乐更为复杂，因为它需要游赏者能从空间的节奏与韵律的变化中体会到设计者的"心声"，即"音外之意、弦外之音"。

四、比例与尺度

景观构图的比例是指园景和景物各组成要素之间空间形体体量的关系，不是单纯的平面比例关系。景观构图的尺度是景物与人的身高、使用活动空间的度量关系。这是因为人们习惯用人的身高和使用活动所需要的空间作为视觉感知的度量标准，如台阶的宽度不小于30厘米（人的脚长）、高度为12～19厘米为宜，栏杆、窗台高1米左右。又如，人的肩宽决定路宽，一般园路的宽度能容两人并行，以1.2～1.5米较合适。

在景观设计中，如果人工造景的尺度超越人们习惯的尺度，可使人感到雄伟壮观。例如，颐和园从佛香阁至智慧海的假山蹬道，处理成一级高差30～40厘米，走不了几步，人就感到很累，产生比实际高的感受。如果尺度符合一般习惯要求或者较小，则会使人感到小巧紧凑，自然亲切。

比例与尺度受多种因素的变化影响，典型的例子如苏州古典园林。它是明清时期江南私家山水园，园林各部分造景都是效法自然山水，把自然山水经提炼后缩小在园林之中，园林道路曲折有致，尺度也较小，所以整个园林的建筑、山、水、树、道路等比例是相称的，就当时少数人起居游赏来说，其尺度也是合适的。但是现在，随着旅游事业的发展，国内外游客大量增加，游廊显得矮而窄，假山显得低而小，庭院不敷回旋，其尺度就不符合现代功能的需要。所以不同的功能，要求不同的空间尺度。另外，不同的功能也要求不同的比例，如颐和园是皇家宫苑，气势雄伟，殿堂、山水比例均比苏州私家园林要大。

五、均衡与稳定

这里所说的均衡是指景观布局中左与右、前与后的轻重关系等；稳定是就园林布局在整体上轻重的关系而言。

（一）均衡

在景观布局中要求园林景物的体量关系符合人们在日常生活中形成的平衡安定的概念，所以除少数动势造景外，一般艺术构图都力求均衡。

1. 对称均衡

对称均衡的布置常给人庄重严整的感觉，但对称均衡布置时，景物常常过于呆板而不亲切。

2. 不对称均衡

不对称均衡的构图是以动态观赏时"步移景异"、景色变幻多姿为目的的。它是通过游人在空间景物中不停地欣赏，连贯前后成均衡的构图。以颐和园的谐趣园为例，整体布局是不对称的，各个局部又充满动势，但整体十分均衡。

（二）稳定

自然界的物体，由于受地心引力的作用，为了维持自身的稳定，靠近地面的部分往往大而重，在上面的部分则小而轻，如山、土坡等。从这些物理现象中，人们就产生了重心靠下、底面积大可以获得稳定感的概念。

在景观布局上，往往在体量上采用下面大、向上逐渐缩小的方法来取得稳定坚固感。我国古典园林中的高层建筑物如颐和园的佛香阁、西安的大雁塔等，都是超过建筑体量上由底部较大而向上逐渐递减缩小，使重心尽可能低，以取得结实稳定的感觉。

六、比拟与联想

在景观设计中，通过形象思维，运用比拟和联想形式，能够创造出比园景更为广阔、久远、丰富的内容，创造出诗情画意，给园林景物平添无限的意趣。

（一）模拟

利用景观中可置的有限材料发挥无限的想象空间，使人们在观景时由此及彼，联想到名山大川、天然胜地。

（二）对植物的拟人化

运用植物特性美、姿态美给人以不同的感染，产生比拟与联想。例如，枫——象征不怕艰难困苦，晚秋更红；荷花——象征廉洁朴素，出淤泥而不染；迎春——象征欣欣向荣，大地回春。

这些植物，如"松、竹、梅"有"岁寒三友"之称，"梅、兰、竹、菊"有"四君子"之称，常是诗人画家吟诗作画的好题材。在景观设计中适当运用，会增色不少。

（三）园林建筑、雕塑造型产生的比拟联想

运用园林建筑、雕塑造型产生的比拟联想，如园林建筑、雕塑造型中的卡通式的小房、蘑菇亭、月洞门等，使人犹入神话世界。

（四）遗址访古产生联想

我国历史悠久，古迹、文物很多，当参观游览时，自然会联想到当时的情景，给人以多方面的教益。例如，杭州的岳坟、灵隐寺、武昌的黄鹤楼、上海豫园的点春堂（小刀会会馆）、北京的颐和园、成都的武侯祠、杜甫草堂、苏州的虎丘等，都给游人带来许多深思和回忆。

（五）风景题名、题咏等所产生的比拟联想

风景题名、题咏、对联、匾额、摩崖石刻能够产生比拟联想，好的题名、题咏不仅对"景"起了画龙点睛的作用，而且含义深、韵味浓、意境高，能使游人产生诗情画意的联想。

七、主景与配景

园林景观无论大小、简繁，均宜有主景与配景之分。

（一）主景

主景是景观设计的重点，是视线集中的焦点，是空间构图的中心，能体现园林绿地的功能与主题，富有艺术上的感染力。

在景观设计时，为了突出重点，往往采用突出主景的方法，常用的手法有以下几种。

1. 升高主体

在景观设计中，为了使构图的主题鲜明，常常把集中反映主题的主景在空间高度上加以突出，使主景主体升高。"鹤立鸡群"的感觉就是独特，引人注目，也就体现了主要性，所以高是优势的体现。升高的主景，由于背景是明朗简洁的蓝天，使其造型轮廓、体量鲜明地衬托出来，而不受或少受其他环境因素的影响。但是升高的主景，一般要在色彩上和明暗上，与明朗的蓝天形成对比。

例如，济南泉城广场的泉标，在明朗简洁的蓝天衬托下，其造型、轮廓、体量更加突出，

其他环境因素对它的影响不大。又如，南京中山陵的中山灵堂升高在纪念性园林的最高点来强调突出。再如，北京颐和园的佛香阁、北海的白塔、广州越秀公园的五羊雕塑等，都是运用了主体升高的手法来强调主景。

2. 轴线焦点

轴线是园林风景或建筑群发展、延伸的主要方向。轴线焦点往往是园林绿地中最容易吸引人注意力的地方，把主景布置在轴线上或焦点位置就起到突出强调作用，也可布置在纵横轴线的交点、放射轴线的焦点、风景透视线的焦点上。例如，在规则式园林绿地的轴线上布置主景，或者道路交叉口布置雕塑、喷泉等。

3. 加强对比

对比是突出主景的重要技法之一，对比越强烈越能使某一方面突出。在景观设计中抓住这一特点，能使主景的位置更突出。在园林中，主景可在线条、体形、重量感、色彩、明暗、动势、性格、空间的开朗与封闭、布局的规则与自然等方面加以对比来强调主景。例如，直线与曲线道路、体形规整与自然的建筑物或植物、明亮与阴暗空间、密林与开阔草坪等均能突出主景。例如，昆明湖开朗的湖面是颐和园水景中的主景，有了闭锁的苏州河及谐趣园水景作为对比，就显得格外开阔。在局部设计上，白色的大理石雕像应以暗绿色的常绿树为背景；暗绿色的青铜像，则应以明朗的蓝天为背景；秋天的红枫应以深绿色的油松为背景；春天红色的花坛应以绿色的草地为背景。

4. 视线向心

人在行进过程中视线往往始终朝向中心位置，中心就是焦点位置，把主景布置在这个焦点位置上，就起到了突出作用。焦点不一定就是几何中心，只要是构图中心即可。一般四面环抱的空间，如水面、广场、庭院等，其周围次要的景物往往具有动势，趋向于视线集中的焦点上，主景最宜布置在这个焦点上。为了不使构图呆板，主景不一定正对空间的几何中心，而偏于一侧。例如，杭州西湖、济南大明湖等，由于视线集中于湖中，形成沿湖风景的向心动势，因此，杭州西湖中的孤山、济南大明湖的湖心岛便成了"众望所归"的焦点，格外突出。

5. 构图重心

为了强调和突出主景，常常把主景布置在整个构图的重心处。重心位置是人的视线最易集中的地方。规则式的景观构图，主景常居于构图的几何中心，如天安门广场中央的人民英雄纪念碑，居于广场的几何中心。自然式的景观构图，主景常布置在构图的自然重心上。例如，中国古典园林的假山，主峰切忌居中，即主峰不设在构图的几何中心，而有所偏，但必须布置在自然空间的重心上，四周景物要与其配合。

6. 欲扬先抑

中国景观艺术的传统，反对一览无余的景色，主张"山重水复疑无路，柳暗花明又一村"的先藏后露的构图。中国景观的主要构图和高潮，并不是一开始就展现在眼前，而是采用欲"扬"先"抑"的手法，来提高主景的艺术效果。例如，苏州拙政园中部，进了腰门以后，对门就布置了一座假山，把园景屏障起来，使游人有"疑无路"的感觉。可是假山有曲折的山洞，仿佛若有光，游人穿过了山洞，得到豁然开朗、别有洞天的境界，使主景的艺术感染大大提高。又如，苏州留园，进了园门以后，经一曲折幽暗的廊后，到达开敞明朗的主景区，主景的艺术感染力大大提高了。

（二）配景

配景是指用来陪衬、烘托和突出主景效果的景物。配景在景观中居于次要地位，是对主景的延伸和补充，没有配景就会使主景的作用和景观效果受到影响，所谓"红花还得绿叶衬"正是此道理。配景既不能忽视，也不能喧宾夺主。在同一空间范围内，许多位置、角度都可以欣赏主景，而当处在主景之中时，此空间范围内的一切配景，又成为欣赏的主要视觉对象，所以主景与配景是互为补充，相得益彰形成一个艺术整体的。

例如，北京北海公园的主景是琼华岛和团城，其北面隔水相对的五龙亭、静心斋、画舫斋等是其配景。主景与配景相互依存、相互影响、缺一不可，它们共同组成一个整体景观。

主景集中体现着园林的功能与主题。例如，济南的趵突泉公园，主景就是趵突泉，其周围的建筑、植物均是来衬托趵突泉的。在设计中就要从各方面表现主景，做到主次分明。园林的主景有两个方面的含义，一是指全园的主景，二是指局部的主景。大型的园林绿地一般分若干景区，每个景区都有主体来支撑局部空间。所以在设计中要强调主景，同时做好配景的设计来更好地烘托主景。

八、对景与借景

（一）对景

对景即两景点相对而设，通常在重要的观赏点有意识地组织景物，形成各种对景。景可以正对，也可以互对。位于轴线一端的景叫正对景，正对可达到雄伟庄严、气魄宏大的效果。正对景在规则式园林中常成为轴线上的主景。例如，北京景山万春亭是天安门—故宫—景山轴线的端点，称为主景。在轴线或风景视线两端点都有景则称互为对景。互为对景很适于静态观赏。互对景不一定有严格的轴线，可以正对，也可以有所偏离。

互对景的重要特点：此处是观赏彼处景点的最佳点，彼处亦是观赏此处景点的最佳点。例如，苏州留园的明瑟楼与可亭就互为对景，明瑟楼是观赏可亭的绝佳地点，同理，可亭也是观赏明瑟楼的绝佳位置。又如，北京颐和园的佛香阁建筑与昆明湖中龙王庙岛上的涵虚堂也是如此。

（二）借景

有意识地把景观外面的景物"借"到景观内可透视、感受的范围中来，称为借景。借景是中国园林景观艺术的传统手法。

唐代所建滕王阁，借赣江之景，在诗人的笔下写出了"落霞与孤鹜齐飞，秋水共长天一色"如此华丽的篇章。岳阳楼近借洞庭湖水，远借君山，构成气象万千的画面。在颐和园西数里以外的玉泉山，山顶有玉峰塔以及更远的西山群峰，从颐和园内都可以欣赏到这些景致，特别是玉峰塔有若仁立在园内。这就是园林中经常运用的"借景手法"。

借景能拓展园林空间，变有限为无限。常见的借景类型有以下几种。

（1）远借与近借

远借就是把园林远处的景物组织进来，所借之物可以是山、水、树木、建筑等。例如，北京颐和园远借西山及玉泉山之塔，避暑山庄借僧帽山、棒槌峰，无锡寄畅园借锡山龙光塔，济南大明湖借千佛山等。

近借就是把园林邻近的景色组织进来，如邻家有一枝红杏或一株绿柳、一个小山亭，亦可对景观赏或设漏窗借取，如"一枝红杏出墙来""杨柳宜作两家春""宜两亭"等布局手法。

（2）仰借与俯借

仰借系利用仰视借取的园外景观，以借高景物为主，如古塔、高层建筑、山峰、大树，包括碧空白云、明月繁星、翔空飞鸟等。例如，北京的北海借景山，南京玄武湖借鸡鸣寺均属仰借。仰借视觉较疲劳，观赏点应设亭台座椅。

俯借是指利用居高临下俯视观赏园外景物。登高四望，四周景物尽收眼底，就是俯借。俯借所借景物甚多，如江湖原野、湖光倒影等。

（3）因时而借

因时而借是指借时间的周期变化，利用气象的不同来造景。例如，春借绿柳、夏借荷池、秋借枫红、冬借飞雪；朝借晨蔼、暮借晚霞、夜借星月。许多名景都是以应时而借为名的，如杭州西湖的"苏堤春晓""曲院风荷""平湖秋月"。

（4）因味而借

因味而借主要是指借植物的芳香，很多植物的花具有香味，如含笑、玉兰、桂花等植物。在造园中如何运用植物散发出来的幽香以增添游园的兴致是园林设计中一项不可忽视的因素。设计时可借植物的芳香来表达匠心和意境。例如，广州兰圃以兰花著称，每当微风轻拂，兰香馥郁，为园增添了几分雅韵。

（5）因声而借

自然界的声音多种多样，园林中所需要的是能激发感情、怡情养性的声音。在我国园林中，远借寺庙的暮鼓晨钟，近借溪谷泉声、林中鸟语，春借柳岸莺啼，秋借雨打芭蕉，均可为园林空间增添几分诗情画意。

第十章

景观规划设计中艺术手法的运用

第一节 景观设计艺术

一、源于自然，高于自然

自然风光以山、水为基础，以植被为装饰，山地、水、植物是自然景观的基本要素，也是景观建筑元素。中国古典园林一般采用简单的自然景物的构成要素，但有意识地加以改造、调整、加工和剪裁，从而对自然的表现进行了简洁的总结。所以，像颐和园一样的大型自然景观园林，可以与典型的江南山水景观在中国北方的土地上同时出现。这是中国古典园林最重要的特征之一，它更自然。这一特点在人工园林中的山地、水和植物的建设中尤为突出。

二、建筑美与自然美的融合

法国的普通园林和英国园林是西方古典园林的主要代表，前者根据古典建筑的原则，将园林规划和控制延伸到建筑轴线。然而，截然相反的两种园林形式有一个共同的特点：建筑美和自然美的对立，或建筑控制一切，或建筑被完全屏蔽。

中国古典园林就不是这样的，无论是建筑的数量，还是其性质、功能，都争取做到与山、水、花卉和树木以及一系列景观组织成园艺元素。突出协调、互补的积极影响，抑制消极的对立、排斥。

三、诗歌与绘画的趣味

文学是时间的艺术，绘画是空间的艺术。花园的风景不仅需要用静态的眼光观察，还要在移动中观察。所以景观是时空综合的艺术。中国古典园林的创作，要充分把握其特点，将各种艺术门类之间的类比，熔铸于山水画艺术中，使整个园林成为一个整体，包含丰富的诗歌和绘画的情趣，这通常被称为"诗情画意"。

诗情画意不仅是把前人诗文的某些境界、场景在园林中以具体的形象复现出来，或者运用景名、匾额、楹联等文学手段对园景作直接的点题，还在于借鉴文学艺术的章法、手法使规划设计颇多地类似于文学艺术的结构。沧浪亭的楹联："清风明月本无价，近水遥山皆有情"与"沧浪"之说暗合。

四、蕴含的意境

意境是中国艺术创作和欣赏的一个重要美学范畴，也就是说把主观的感情、理念熔铸于客观生活、景物之中，从而引发鉴赏者类似的感情共鸣和理念联想。

游人获得园林意境的信息，不仅通过视觉官能的感受或者借助于古人的文学创作、神话传说、历史典故等信号，还通过听觉、嗅觉，诸如十里荷花、丹桂飘香、雨打芭蕉、流水叮咚，乃至"风动竹篁有如碎玉倾洒，柳浪松涛之若天籁清音"，都能以"味"入景、以"声"入景而引发意境的遐思。曹雪芹笔下的潇湘馆，那"凤尾森森，龙吟细细"更是绘声绘色，点出了此处意境的浓郁蕴藉。

五、园林造景的艺术手法

景观是景观设计的主要内容，所谓的景观主要是为了满足工程要求，在遵循园林艺术原则的前提下，利用各种园林技术，适当组织各种景观元素，成为一个具有审美价值的景观和空间环境，并巧妙地利用原始自然景观和人文景观的创造性行为。

（一）主景与配景

主景或主景区是风景园林的构图中心，处理好主配景关系，就取得了提纲挈领的效果。突出主景的方法有：（1）主景升高或降低法。主景升高或降低法如"主峰最宜高耸，客山须是奔趋"，或四面环山，中心平凹。（2）轴线对称法。轴线对称法包括绝对与相对的对称手法。（3）"百鸟朝凤"或"托云拱月"法。"百鸟朝凤"或"托云拱月"法也叫动势向心法，即把主景置于周围景观的动势集中部位。（4）构图重心法。构图重心法是指把主景置于园林空间的几何中心或相对重心部位，使全局规划稳定适中。（5）园中之园法。园中之园法是指在不少大面积风景区或园林关键部位设置园中园，以局部之精髓而取胜。

（二）层次与景深

没有层次就没有景深。无论是建筑围墙，还是树木花草、山石水景、景区空间等，都喜欢用丰富的层次变化来增加景观深度。景深一般分为前（景）、中（景）、后（背景）三大层次。中景往往是主景部分，当主景缺乏前景或背景时，便需要添景，以增加景深，从而使景观显得丰富。尤其是园林植物的配植，常利用片状混交、立体栽植、群落组合、季相搭配等方法，取得较好的景深效果。有时为了突出主景简洁、壮观的效果，也可以不要前后层次。

（三）借景与屏景

《园治》云："嘉则收之，俗则屏之"，讲的是周围环境中有好的景观，要开辟透视线把它借进来，如果是有碍观瞻的东西，则要将它屏障起来。有意识地把园外的景物"借"到园内可透视、感受的范围中来，称为借景。借景是中国园林艺术的传统手法。一座园林的面积和空间是有限的，为了丰富游赏的内容，扩大景物的深度和广度，除了运用多样统一、迂回曲折等造园手法外，造园者还常常运用借景的手法，收无限于有限之中。借景的类型有：

1. 远借

远借就是把园林远处的景物组织进来，所借物可以是山、水、树木、建筑等。成功的例子很多，如北京颐和园远借西山及玉泉山之塔；避暑山庄借憎帽山、留锤峰；无锡寄畅园借惠山；济南大明湖借千佛山等。为使远借获得更多景色，常常需登高远眺。要充分利用园内有利地形，开辟透视线，也可堆假山、叠高台，山顶设亭或高敞建筑（如重阁、照山楼等）。

2. 邻借（近借）

邻借就是把园子邻近的景色组织进来。周围环境是邻借的依据，周围景物只要是能够利用成景的都可以借用，不论是亭、阁、山、水、花木、塔、庙。如苏州沧浪亭园内缺水，而临园有河，则沿河做假山、驳岸和复廊，不设封闭围墙，从园内透过漏窗可领略园外河中景色，园外隔河与漏窗也可观望园内，园内园外融为一 * 体，就是很好的一例。再如邻家有一枝红杏或一株绿柳、一个小山亭，亦可对景观赏或设漏窗借取。如"一枝红杏出墙来""杨柳宜作两家春""宜两亭"等布局手法。

3. 仰借

仰借是指借园外景观，以借高景物为主，如古塔、高层建筑、山峰、大树，包括碧空白云、明月繁星、翔空飞鸟等。如北京的北海借景山，南京玄武湖借鸡鸣寺均属仰借。仰借视觉较疲劳，观赏点应设亭台座椅。

4. 俯借

俯借是指居高临下俯视园外景物，登高四望，四周景物尽收眼底。所借景物甚多，如江湖原野、湖光倒影等。

5. 应时而借

应时而借是指利用一年四季、一日之时，由大自然的变化和景物配合而成的景观。对一日来说，日出朝霞、晓星夜月，以一年四季来说，春光明媚、夏日原野、秋天丽日、冬日冰雪。植物也随季节转换，如春天百花争艳，夏天浓荫覆盖，秋天层林尽染，冬天白雪皑皑，这些都是应时而借的意境素材，如"苏堤春晓""曲院风荷""平湖秋月""断桥残雪"等。

4. 对景与抑景（障景）

对景多用于园林局部空间的焦点部位。多在人口对面、甬道端头、广场焦点、道路转折点、湖池对面、草坪一隅等地设置景物，一则丰富空间景观，二则引人入胜。一般多用雕塑、山石、水景、花坛（台）等景物作为对景。抑景或障景是指以遮挡视线为主要目的的景物。中国园林讲究"欲扬先抑"，也主张"俗则屏之"，二者均可用抑景障之，有意阻止游人视线，以增加风景层次。障景多可用山石、树丛或建筑小品等要素构成。

5. 分景与隔景

分者将空间分开之意，隔者将景物隔离之意，二者类似而略有不同。多用分景法进行景区划分，分而不离，有道可通。也可用隔景法进行景物隔离，隔而不断，景断意联。如颐和园人口处用宫墙将空间分离层次，又用牡丹台（自然式台岗）隔挡视线，但隔而不断。人们通过堑道，绕过山口，则豁然开朗。至昆明湖景区，湖上又有十七孔桥分隔水面成南北两片，西堤分湖面为东西两部分，万寿山分昆明湖为前湖、后湖，确实分而不离，隔而不断，水陆相通，层次幽深。

6. 夹景与框景

在人的视野中，两侧夹峙而中间观景为夹景，四方围框而中间观景则为框景，这是人们为组织视景线和局部定点定位观景的具体手法。同照相取景一样，往往达到了增加景深、突出对景的奇异效果，夹景多利用植物树干、断崖、墙垣、建筑等形成；框景多利用建筑的门窗、柱间、假山洞口等。选择特定角度，撷取最佳景观。

7. 透景与漏景

透漏近似，略有不同。按山石品评标准，前后透视为"透"，上下漏水为"漏"。这里，景前无遮挡为"透"，景前有稀疏之物遮挡为"漏"，有时透漏可并用（"漏"的程度大到一定时便为"透"）。在园林中多利用景窗花格、竹木疏校、山石环洞等形成若隐若现的景观，增加趣味，引人入胜。

8. 点景与题景

在风景园林空间布局中，除了主景定位外，与主景和主景区有直接和间接视线联系的部位，如山顶、山脊、山坡、山谷、水中、岸边、瀑侧、泉旁、溪源以及凡在风景视线而又处于视线控制地位或景区转折点上，经常利用山石、植物、建筑和雕塑等景物作为景点，以打破空间的单调感，从而增加意趣，起到点景作用。另外，我国园林善于抓住每一处景观的特点，根据它的性质、用途，结合空间环境的景象和历史进行高度概括，常做出形象化、诗意浓、意境深的园林题咏。其形式多样，有园额、对联、石碑、石刻等。题咏的对象更是丰富多彩，无论是亭台楼阁、大门小桥、假山泉水、名木古树，还是自然景象，都可给予题名、题咏，如颐和园、知春孕、爱晚孕、南天一柱、迎客松、兰亭、花港观鱼、碑林等。不但丰富了景观内容，增加了诗情画意，点出了景的主题，给人以艺术联想，还有宣传装饰和导游的作用。各种园林题咏的内容和形式是造景不可分割的组成部分，我们把创作设计园林题咏称为题景手法，它是诗词、书法、雕刻、建筑艺术的高度综合。

9. 朦胧与烟景

和中国画一脉相承，在园林中巧用天时、地利、气候因素，创造烟雨朦胧的景观，是一种独特的造景手法。如避暑山庄有"烟雨楼"，因处于水雾烟云之中，再现了浙江嘉兴南湖的云烟之美。北京北海公园有"烟云尽志"景点。更有甚者，宋徽宗皇帝主持良岳造园，命人用炉甘石（烟硝）置于山间水边，使之吸潮生雾，创造"悠悠烟水，淡淡云山"的迷离景象。又如号称泉城的济南，有古诗赞曰："云雾润蒸华不注，波涛声震大明湖"。这是把泉涌动态和云蒸雾华结合起来的朦胧之美。

10. 四时造景

运用大自然景色的四季变迁，创造春夏秋冬景观，是我国造园艺术的一大特色。四季造景，表现在景区划分、植物配植、建筑景点、假山造型等方面。如利用花卉造景的有春桃、夏荷、秋菊、冬梅的表现手法，用树木造景的有春柳夏槐、秋枫冬柏；利用山石造景的有扬州个园的春石笋、夏湖石、秋黄石、冬宣石做法；运用意境造景的有柳浪闻莺、曲院风荷、平湖秋月、断桥残雪；用大环境造景的有杏花村、消夏湾、红叶岭、松柏坡等。南京有春登梅花山、秋游栖霞山、夏去清凉山、冬登覆舟山的赏景习惯。画家对季相的认识，对造园甚有益处，如园林植物"春发、夏荣、秋萧、冬枯"或"春莫、夏荫、秋毛、冬骨""春水绿而激艳，夏津涨而弥漫，秋潦尽而澄清，寒泉涧而凝滞""春云如白鹤，……夏云如奇蜂，……秋云如轻浪，……冬云澄墨惨翳，……"总之，按照四时特征造景，利用四时景观赏景，早已成为人们的习惯。

第二节　中国水墨艺术中留白手法

中国画中的"留白""空白""布白"或"计白"，是中国画独特的表现手法，是指中国画构图中的无画处。它通过一定的审美想象，从而获得一种意象空间。它的存在，与中国传统的道家思想、审美意识和方式，以及艺术表现手法密不可分，同时它作为一种绘画技法，是中国传统绘画作品中不可或缺的有机组成部分，广泛存在于中国画作品之中，是中国画的灵魂所在。

一、留白在中国画中的重要性

东西方绘画都十分讲究留白的处理。留白关系处理得当与否，直接影响到艺术效果。

不同的画种，有不同的留白处理手法。中国传统的绘画艺术很早就掌握了这种留白手法。例如新石器时代的仰韶彩陶、晚周帛画风夔人物、汉石刻人物画、东晋顾恺之《女史箴图》、唐阎立本《步辇图》、宋李公麟《免胄图》、元颜辉《钟馗出猎图》、明徐渭《驴背吟诗》……顺着绘画史的足迹，我们可以发现绘画留白被越来越巧妙地有机组织到画面中来，反映出人们对留白的觉醒和深化。

中国绘画发展中有条重要的经验："师于古而不泥于古，虽变于古而不远乎古。"改革开放以来，我们似乎更多地强调了中国画的革新，而对其传统之继承和研究则显得不够，因而许多国画家对传统的学习研究并未下过足够多的工夫，过早求脱，把异化语言当作本体语言的改良。笔道少了叫禅境，繁杂舛异的笔墨堆积叫厚重，无端的涂鸦似乎成了创新，更谈不上什么意境。中国画注重意境创设，说到中国画的意境，不能不说说"留白"，物象之上的留白给人以想象的空间。中国传统绘画中，"白"可以是天空、流水、浮云、尘壤、迷雾等，与不同的实景搭配，产生不同的意境。中国画中的留白艺术，事实上有很大的学问，也是国人智慧的体现。在西画中，"白"是通过白色颜料画出来的，是高光，而对于国画来说，大多数的"白"则是在画面中空出来的，这种空白，就是气，它能够随着画中所绘继而形成一种动势，也称"气局"。素描和水彩画也是如此。国画重视墨彩的韵味，在形式美上有更悠久的传统。国画中没有如西方形态中的"透视"概念，中国画讲究"三远"或"六远"，并在此基础上进一步延伸，形成"阔远""迷远""幽远"三法。人们把这种能产生意境和想象的空间作为国画的一个重要元素。"白"即"无"，也就是"虚"，落放入画面之上，便是"虚景"。这种绘画语言就是遐想的生景，"无"有"无为"之意，在画面中起到"无为而无不为"的效果。画中空白，与画的布局、构体之间的虚实关系，完全顺应画中的"气局"流走。画中留白之处气势中存在一定的方向感，布局空白让人感觉有气之充溢。中国画家利用"白黑"二素，描绘自然与理念之间设计画面的虚实关系，国画水墨渗韵与妙造的留白在视觉上阐述着老子文化的精神境界，让"无中生有"达到了一个智性的高度。没有留白的画是不完整的，没有意境的画是没有生命力的，从某种意义上来讲，留白是中国画审美之必需。看中国画，要追寻流势，而不是看块面、对称、透视等，这是中西画中审美的差异所在。

二、留白所产生的意境美

白的本质是"单纯"。清代画家华琳在《南宗抉秘》中说："白"即是纸素之白，凡山石之阳面处，石坡之平面处，及画外之水天空阔处，云物空明处，山足之杳冥处，树头之虚灵处，以之作天，作水，作烟断，作云断，作道路，作日光，皆是此白。夫此白本笔墨所不及，能令为画中之白，并非纸素之白，乃为有情，否则画无生趣矣。……亦即画外之画也……也就是说，"白"虽然是指画纸之质地，但是在绘画作品中，可将其铬于"有形"之境，与画面中的主题素材相互补充，成为绘画有机的组成部分，正如清代重光云：空本难图实景清而空景现，……无画处皆成妙景。"无画处"正是画中留出的空白，能无形地诱发人们的想象力，创造美妙的艺术境界。中国画中的天、地、水等往往以空白代替，背景多是以虚代实。在中国画的构架中，画面中往往以淡为尚，以简为雅，以淡微为妙境。在恬淡虚无的笔墨韵律中，展示自然与人生的内在节奏与本根样相，即物我神遇迹化之间的豁然开悟之境。深化放大淡而趣白，此类留白充当的也是一种妙化的语言，也是"白"在同等分量下的不同感觉，空灵、深邃、无穷无尽，甚至幻化的感觉均出于"白"，也就是"无"的另一种状态，给观者留下了应人而读的想象空间。刘墨在《八大山人》中这样说："这种最简单，最赤裸的形式，能更好地表达出禅宗的精神吧。另外，能以绝对的'本来无一物'这种真实感所形容的纯粹的心来观看，就是'无一物中无尽藏'所说的意义。"留白"是在立意为象的创作全过程中自为起讫和最关紧要的一回事，画家在殚竭精力布置落墨上为了"意境"的创设考虑其"留白"所在，否则也就没了"气口"，故为"画死"了。大凡密实板结的劣等之作全因留白不到位所致。

意境与留白和形与神一样，是孪生的一体，创设留白在刻画物象之外随域而产生幻化的语言。吕凤子曾在《构图》中说："形在神在，形神是不可分的。那么'写形'就是'写神'，形的构成就是神的表现，而形的构成方法和神的表现方法，也就是二即一不可分了。"故留白与意境在空间中的升华，似乎在意会范畴有了更大的内涵。太极八卦中的黑白鱼样图式，解读着世间万物的生发变化、明阳更替、循环往复、无穷无尽。国画中的黑为墨，白为纸，二者为色之极端，墨可分五色，白有无尽意。在画面上的妙用给想象留下了无限的空间，玄妙的留白自然成了意境的载体。说到意境，各类形式的文艺在它们形成和发展的历程中追求意境，创造意境，成为某一种重要的目的。意境一词，最早见于诗论，在画论中出现相对晚了一些。由于古代诗歌的发展，从实践上更早地接触到了这一美学范畴。初唐时期的王昌龄在他所著的《诗格》中称"诗有三境"，提出"意境、物境、情境"三境说，最早提出了意境的概念。到清末民初，王国维进一步总结了我国古典诗论成就并结合西欧美学成果，建立了比较系统的意境说。他在所著《人间词话》中说："文学之事，其内足以摅己，而外足以感人者，意与境二者而已。上焉者，意与境浑，其次或以境胜，或以意胜。苟缺其一，不足以言文学。"把意境作为衡量诗歌艺术的唯一标准。

三、中国绘画中的留白体现

从我国绘画史上看，唐以前的主要成就在于人物画，故而绘画理论中的"形""神"等问题占主导地位。历唐以后，从五代至宋、元，山水画高度发展，画论也相应地开始触及山水画的特殊艺术境界。唐张彦远在《历代名画记》"论画山水树石"一节中，也有"凝意""得意""深奇"的说法，但这一时期对于意的提法，仍属于创作中的主观意兴方面，而没有涉及意与象的关系问题。这是由于当时山水画尚处在形成时期，理论上还不可能提出山水画的特殊艺术境界问题。而宋代是山水画的成熟时期，山水画理论也日趋形成。

杰出的山水画家郭熙，在山水画的创作和鉴赏中，开始具体地阐发"意"的概念，"画者当以此意造，而鉴者又当以此意穷之。此之谓不失其本意。"并说"境界已熟，心乎以应，方始纵横中度，左右逢源。"由此可以看出郭熙已经接触到山水画意境范畴的问题。山水画论中的意境说似乎可以视《林泉高致》为其发端。到宋、元两代山水画论，对山水画意境范畴，已有所述及。尤其是元代山水画，在主观意兴表达方面，有了划时代的发展，但在画论中都还没有明确地提出意境的概念。至明代笪有光，才在其所撰的《画筌》中第一次使用了意境一词。他不仅发展了荆浩的"真景"说而提出"实境""真境""神境"论；而且还对郭熙所触及的"意"与"境"的概念及其相互关系，有了进一步发挥，已经论述到山水画境范畴的一些问题。可以说，山水画意境说，是从笪有光开始正式提出的。以后明、清两代画论中，对意境范畴中的一些问题，有进一步阐发，构成了我国古典山水画论中的意境理论。

王国维曾以"无我之境""有我之境"来概括宋元山水画意境问题，而程至先生则认为"意境就最以空间境象表了情趣"。意境是所有艺术作品共同的不可缺少的要素。无论山水画、花鸟画还是人物画，在动与静之间，时间与空间之间，彰显意境，笔者认为意境是艺术作品的重要目的，是艺术在立体方面的延伸，也是提升作品感染力的重要因素。苏轼说"诗中有画，画中有诗"，希腊诗人西蒙·尼德斯说过："诗是有声画，画是无声诗。"且看元代山水画"四大家"赵孟頫、黄公望、王蒙、吴镇，他们似乎更多地继承了唐宋的传统，虽说风格不同，但就意境表现的主要倾向来说，则是一致的。在融汇富有个性和情致的笔墨与物象上，更多的是主观意识的表达，黄公望《富春山居图》就是典型的代表。把时间的坐标定格在明代，文徵明、沈周仍是元四家正续，唐寅、仇英虽然取法宋画，但整体意境倾向也趋于主观。如果说从董其昌到清四王，包括极富创造性的朱耷、石涛以至弘仁、髡残、萧云从、龚半千等，仍趋于这种类型，纵观历代名作，留白成为创建意境的重要元素，同时也是文人画在意境层面上的另一个升华。观朱耷的花鸟、山水，无不在空灵中创设意境。创造画之意境的手法有着多方面的内容，而运用这些手法，是为了加强空间境象的感染力。留白就是造成这种感染力的手段之一，是计白当黑，以空为有，留给观者再创造的空间。宋代的扇画中空白几乎占了画面的一半以上。如《秋林水鸟》《岩关古寺》，前者画的水畔一角，既没画水，也没有交代对崖，作者画的是山岫一隅，既没有画远山，也没有画云雾，但使观画者并不感到缺少什么，反而能产生远远超出画面的联想。画是空间艺术，在动态和静态的描绘中多以动中求静，静中求动，一直在生着，动着，在和谐而有规律的状态中活动着，使画面产生美学上的价值和观赏性。留白成了国画的一种特殊语言，国画在平远、深远、高远的空间建构中，不自觉地使留白成了创设趣味和意境的重要元素。中国画的基本构成元素是点、线，自古以来重法度、讲皴法，对自然界的物象进行高度概括，经过理性的智写，加之宣纸和水墨韵渗的自然天趣，耐人寻味，具备了不同于生活美而构成艺术美的因素，在法度和程式的基础上讲究"意在笔先"。通过对"留白"和意境的粗浅认知，使应用留白之法，在擦、点、染的技法之中更具意义。

留白是一种智慧，也是一种境界。不同于西方油画强调色彩冲击，中国画仅用黑白二色，便以"留白"之虚，配合"实景"造美，为我们描述记录着一个个充满无尽想象的世界，不仅在美学与艺术形式上有着无可比拟的价值，在绘画的民族性方面，也有着不可低估的价值。

第三节　景观设计手法与书法艺术

一、书法与城市景观的概念

世界数百个国家和民族中，大多数都有自己的语言和文字，却只有中国在进化过程中形成了自己的特色，发展成为富有东方韵味的民间艺术。情感的外在形式与精神气质凝聚、具象化为情感，具有独特的审美情趣。书法是中国文化中一个独特的产品，它与字相关，对汉字书写的实用性具有很强的依赖性，并通过点画、水墨抽象元素，灵活机动地创造审美价值。

景观可以理解为"景"和"观"的统一，它使客观的风景和人们的视觉欣赏相结合。"场景"是指在环境中存在的事物，如景物、景色、风景。而"观"是指人们对"景"的各种主观感受，如常说的观察、观赏、观光。城市景观是覆盖城市表面的自然风光和人为风景，从狭义上讲，它包含了人对城市的自然环境、文物等的视觉体验。从广义上讲，它包括地方民族特色、文化艺术传统等，都具有浓厚的生活气息。因此，城市景观可以反映一个城市的自然环境、历史文脉、社会经济特征和发展状况，在现代城市规划中占有重要地位。

中国悠久的历史和文化长期发展的积累，使书法具有独特的艺术风格。对书法的学习与讨论并不是重复过去，而是在传统文化和历史文化的基础上，更好地将城市景观设计与书法相结合，景观设计具有更广阔的发展空间和更深厚的文化底蕴。

二、书法的形式美原则及其在景观设计中的运用

书法的形式美是指书法笔线在表现书法家内在气质性情的同时展现出的外在的线型结构的美感。石涛的名言"无法而法，乃为至法"，讲的是书法的无限可变性。如《玄秘塔碑》运笔方圆兼施、刚柔相济、力守中宫，体势遒健舒展，豪爽中透露秀朗之气。《神策军碑》可谓臻达柳公权书法之极致，无论运笔、结体还是通篇气势都极为精到老辣、神采飞扬。无论是书法家，还是景观设计师都以自己的艺术作品来表现阳刚与阴柔。"阳刚"有"力"与"骨"的审美范畴，倡导"丈夫之气"的蕴感，强调"劲健之骨力""雄

强之骨势"，追求"雄浑壮伟""奔放飞动""劲健峭拔"的审美境界。"阴柔"是一种侧重阳刚之境的"中和"。上海豫园内的大假山，通过块块顽石堆砌的自然，层峦叠嶂，洞壑深邃，使人有进入深山之感。既可远望，又可近观。每个石块都是整个景观的有机组成部分，而构成的线条又有"立体感"和"涩感"，以蜿蜒曲折的小径显现整个假山块面的统一^与变化。江南民居，黑瓦白墙，正侧门廊，漏格花窗，是点、线、面与黑、白、灰的体现，无不蕴藏着形式美的法则。在营构空间时，考虑到景与景的因果关系，既具有独立的形式，又受制于整个空间的安排。任何一种新形式的探索，不论其与传统的审美习惯是否有出入，只要能够遵循事物变化、发展的原则，都将成为一 * 种有意义的创造。

线条是进行书法创作的物化形态，是书法形式美的起源。在中国书法中具有特殊意义，它是美的意蕴最根本的承载物。研究探索书法的形式美应从"线条"这个最基本的元素开始，才能"曲径通幽"。书法所营造的艺术线条在刚柔、擒纵、开合、虚实相生等变化对比中各自成型，充分发挥了中国毛笔、水墨及宣纸的特性，通过丰富的笔墨变化趣味，呈现具有东方审美特质的艺术美感。

书法的构图并不仅仅是形式问题，更是一种艺术境界，是中国传统文化的整体思维方式。"意造无法"的构图意象创造出"无法有法"的艺术空间，体现了中国人文精神的最高意境。从细部到局部，从局部到全局，书法家所运用的一切手段都是为构图服务的。同样，在景观的布局中也体现了书法的构图形式，有些景观呈对称式分布，有些则呈自由式形状。如南京中山陵的景观风格中西合璧，采用了规整式的对称景观格局，钟山的雄伟形势与各个牌坊、陵门、碑亭、祭堂和墓室，通过大片绿地和宽广的通天台阶，连成一个大的整体，既有深刻的含意，又庄严雄伟，气势恢宏。从空中往下看，整个陵区平面呈警钟形，规整而又给人以警钟长鸣、发人深省的启迪。山下中山先生铜像是钟的尖顶，半月形广场是钟顶的圆弧，而陵墓顶端墓室的穹隆顶，就像一颗溜圆的钟摆锤。

书法构图创新的根本依据是对章法之理的把握。如果横平竖直，字字独立，行行平行，便没有对比可言。中国传统的美学讲究自然有序。不合营构之理，势必大乱；顾盼有致，变化有序，才可大顺。章法中追求对比，目的在于达到形式的丰富。巴蜀园林重天然野趣，充分利用地域的自然优势，把巴蜀山川的深邃、幽静和郁秀表现得淋漓尽致，而园林建筑的不拘一格，使造型与地貌相协调，着色和选材极富地域特色，形成的对比具有趣味性和可读性，格调质朴素雅，更兼古韵野趣。如果缺乏对比，就不能构成完整的事物。

形式美是所有景观规划中最重要、最基本的语言能力。古今中外的景观设计，不论形式有多么大的变化和差异，一般都会自觉或不自觉地遵循形式美的法则，即在统一中寻求变化，在变化中形成统一。景观规划的形式美是景观中各个要素的对比与统一、渐变与反复、节奏与韵律的综合运用。景观对比程度越高，视觉冲击力越大。苏州拙政园以水景为主，大部分建筑均临水而建，其间由曲折起伏的水廊相连，水多桥多，桥平栏低，布局高低错落有致，花木池岸布置精巧，自然幽深，景点时而开阔疏朗，时而半掩半露，诗情画意尽在其中，各种造景手法在园内体现得淋漓尽致，游者步移景异，景象万千。景观艺术设计通过景观中的主从关系、对比关系'韵律关系、比例关系和尺度关系等因素达到形式上的多样统一。

三、书法艺术与城市景观设计艺术的关系

书法艺术体现了"书中有画"的气韵意境美。无论是书法创作还是景观设计，都来源于人的情感表达。景观的"意境"来自设计者对自然风景的观察，运用心灵的智慧与情感，体现个人对生活的态度，以达到以人为本的目的。景观艺术设计和书法有着某些共同的特性和创作原则。

从甲骨文的笔画结构中可以看出一种古朴和谐、对比统一的美感；从楷书的筋骨中可以看出端庄、严谨的美感；从行书的运笔走势中可以看出行云流水的意味；从草书的墨色飞舞中可以看出舞剑的风姿、书法的书写意识与景观设计的思维越来越接近。从审美和设计思维的角度看，可以说书法所注重的对比、均衡、对称、和谐、节奏等美学形式也成了景观设计中的体现。优秀的景观设计可以使杂乱无章的生活环境变得有条有理，合理的空间尺度、完善的环境设施使人在提高生活效率的同时给人以美好的精神享受。

从景观线条的时序性与景观造型的空间性来看，点、线、面的变化形成"画面"的黑白、虚实的对比。在景观设计中，融合中国线墨的视觉符号，极大地丰富了设计的表达语言。"留出空间、组织空间、创造空间"，不同层次的联系与疏导，显示出其活动的动线与方向。扬州何园船厅处处临虚，空间通透流畅"巧于因借，精于体宜"，重视成景和得景的精微追求，以组织丰富的观赏画面。远看每个景观是一个个墨块，各种形状相互组合，既绚烂天真又显得雍容厚润。其审美意象是景观中各语言要素的综合运用，元素的不同穿插法更加强了风格意韵。在城市景观设计中，书法中的"干湿"主要体现在不同材质的交叉运用上，在节奏起伏中，以快速的平铺摩擦，使线条具有"涩"的力度与厚度，使整个设计与自然界中存在的明暗、黑白、虚实、阴阳关系形成一种对应，从线的相对平面感走向富有层次的立体感，传达景观规划设计中的艺术手法出景观的"凹凸之形""高低晕淡，品物浅深"。

景观的虚实变化、规划的平衡度和疏密关系犹如书法章法中的音乐和舞蹈一样富有魅力。虚不仅能再现物，而且能引发人的遐想，营造无穷意境，"处处临虚，方方侧景"。避暑山庄澹泊敬诚殿以有景物处为实，以空留的绿地为虚；常熟兴福寺"团瓢不系舟"以山石、建筑为实，以水为虚，运用一虚一实"计白当黑"，达到以虚无的留白再现真

实景观中的水、云、天、地。

一个景观规划设计任何一处景的"水晕墨化"都能引起人们视觉上的愉悦，捉摸不定的妙趣使景观"用墨"具有独特的审美形式，节奏明显，配合着跳跃的音符，更显得铿锵有力而不单调。

如果说小规模的景观规划可以比较"含蓄"，那么大尺度的景观规划则要考虑到充分展示视觉空间效果而不能平淡无奇。"墨法的形式感"使景观具有现代的审美性。书法以单色线条为表现对象，而景观由于色彩丰富多变，不同肌理材质的运用，呈现出内敛与外在直观的视觉感。一个景观的设计就像书法一样，要考虑空间的分布，在书法黑白里的不同表现，以及书法中点画、章法形式的不同表现，以显现出不一般的韵味。景观规划展示的线条变化是带有韵律性、时序性的，一个景观是否"贯气"直接影响到其艺术效果，景观中所有的技法因素都要受"贯气"要求的统领。北京的北海以白塔为主景，琼岛在浓郁花木的簇拥下形成优美的天际线，空间序列层次分明。它是人在水面上以及空中所望见的、在其中能感受到的景观天际线和景观面貌，不仅仅是一幅构图精美的平面画或一个令人观赏的模型。碧云寺利用高低错落的山体造园，相地合宜，产生优美深邃的景观。

在当今文化互动融合的时代，将书法艺术和城市景观设计理念相结合，通过对书法艺术的"再生"，创造出富有中国文化意蕴的设计作品。在设计艺术的开放与互动精神中发展，尊重文化差异和传统，用开放的头脑面对未来。合理地利用好书法的书体与笔法为景观艺术设计服务，更好地挖掘本民族的文化财富和艺术瑰宝，对城市景观设计具有重要的意义。

第四节 "跨界"手法

一、研究的意义

所谓跨界思维，就是了解与接收多种文化和方法，从多个角度分析问题、解决问题的一种思维方式。代表着一种新锐的思维特质。思想方面的自由，思维方面的灵动，犹如创意想法的源头，创新实践的灵魂。思想自由了，则目光远卓；思维灵动了，则脑洞大开。跨界必先拆除思想的禁锢、打破思维的界限。

运动健将可能是歌手，摇滚歌手也可能是个法式大厨，不想当个厨子的司机不是好裁缝 / 虽然这只是一句经典的玩笑话，却能较贴切地体现出"跨界"的特点。相信每个人都有很多专长，设计师更是如此，设计师本不应该局限于本身行业，更应该走出去，到不同的领域大胆尝试，艺术源于生活，而又高于生活，这句话同样适用于景观设计。设计师如果在别的领域学习、认识到新的事物，又运用到设计中，设计将变得更有趣、更生动，将得到质的升华。

二、研究的背景

国内景观第一人俞孔坚对中国景观现状的评价：景观设计是指通过对环境的设计使人与自然相互协调、和谐共存。它是大工业时代的产物、科学与艺术的结晶，融合了工程与艺术、自然与人文科学的精髓。景观设计学在国外已有百年发展历史，可在我国，这一理念才刚刚引人。在我国的教育体系中，还没有相应的名称和科目设置。姗姗来迟的工业化进程，还来不及培植中国现代景观设计专业。因此，我们与国外在设计思想和人才上的差距是很明显的；城市建设品位不高，先进的设计思想得不到体现；景观设计学的人才极度匮乏，相关的教育体系不完善。

三、国内外研究现状

近年来不断有人尝试融入各类元素，却意义不大。只有从思想维度转变应用，才能获得新的成就。例如贝聿铭的苏州博物馆，就把中国园林与公共建筑相融合。

国外在这个领域比国内早研究几十年，成就斐然。整个跨界设计在景观设计中的展现也不是单方面的，更多的是整个国家某个领域整体水平的展现，从技术到理论，从案例到分析。例如扎哈·哈迪德跨界设计鞋子、包包等。同样也可以有别的领域的成功者跨界来做景观设计。

四、"跨界"的产生及景观的概念

"跨界"的产生应该就是现有的发展观念停滞，进而演变出新的思维观念，是创新的结果，是偶然也是必然的结果。符合现在全球发展的趋势，使得一切事物的联系更加紧密，更具有共性。

汽车里有跨界车，跨界车的出现弥补了现有车型的不足，打开了一个全新的探索思维。工业领域有实用和概念产品，同样也是跨界的产物，把本身的和外界的相融合，生产让大家惊讶而又能接受、实用的好产品。设计方面的跨界案例更是多如牛毛，平面设计里有摄影和插画的跨界；建筑里有功能与元素的跨界；景观里有爱好和功能的跨界，这些作品被创造出来无一不具有独一性，且有点像量身定做的一样。所以跨界未来的发展趋势，将更全面、更成功。

俞孔坚说过，景观设计是一个综合的整体，我们虽然在古典园林上达到过巅峰，有过独领风骚的年华，但是景观设计学走进中国只有十多年，只能算是刚刚兴起，在没有成熟的景观体制下，国内普遍存在的文化丢失现象成为中国景观设计面临的严峻挑战，反映到景观规划设计中就是我们能发出自己文化的呐喊。中国土地资源丰富，自然人文景观资源极为丰富，这独有的环境需要景观设计师们去保护，去协调，从而创造出适合自己民族的，也就是中国独有的景观。

五、景观"跨界"的可行性及意义

景观和别的领域的跨界前景同样很美好，这样景观将比现在更加富有趣味、更加独立，好比产品的设计理念用景观设计表达出来，将更有独特性，且更能全面地表达出产品的风格。随着科技水平的不断发展，更多优秀的产品不断诞生，更使景观"跨界"设计得到更良性的发展，以前景观设计所出现的不足和问题都将得到解决、完善。景观的多方面"跨界"将使人们的生活更便捷，更具有针对性，人们的生活方式也会随之变得简单、高效，随着人们思想观念的转变，各领域都将发生潜移默化的改变，会产生像"多米诺骨牌"一样一系列的反应，最终量变引起质变。

六、景观"跨界"的风险

当然景观"跨界"设计也同样存在很大的不足，所以还是需要找到规律，来有效地规避风险。设计终究还是需要精密的理论做铺垫的，不能随意地不遵守客观事实，没有安全可言的设计根本不能说是一个成功的设计。如果一个设计连最起码的安全、美观、实用和经济都控制不了，就称不上优秀，甚至说它是个作品都有些勉强。

不管怎么跨界，上述要求都是绝对要遵守的，不然就是个失败的景观跨界设计。过于讲究形式和概念的领域不适合拿来做景观设计，不然做出来的也多是不切实际、不可行的景观跨界设计。

七、景观"跨界"的应用

当从事一项或某项方面的事情时，如果用自己以前的想法或独特手法来做景观设计，那么都可以称为景观"跨界"设计。好比一个音乐方面的人士，跨界来搞景观设计，把自己对景观的理解用自己熟悉的音乐方式表达出来，并且还受到了各方面的认可，这无疑就是个成功的景观"跨界"设计。所以很多行业、很多领域都是可以和景观擦碰出些作品的，现在世界的趋势就是相互融合、相互影响，相互之间的关联越来越密切，已经没有了什么确切的界定，只要可以，一切都有可能，只要人们接受、喜欢，就是成功的、好的。

有些行业是感性占主导，如艺术绘画、表演性、展示性为主的行业，不需要过多的规则，过多地追求视觉张力，达到很高的艺术效果，而有些行业却是以理性为主导，好比医生、工程师、程序员等一定要有理论作基础，并不可有过多的感性想法，这主要与他们参与事情的性质有关，绝对不容许有半点马虎，性质决定理性为主导，且不容许有误差的存在。这种领域较之感性更容易生成"跨界"景观设计，且实用性很强。

八、景观"跨界"对别的行业的影响和冲击

以设计群网为例，该网站是一家做第三方建筑设计的软件平台，也是最大的建筑类方案社区，为建筑师们提供一个创业形式的交流平台，为建筑师提供更多建筑设计展示和交流的机会，也可以从中获得更多建筑类私活，为消费者解决核心问题。

网站的定位是以绿色建筑设计为依托的方案交易平台。设计群作为专业性很强的原创设计方案为模式的交易平台，充分地利用了互联网海量的、快速的和相融合的信息，集合了十万多建筑师，形成一个庞大的建筑师原创方案交流社区，以设计师创新为核心观念，向广大消费者和社会提供了绿色建筑设计方案和服务交易平台。

这个是建筑师跨界互联网的例子，产品开始就吸引了很多想做私活改善生活的设计师，用设计专业的思维跨界到互联网，达到了资源整合的目的，使设计更加深入生活，更具参与性，打破了行业垄断，净化了行业。

身为70后的创业者张弘，设计有百慧视觉、百慧建筑咨询、慧筑投资等产品，现在又把建筑行业跨界到了旅游和农产品电商等领域。张弘希望通过"318文化大院"这个产品使更多国人了解和体验全国各地的地域风情和传统文化产业。通过互联网的嫁接，使城市消费人群和乡村产业有更多的交流。让来到这些地方旅游的人们可以买到真正源产地的本土特产，而购买了各地特产的人们也会有想到乡镇中旅游的想法。同时文化大院也可以预订、入住、退房、购买产品，且这些都可以通过移动终端实现，整合很多方面的资源，从而实现一体化。

张弘的跨界能力在业内也算是家喻户晓了，可以从效果图制作跨界到建筑设计和房产开发，又到地方产业链重组，再到020经济。整个过程不难看出"跨界"的趋势和形式并不单一，各个行业的可融合性也很强，对别的行业的影响远比现在要大得多。

未来景观将不仅仅在设计里出现，景观设计将体现在生活的方方面面，和生活息息相关。可能融入电器、互联网、交通、建筑、工艺品等各个方面和领域，使得人们的生活方式、思维观念发生变化，和各个领域融合，使一切事物联系更为密切。

真正意义上的"跨界"并非涵盖得很全面，而这个"跨界"的范围则很广，几乎涵盖了迄今为止人类的所有学识种类。本文主要是针对景观建筑"跨界"的方向，通过别的领域对另一个领域的跨界实例，来引导跨界的作用、意义和影响，从而将别的行业向景观跨界的可能性及风险推导出来，使后续的景观跨界想法得以佐证，算是为景观跨界做个理论的铺垫，对景观"跨界"的前景加以肯定。本文结论一再肯定景观"跨界"的可行性，未来随着人们对"跨界"这一概念的普遍认识，将会有更多关于景观跨界的作品。一切发展都是从无到有的，相信景观"跨界"也必然会经历这一阶段，度过这一阶段，景鹏界会更加成熟，被大众接受并运用。

第五节 景观规划设计中的竖向设计

一、竖向设计的概念（垂直设计、竖向布置）

结合场地的自然地形特点、平面功能布局与施工技术条件，在研究建、构筑物及其他设施之间的高程关系的基础上，充分利用地形，减少土方量，因地制宜地确定建筑、道路的竖向位置，合理地组织地面排水，有利于地下管线的敷设，并解决好场地内外的高程衔接。

竖向设计的基本任务有:（1）进行场地地面的竖向布置。（2）确定建、构筑物的高程。（3）拟订场地排水方案。（4）安排场地的土方工程。（5）设计有关构筑物。

二、竖向设计的原则

（1）满足建、构筑物的使用功能要求。（2）结合自然地形减少土方量。（3）满足道路布局合理的技术要求。（4）解决场地排水问题。（5）满足工程建设与使用的地质、水文等要求。（6）满足建筑基础埋深、工程管线敷设的要求。

三、竖向设计的现状资料

（1）地形图—地形测绘图（1：500、1：1000）（0.05 ～ 1.00 等高线）（50 ～ 100m 纵横坐标网）。（2）建设场地的地质条件资料。（3）场地平面布局—场地内的建、构筑物。（4）场地道路布置。（5）场地排水与防洪方案。（6）地下管线的情况。（7）填土土源与弃土地点。

四、竖向设计的成果

（1）设计说明书。（2）竖向布置图。（3）有关技术经济指标。（4）土方图。

五、地面的竖向设计布置形式的相关内容

自然地面坡度划分为平坡、缓坡、中坡、陡坡、急坡。

1. 台阶式布置

（1）台阶的尺寸：容许宽度。

容许宽度：$B=(175 ～ 180mm) \times H_{填}/i_{地} - i_{整}$

一般整平坡度应在 0.5% ～ 2%。

（2）台阶的高度

相邻台阶之间的高差称为台阶高度。台阶高度主要取决于场地自然地形横向坡度和相邻台阶之间的功能关系、交通组织及其技术要求。台阶高差一般以 3.0 ～ 4.0m 为宜

（最高 4.0 ~ 6.0m），以免道路坡道过长、交通组织困难并增加挡土墙等支挡结构工程量。台阶高度也不宜过低，一般不小于 1.0m。

（3）台阶与建、构筑物的距离

位于稳定土坡坡顶上的建筑物、构筑物，当基础宽度小于 3m 时，其基础底面外边缘至坡顶的水平距离不得小于 2.5m。

2. **护坡和挡土墙**

护坡是建筑在边坡上的附属工程，是起保护边坡不被雨水冲刷或边坡绿化作用的，而挡土墙是为了保护高路基减少放坡或保护河道，它们之间没有特别的关系，有的护坡底角（力点）作用在挡土墙上，它们可以是单独的，也可以互相帮衬，但护坡必须在边坡上。

（1）挡土墙

挡土墙是防止路基填土或山坡岩土坍塌而修筑的、承受土体侧压力的墙式构造物。常见的断面形式有以下几种：直立式、倾斜式、台阶式、重力式、悬臂式。

（2）挡土墙、护坡与建筑的最小间距应符合下列规定

①居住区内的挡土墙与住宅建筑的间距应满足住宅日照和通风的要求。②高度大于 2m 的挡土墙和护坡的上缘与建筑间水平距离不应小于 3m，其下缘与建筑间的水平距离不应小于 2m。

（3）挡土墙的形式及选择

①使墙背土层压力最小，其中仰斜墙的主动土压力最小，而俯斜压墙主动土压力最大，垂直墙主动土压力介于前两者之间。②按填方要求看，当边坡挖方时，仰斜墙背与开挖的边坡紧密地结合，而俯斜压墙背则需回填土③当边坡填土时，仰斜墙背填方夯实困难而垂直墙与俯斜墙夯实较容易。④墙前地形平坦时，用仰斜墙较合理，墙前地形较陡时，用垂直墙较合理。

3. **边沟和排水沟**

边沟设置在挖方路基（路堑）两侧，排水沟设置在填方路基（路基）两侧。功能和结构基本相同，排水沟尺寸会略大一些。边沟是排水量小的地方，是路基边缘的排水沟，主要用以汇集和排除路基范围内和流向路基的小量地面水；排水沟是将边沟、截水沟、路基附近的积水排到桥涵处或路基之处的天然河沟里的水沟。

七、竖向设计的方法

（一）高程箭头法。

（1）根据竖向设计的原则及有关规定，在总平面图上确定设计区域内的自然地形。（2）注明建、构筑物的坐标与四角标高、室内地坪标高和室外设计标高。（3）注明道路

及铁路的控制点（交叉点、变坡点）处的坐标及标高。（4）注明明沟沟底面起坡点和转折点的标高、坡度、明沟的高度比。（5）用箭头表明地面的排水方向。（6）较复杂地段，可直接给出设计剖面。

（二）纵横断面法

（1）绘制方格网。（2）确定方格网交点的自然标高。（3）选定标高起点。（4）绘制方格网的自然地面立体图。（5）确定方格网交点的设计标高。（6）设计场地的土方量。

第六节　景观设计控制手法

随着社会经济的发展和中国园林设计行业的需求增长，项目建设工期紧，工程设计和施工安排倒排，导致设计环节的审查不够；施工队可能没有与项目匹配的施工经验，缺乏高技能的技工；同时，由于设计和施工的脱节，建造者未必能理解景观工程师的设计意图，设计者未必能在现场掌握调整设计和控制施工效果，虽然问题正在逐步解决，但根本问题依然存在，即景观施工效果的粗糙与偏差。

一、景观设计与施工控制对景观设计的影响

景观设计是对整个地球环境的创造，是与周围环境、建筑、自然生长节奏相关的动态过程，岩石、地形、景观设计绿化和景观建筑及构件是构成景观的三要素，细部设计和施工质量是收获更好成果的关键。从历史的角度看，中国人已经建立了一个精致的艺术世界，如著名的苏州花园世界。

二、景观工程设计与施工是最常见、最令人烦恼的问题

设计施工过程中的质量控制是景观工程施工中的薄弱环节，加强设计理论，结合创新与施工技术，更熟悉现场，在避免闭门造车的前提下才能更好地实现愿景。一个好的设计，如果在施工过程中无人专门推动设计意图或实际施工技术，则不能完成设计意图，再加上紧密的日程安排，建立的效果就会被混淆。这已造成开发商在经济和形象方面不可估量的损失。

施工与设计脱节的问题在园林工程中尤其突出。建筑设计是严格按图施工，但景观设计是一种理念和愿望，人们不同的观点和实际的景观已经远远超出了绘制二维或三维设计图的表达范围。景观建设实际上是一个设计和再创造的过程，同时，景观设计涉及一个大的地理区域，涉及许多类型的工作，如果在设计和施工中，各种因素之间的充分协调不在现场进行，施工单位根据图纸施工的效果也没有被设计人员和甲方确认和修改，就会偏离设计师和甲方的想法，会产生一些不理想的项目。

三、选择优秀设计单位是项目成功的前提

大型景观工程涉及的地域范围广、专业多，有植物绿化、景观、建筑、小品雕塑、水环境、夜景照明、强弱电、给排水、喷灌系统、导向标识、户外家具以及舞台机械、灯光、音响等十几个专业，因而设计单位的设计创意能力和大型城市公园设计经验，对整体景观效果的把控能力，对细部设计的精细程度，以及对相关专业整合控制能力来说显得尤为重要。在方案招投标过程中选择好的投标方案是一个方面，这个阶段是概念方案设计阶段，对设计单位上述素质的考察，对方案整体和细部效果及设计深度的关系处理是更应该关注的方面。

四、专业素质高的施工单位是项目成功的保证

园林施工单位应具有较强的设计强度，对景观主题的深刻认识，有利于创造主题景观吗？站点建设过程中的问题要解决吗？景观施工工人不是普通工人，应该是工匠，他们有能力重新创造艺术吗？这些都是要考虑的问题，因此，招标、施工单位的经验、类似工程施工质量、施工技术力量、施工设计、管理思想和措施等都是重要指标，而价格应作为二次指数。

五、设计监理是连接设计与施工的重要组成部分，是项目成功的关键

为了解决触控设计和施工问题，确保设计效果，可以借鉴国外工程建设经验，专门邀请工程专家作为项目的实施设计监理，在完全明白并消化设计意图后，参与施工全过程、现场设计和施工效果的控制，最终保证施工达到最佳的设计效果。

要向施工单位准确传达设计意图，从计划到施工图阶段，设计师只是反复向甲方汇报设计意图与设计效果，施工单位并没有得到所有的设计信息。设计监理参与施工的第一步是阐述原创设计理念，说明设计目标和理想效果，从而鼓励施工人员设计理想的目标。

根据项目的具体情况，对施工组织的设计进行评审和修订，设计和监督，调整和修改，由施工单位的施工组织提供经验，确保它满足施工进度与操作，例如保证生长期的植物多，按要求的施工顺序调整，先种树；另一例为树全冠移植，对于树的维护和保护的具体可行的施工组织措施，设计监理要仔细地研究，并提出了一些改进的建议，作为指导方针。

人工地形对景观工程的影响是非常重要的，它会直接影响到工程的总效果，它在营造一个诗意的人造自然空间中起到非常重要的作用。虽然有明确的高程点和等高线地形图，但设计微调会使地形设计达到完美。

绿色控制与栽植是另一个非常重要的景观空间，可以创造环境要素，并随着时间的

增长，植物的生长更加完美，对主要景观树影响较大，设计监理应与施工单位共同寻找和确定苗木的来源和品种。质量和主要树木的划分，特别要注意道路广场、物种、形态、大小、分支点一致或要求的树木排列形式要规整。施工除按严格的施工方案根据设计要求进行树型、卫生、种类核查外，还可采取登记验收、合格证形式，不符合要求的，坚决不予进场。

完善设计细节，注重把握空间尺度，细节决定成败，作为成功的景观设计，每一个细节都要仔细衡量。目前，计算机可以用一个非常逼真的三维图像来表达设计意图，但在现场，所观察到的场景是四维的，设计师的想象力和空间将不受各种限制，并结合个人的经验，将发现许多新的和重要的设计条件和机会。

在月湖的景观施工设计完成后，要对植物搭配、配套建筑的尺度、灯具选型等多个方面反复进行研究，努力使其更完美，尤其支持具备规模的建设，早期的设计只考虑建筑本身的功能和外观，协调周围的景观和植物的搭配不能得到真正的重视。在形成一定规模的绿地后，与地形之间的关系无法很好地体现出来。因此，要按照比例，在现场研究量的关系，并最终确定建筑造型，真正使建筑和景观、灯具、标牌等融合，要注重景观和生态效应的协调。

设计监理要配合甲方'、设计单位、施工单位、监理单位对材料样品、模型施工认真审核，以达到设计效果。经过确认的样品、模型作为后续的控制标准。1∶1比例的实验模型要一直保留，作为所有施工人员应达到的标准模型，并作为接收的标准。在同一时间，站点的所有非公认的模型应该被破坏，避免与正确的模型混淆。

注意保护建筑环境，在施工过程中，往往认为施工环境保护是一件小事，因此，设计专家的监督是非常重要的，要保持认真、严谨的工作态度，尊重生命，珍惜劳动成果，以确保项目的成功。

一个成功的城市园林绿化工程凝聚了各方参与智慧和劳动的结晶。除了项目组织和开发商，更重要的是设计与施工密切协调，精益求精，精工细作的工作态度，有一个共同的项目和对理想的追求。设计和施工中的每一名员工配合工作，设计要深入现场解决问题，施工方走进办公室。对设计和施工单位要精心选择，监理是从设计到施工一个重要的桥梁和纽带，是值得交流的景观设计管理方法。

第十一章

传统文化元素在现代环境艺术设计中的体现

第一节 环境艺术设计与传统文化的关系

顾名思义，环境艺术设计的对象是人类赖以居住、工作和生活的环境。环境，是个内涵非常广泛、丰富的概念，它是指人类所存在的周围地方及其中与人类有关的事物，一般可大致分为自然环境和人文环境。对于环境艺术设计而言，讨论的对象主要是人文环境。既然环境的定义包括了人类所存在的周围地方，那么环境艺术设计也就涵盖了非常广泛的领域。

大到一个景区乃至一座城市的布局规划，小到一座建筑与周边景物的搭配乃至建筑物内部某一房间的布局，无不属于环境艺术设计的范畴。因而，正像环境艺术理论家理查德·多伯所说的那样：环境艺术"比建筑更巨大，比规划更广泛，比工程更富有感情。这是一种'爱管闲事'的艺术，无所不包的艺术"。

而环境艺术设计的目的，首先是要使人们赖以存在的环境得到艺术层面的美化。从这个意义上来说，环境艺术设计是基于艺术审美的"创美"活动。其次，则是要让环境能够适应并彰显出某一特定人群的品位、品格与追求。从这个意义上来说，环境艺术设计又是一种基于文化认知和认同的文化创造活动。因为一切审美活动及"创美"活动必须根植于特定的审美文化心理，而这种审美文化心理则是由特定人群的性格、品味及其价值观念、追求倾向所决定的。上述这些特定人群的性格、品味及其价值观念和追求倾向，概括起来，则属于"文化"的范畴了。

文化，同样是个内涵丰富、兼容并包的概念。广义的文化，包括物质文化和精神文化，它是指全人类或特定的国家、民族所创造的一切物质财富和精神财富的总和；而狭义的文化则是专指精神文化。具体来说，它是指在某一个国家或民族当中，可以凝结在具体的物质文化实体当中而又能游离于其外的，能够被传承下来的历史传说、民风习俗、思维方式、行为模式、生活方式、价值观念、文学艺术等具有意识形态属性的事物。对于该国家或民族的成员来说，国家或民族的文化是人们彼此之间进行思想意识及价值观念交流的必要条件和必要工具，在人们的日常生活中发挥着潜移默化的作用，在社会生活中占据基础性的重要地位。

那么，在环境艺术设计中是怎样体现文化的呢？一般来说，环境艺术分为三个层次，即物态层次、信息层次和精神层次。物态层次，是指环境当中的物质实体以及这些实体之间的相对位置关系；信息层次，则重在考察环境中的物质实体及其相对位置关系能够给人带来一种怎样的感受，这些感受可能引起怎样的心理反应。这些隐含在物质实体及其相对位置关系当中的、能够给人们带来特定感受的感官信息汇总起来，就构成了艺术设计的信息环境，这就是环境艺术的信息层次；在上述特定环境信息引起综合性的心理反应的基础上，人们产生地注入了愉悦、舒适、震撼等心理感受，就揭示出了环境艺术的第三个层次——精神层次。而环境艺术的信息层次与精神层次，是需要区别清楚的一对概念。精神层次，是主观性最强的一个层面，它集中体现为主体人对于周围环境的主观感受，个人的性格、情绪、知识水平、文化背景及素养等各方面的精神要素在很大程度上影响着这种主观感受的类别及其强度。而环境艺术的信息层次，则是指能够给人们带来特定感受的感官信息的汇总。

这些感官信息隐含在物态实体当中，为人的眼、耳、鼻、舌等感官所感知才能引起一系列的心理反应。如果说物态层次是客观的层次，精神层次是主观的层次，那么信息层次则是介于两者之间的中间过渡层次。环境艺术设计要体现不同文化的影响，也必然集中在这个信息层次当中。因为环境艺术设计者从自己的文化背景出发，将能够体现本民族审美文化心理的事物设计成为了环境艺术"语言"。人类所有的语言文字，归根结底都是一种符号。而环境艺术这种"语言"自然也不能例外。

它是一种凝结在物态实体当中、隐含着特定感官信息、承载着特定文化心理的环境艺术"语言"符号。当人们走进这个艺术化的环境时，就会根据自己的文化背景、文化心理和文化素养，将感官接收到的环境艺术信息"语言"符号进行"解码"，就会得到有同有异的心理反应和审美感受。而进入环境中的主体人，其知识水平和文化背景越是与设计者接近，就越容易产生设计者所期望的心理反应和审美感受。

比如公园角落里一丛青翠欲滴的竹子。如果欧洲游客看到了，可能会称赏这竹子是多么翠绿，就像美丽的绿宝石一样。因为欧洲纬度高，不生竹子，竹子对于欧洲游客来说只是新奇的、能够引发惊喜情绪的事物。而对于中国游客来说，就不会局限于竹子外表的"信息"所激发的审美感受，而是会更多地联想到竹子这一事务所表征的精神内涵。比如"竹报平安"的民俗意蕴；比如竹子表征出的"千磨万击还坚劲，任尔东西南北风"的坚韧精神；比如"独坐幽篁里，弹琴复长啸"的潇洒意态；比如竹笛清脆、婉转、悠扬的乐音……可见，文化背景不同的主体人，对于同一环境艺术信息产生的心理反应和感受，是有显著差别的。与环境艺术设计者拥有相似文化背景及知识水平的人，可能会依据接收到的感官信息进行深入的想象和联想，从而得到更为多义、更为深刻的审美感受。

而且，这个想象和联想的过程是个能动的过程，审美主体人通过想象和联想而最终对环境艺术信息进行多层面的成功"解码"之后，不仅能够得到更为深刻、全面的心理感受，而且会对自己能动的联想与想象的"劳动成果"感到欣慰——这是一种富有参与感的欣慰，它会使审美主体人感到，自己参与到了设计者的设计活动中去，帮助设计者进行了最终的"完形"，实现了他的设计目的，并在此过程中与设计者进行了心灵的交流。

因而，这种基于共同文化背景的、能动的"完形"和交流所带来的心理感受是非常丰富、非常深刻的，能够激发审美主体人超乎寻常的满足感、欣慰感以及审美乐趣。从上面的分析可见，环境艺术设计在更深的层面上是一种文化创造活动。它的体现方式类似于波兰语言学家英加登所提出的"填空与对话"观点。即文学作品文本里面的字、词、句、段等"物质性"的组合是固定不变的，但它蕴含的思想内涵却是模糊多义的。这就好比是一道填空题，文学作品的文本只是填空题中的文字部分，而其内涵主旨则是空白部分。读者需要凭借自身的生活经验与文化素养，去"填空"、去与作者进行跨越时空的心灵对话，这样才能使文学作品的价值得到终极意义上的实现。

反观环境艺术，实际上也是这样一道"填空题"。物态层面上的环境本身是客观、固定的，然而它所蕴含的内涵、题旨、审美理想等，却可能是模糊多义的。需要环境中的人根据自身的生活经验与文化素养去"填空"，并在此过程中与设计者进行跨越时间的交流、对话，才能获得丰富、深刻的情感体验和审美感受，才能从终极意义上实现环境艺术的价值。在这个过程中，除了生活经验之外，文化背景、知识素养、审美心理等，无疑起到了重要的"桥梁"作用。正是从这个意义上，我们说环境艺术设计，是一项深层面的文化创造活动。优秀的环境艺术作品，也必然要恰切得体地体现国家的、民族的乃至地域的文化特征，用"环境艺术的语言"来构建特定的"文化语境"，在与环境中的审美主体人的精神交流中实现环境艺术设计的价值。笔者认为，这就是环境艺术设计与文化之间关系的具体表现形式。

二、现代环境艺术设计的特点和弊端

在西方近代史上，随着第二次工业革命的深入发展，工业及科技理性逐渐地而又是深入地影响到了建筑及环境艺术设计。从西方建筑及环境艺术设计领域发起了"建筑革命"的运动。设计师们纷纷抛弃复杂的圆曲线型和装饰性的雕刻，转而采用直线、锐角、矩形、正方体、圆柱体等简单的几何线性或几何图形来进行基本的环境设计。而环境作品的表面，通常也被处理得非常光滑，不再具有繁复的装饰性雕刻。这样的设计思路和行为，在很大程度上凸显了建筑物及人文环境的实用功能，体现了工业社会背景下科技理性对于人类环境艺术设计思想和行为强有力的支配与决定作用。

在这个过程中，不同民族的审美理想和个性也有被悄悄磨灭的危险。比如摩天大楼作为工业时代的象征建筑物在世界各地拔地而起，乃至于假如能够忽略人种、语言、字体、空气质量等要素，单纯看建筑物的话，一个人可能都无法分辨自己究竟是身处北京的 CBD 还是纽约的曼哈顿。因此，在很多情况下，当我们漫步在一座当代城市之中，几乎没有办法通过它的建筑和环境布局来解读这座城市的文化特征及其居民的心理追求。这一点在当代的中国表现得尤为突出。

比如，我们在北京看到的是一种样式的摩天大楼、街道和街心公园，然后旅行到了上海、广州、深圳，我们看到的都是样式类似或格局雷同的摩天大楼、街道和街心公园。这座城市在文化上有什么特点，我们很难从城市的楼房来判断。如果说这还算情有可原的话，那么当我们步入不同城市的休闲公园，甚至仍然难以探寻到每座城市的审美理想和追求时，那就很难再找到什么遁词来进行开脱了。这是因为，全国各地的大多数公园凭借其相似的设计特征，向我们传达出的都是趋同性的环境艺术信息，而引起的审美感受自然也是类似的。这些相似的环境艺术作品不再是一道道别致的、富有情趣的"填空题"，因为我们早已在其他地方将这些"填空题"的答案倒背如流，以至于一眼望去便能够"胸有成竹"，继而感到索然乏味。

而构成主义、现代主义、后现代主义等现代派环境艺术设计思想所带来的另一个影响，就是环境景观变得越来越抽象，越来越"高妙难懂"。这使得普通民众往往望之兴叹，难以实现这类环境景观的审美和文化价值。

三、现代环境艺术设计中融入传统文化元素的必要性

在现代环境艺术设计中引入传统文化元素，这是由现代环境艺术设计的特点与传统文化元素的特性这两个方面共同决定的。

首先，现代环境艺术设计趋同的环境语汇在逐渐磨灭我们民族审美的文化心理特征以及个性化的审美艺术追求。因而，亟须在环境艺术设计中引入传统文化元素来彰显本民族的文化底蕴，凸显本民族的审美文化心理特征。

其次，传统文化浸透着民族化的审美理念，容易被我国普通民众所认知、解读。因此，融入传统文化元素的环境艺术设计作品能够更为有效地表现出作品的审美情趣和思想内涵，从而实现其艺术价值。

再次，传统文化元素中往往包含着"以小见大""以显见隐"等"以含蓄为贵"的审美特征。在本章第一节，我们曾分析过，优秀的环境艺术设计作品就像是一道富有情趣、内涵丰富的多义性"填空题"。那么，传统文化元素中这些"以含蓄为贵"的审美特征，因为需要审美主体人通过积极的探索去解读其内涵，故而它们天然就具备作为环境艺术设计"填空题"的"优越素质"。故而，传统文化元素的融入，有可能促进观赏者与设计者之间的心灵交流，使观赏者在这种能动的交流之中获得非同寻常的乐趣。

最后，在环境艺术设计中融合传统文化元素，有助于增强我们民族的向心凝聚力。随着我国经济的发展，对外文化交流的频度和深度得到日益地加强和拓展。在与国际接轨的心态引导下，西方环境艺术设计的思路得到广泛地运用。罗马柱、尖屋顶、西式圆

拱门、西式烟囱、荷兰风车这样的西式建筑元素在一些城市中随处可见。当然，文化交流是好事，西式建筑设计元素的引入可以丰富我国民众的文化生活。但环境设计中的西式元素过于强势，也难免会在一定程度上削弱传统文化对于民众的影响力。尤其是对于年轻一代来说，如果他们从小就生活在充满西式设计元素的环境中，难免就会淡忘民族传统文化的精神和特征，这对于凝聚我们的民族文化精神自然是不利的。

此外，令人忧虑的是，在西式设计元素大行其道的情况下，我国传统文化的建筑与环境设计元素却并未能得到广泛运用。即使这些元素有所体现，往往也处于简单拼凑、粗制滥造的状态。比如，高大的楼房有着简洁明快的线条轮廓，但设计师却非要在四角画蛇添足般地添加四道孤立的飞檐，使景观效果显得"不古不今、不土不洋"，十分尴尬。相对于成熟的西式设计，这样"为赋新词强说愁"的仿古设计多半会沦为笑柄。如果我们的建筑与环境设计在运用传统文化元素方面，都处于像这样"牵强附会、简单拼凑"阶段的话，恐怕民众就会丧失对于传统建筑与设计文化的归属感与自信心，这对于强化民族身份认同、凝聚民族精神自然是有消极影响的。

因此，当代中国的环境艺术设计呼唤传统文化元素的回归，尤其是呼唤高品质的、能够将传统文化元素与现代环境艺术设计理念完美融合的环境艺术作品大量涌现。这既是传承民族文化根脉、实现环境艺术设计作品价值的需要，也是凝聚民族文化精神、创造新时代的中国特色环境艺术设计文化的需要。故而，在下面两节中，笔者将选取若干在环境艺术设计中有效融合传统文化元素的优秀案例进行分析，试图探寻在环境艺术设计中有效融合传统文化元素的一般原则与创意思路。

第二节　环境设计中融入传统文化元素的原则

一、从宏观角度把握传统文化的精髓进行环境设计

我国传统的城市、宫廷或寺庙等建筑布局方案都强调"中轴线"这一概念。其原因是多方面的。

首先，以中轴线来统摄城市、宫廷、寺庙等大面积的建筑群，能够形成一种空间布局方面的对称之美。对于大面积的建筑群来说，这种规整的对称之美易于营造出一种宏大的气势。

其次，我国古代有着几千年的君主专制传统，在封建国家的政治结构中，至高无上的皇权处于绝对的中心地位。因而，都城、宫廷等大规模建筑群的布局都要强调用"中轴线"的统摄功能来象征处于中心地位的无上皇权。中国古代讲究"君君臣臣父父子子"，与皇权这种"人治"的体制相对应，在地方上，州郡官吏作为皇权的基层代理人，自然也享有相对于一城、一地而言的中心统治地位。因此，我们可以看到，中国大多数的古城也都是按照中轴线来布局，府衙通常就处在中轴线的正中央位置；而在寺庙、道观这

种超越世俗的修行场所，依然有着类似俗世的等级制度，故而寺庙、道观建筑群的中轴线也象征着方丈、住持等人对于寺庙或道观的管辖权；甚至到了微观的家庭宅院中，父亲具有对家庭的绝对统治地位，故而古代民居也同样按照中轴线布局，父母所居的正房自然就处在中轴线上。

再次，中轴线还是我国古代"中庸"学说的一个具象化的诠释。所谓中庸，简单、形象地说就是走中间路线，防止走向两边的极端。"中庸"是占统治地位的儒家所奉行的准则。因而，宫廷、城市等建筑群的"中轴线"设计，也恰到好处而又生动形象地诠释了"中庸"这个观点。

最后，"中轴线"还象征着"中华"所处的地理位置。在上古时代，华夏族建立的夏朝、商朝等均在中原地区建都。这是因为中原处在南北东西四方之中，居于最为尊贵的位置。因此，早期的华夏也就演变为"中华""中夏"等称呼，其实就是为了强调华夏族所建立的国家处于世界的中心。因此，城市、宫廷等建筑群的中轴线布局，也是彰显大国气象、法度的一种重要的表现形式。因此，中轴线就作为传统建筑布局和环境艺术设计的一个重要的原则，延伸、流淌在两千年的中国建筑史当中，直到今天。

虽然"君君臣臣父父子子"的宗法人治制度已经被废除了，然而中轴线所表现的"中庸""中华"等内涵意蕴，仍具有十分积极的意义。再配合建筑沿中轴线布局所带来的对称之美与宏大气势，中轴线就能够诠释几千年中国建筑与环境艺术设计的底蕴与风貌了。

因而，对于现代环境艺术设计来说，采用中轴线的设计方案，无疑是体现传统文化精髓、意蕴的一种宏观方式和手段。

当然，除了中轴线之外，北广场还采用了其他一些富有传统文化色彩的设计元素。比如，中轴线水道上的喷泉设置了九级。九，在中国文化中是一个内涵丰富的吉祥数字。皇帝的都城是九门，皇帝的宝座是"九五之尊"，民间的信仰讲究"九九归一"。因此，将喷泉设计为九级，在文化方面是富有启发作用的。此外，喷泉水道两侧的绿化模块，实际上是按照中国书法的九宫格来设计的。而唐代长安城的里坊布局，也正是采用了九宫格一般的布局方式。因此，这些绿化模块可以说是象征了隋唐长安城的民居里坊，凸显了中国传统文化的章法严谨之美。这些传统的设计元素，就像绿叶一样映衬着"中轴线"这朵"红花"，使得北广场在精神层面上复原了隋唐长安帝都。

从宏观视角来总体性地运用中轴线这样的传统文化设计元素，容易达成一种"大象无形"般的博大气象。说它大象无形，并不是说没有一定的形体，而是说像大雁塔北广场这种利用传统文化观念、元素进行设计的环境艺术作品，就像是用天地为背景，设置了一道内涵广大的"填空题"。读者仅凭"中轴线"这样一道简单直线的提示，根据自己的知识储备和文化背景，就能够联想到众多的历史文化事件。这也就是说，中轴线这一传统文化的设计理念，包含着太多的环境艺术信息，当这些信息激发了审美主体人所具备的文化背景时，就能够引发无尽的想象和联想，达到"思接千载，视通万里"的博大境界。从而让审美主体人在与历史文化的交流与对话中，能动地、自觉地体验到盛唐帝都曾经的雄浑博大之美，从而凸显大雁塔北广场的主旨与价值。

二、从环境艺术设计的细节处体现传统文化内涵

都江堰水文化广场坐落于都江堰景区内，是四川地区一座比较著名的以水文化为主题的休闲娱乐广场。杩槎天幔堪称广场环境艺术设计中的"亮点"。所谓杩槎，是都江堰地区用来挡水的一种三脚木架。应用时以多个杩槎排列成行，每个中间设置堆积石块的平台。在迎水面加系横竖木条，培植黏土，覆以竹席，即可起到挡水的作用。在杩槎天幔当中，下方的青铜金属支杆，就象征着杩槎这种三脚木架当中的木棍。而上方不规则的金属网面，则象征着油菜花的花朵。在都江堰景区，油菜花是一种十分常见的经济作物。每到春夏时节，漫山遍野绽放金黄色的油菜花，充满了勃勃的生机。因而，整个金属网片都是由青铜合金制成，并做了镀金处理，来象征油菜花灿烂的金黄色。

从整体造型来看，无论是青铜支柱还是金属网片，它们的形体都并不规则，而且突出了带有较锐利的折线与直角，具有现代抽象主义的表现风格。然而，如果我们仔细看金属网片的细节，就会发现，它实际上使用了一种传统的吉祥纹饰——轱辘钱纹。所谓轱辘钱纹，就是用一个较大的圆形套一个较小的方形所构成的图案纹饰。两种几何形状分别象征着铜钱的"外圆"和"内方"。从民俗寓意方面来说，轱辘钱纹包含有"招财进宝""福禄双全"等吉祥文化意蕴，故而它是传统民居中一种常见的装饰图样。

从上面的图例我们可以清楚地看到，金属网片篾条纵横交错编织出的正是外圆内方的轱辘钱纹。它们与金属网片金黄的色调和谐地融为一体，昭示着"遍地盛开财富之花"的美好寓意。虽然杩槎天幔的整体设计具有抽象主义的风格特征，一眼望去很难让人了解其寓意。但是当代城市休闲广场一般都会附有景观简介，人们通过简介，自会知晓其中的含义，然后通过仔细观察，发现了遍布网面的轱辘钱纹，明白了其中的寓意之后，自然会恍然大悟，在内心中油然升起一种吉祥、喜悦之感。

另外，我们注意到，杩槎天幔中具有构成主义风格的锐利线型又与网面底端柔和的曲线形成了和谐的对比与统一：锐利的线型强调了空间的势，具有张扬的特性；而柔和圆润的曲线造型则象征了中国古代哲学"圆满融通"的精神品格，具有内敛的特性。这种锐利与圆融、张扬与内敛的对立统一，就为在细节中运用传统文化元素提供了一个整体性的和谐载体。在此基础上，属于细节设计的轱辘钱纹依靠其数量优势，最终彰显了传统吉祥文化的底蕴。

从上面的分析可见，在都江堰水文化广场杩槎天幔的设计案例中，应该说存在着两个层面的"填空"式欣赏结构。第一个层面是富有抽象主义、构成主义风格的整体造型，要依靠其中蕴含的圆润线型等传统文化元素，从对立统一的视角去"解码"，去领会杩槎天幔整体性的内涵品格；第二个层面则是基于传统吉祥图案的细节设计，需要依靠仔

细观察来重新认识其根本性的内涵特征。这样一个层层递进的欣赏结构，能够使得审美主体在"抽丝剥茧"般的探寻过程中获得多次的审美愉悦与文化心理的满足，带来多向度、多重性的审美感受。而造就这个递进式欣赏结构的关键性因素，则正在于细节中体现出的传统文化元素。

三、善于把握传统造型元素的文化底蕴

导水漏墙，是都江堰水文化广场的一道特色景观。它集实用和观赏功能于一体，上层是具有实用功能的导水槽，而建筑的主体部分则是采用斜向方格肌理构建成的镂空墙体，具有较高的观赏价值。从总体轮廓来看，导水漏墙基本是由若干条简洁的几何线搭接构建而成，具有构成主义的抽象风格特征。而镂空的墙体，却与整体上简约明快的轮廓形成了比较鲜明的对比。而这些看上去相当繁复的镂空墙体，正是运用传统文化元素设计而成的。从根本上来说，它是以都江堰堤坝上常用的竹笼为原型来设计的。

竹笼是都江堰地区常见的一种堤防设施，它是用坚韧的竹篾编织成笼状的长筒套，并在其中填充石块以增加整体的重量和强度。将编织并填充完毕的竹笼固定于堤坝的迎水面，就能够起到巩固堤坝、阻挡洪波的作用。当然，在导水漏墙的设计中对竹笼网格进行了抽象化的处理，使其看上去更像是窗格了。很可能设计者在抽象化地提取"竹笼"原型的艺术元素时联想到了窗格，从而激发了灵感，将漏墙设计成了我们看到的形态。而从观赏者的角度来看，他们未必熟悉竹笼，但基本都会熟悉窗格。窗格在普通民众中显然有着更好的认知度与亲和力。而形成这一切的关键原因，就在于窗格和竹笼这两种事物之间有很大的相似性。

中国古代人们的生活节奏，尤其是统治阶级的生活节奏，与现代中国人有着很大的不同。他们的生活节奏明显要更慢，有着大量的空闲时间和闲情逸致来品味生活。就以窗格为例，它的主人可以要求木匠做成菱形、斜纹、万字纹、如意纹、椭圆、冰裂纹、方胜形、回字纹、回云纹、八角、方格、瓶形、十字、绳纹、井字等各种造型，为的就是在一瞥之间能够产生出各种联想和想象，兴发出各种各样的情趣和感受来。因此，传统窗格可能同许多事物相像。正是从这个意义上说，家居的窗格与防洪的竹笼有相似之处，是毫不奇怪的。

综上可见，古代的窗格多是以繁复和曲折为美的。而现代的窗格，则多使用直线化的简约构图。这可以视为对农耕文化与工业文化之间区别的一个小小的注解。前者更具有休闲意味，而后者更具有工业时代的科技理性特征。在城市的公园这样以休闲为主题的角落里，使用几何形状相对繁复的窗格造型来引发人们的想象和联想，使他们能够在休闲的过程中自由、灵动地自娱自乐一下，这无疑是彰显农耕文化休闲底蕴的良好设计方式。

上文阐述了现代环境艺术设计中窗格造型所展现的传统文化底蕴。其实，在中国古代，有许多专门性的环境艺术设计元素更值得我们去借鉴，比如漏窗。

在我国古代的造园思想体系中,有一项非常重要的手法,就是"借景"。通俗地说,"借景"就是借助一定的环境艺术设计手段,有意识、有目的地将园外的景物组织到园内的视景范围中来。当然,在园中也常常采用"借景"的手法。最常见的就是亭台楼榭的墙壁上开凿一扇漏窗,那么圆中的景色就会被"借"到亭台楼榭中来了。这样的借景宛若呈现了一幅错落有致的图画,不仅能够以小见大,而且往往于平淡之处让人生出"柳暗花明又一村"的新奇、惊喜之感,从而带来无穷的意趣。当然,古代的漏窗多用于造园;而在今天,我们不仅能用它来造园,还能用来造厅、造馆、造店、造家。比如苏州博物馆中的漏窗:苏州博物馆是著名美籍华人建筑师贝聿铭的杰作之一。贝聿铭非常推崇漏窗,他曾说过:"在西方,窗户就是窗户,它放进光线和新鲜的空气;但对中国人来说,它是一个画框,花园永远在它外头。"因此,在苏州园林的诞生地——苏州,设计它的博物馆,漏窗自然是不可或缺的元素。比如上面这个漏窗采用了空窗的形式,就非常得体地完成了"借景"的任务。素淡的白色墙面上镶嵌着一个用深色砖石材料贴脸收边的漏窗。

一般来说,苏州园林的漏窗都不用特定的材料来贴脸收边,以便保持其自然的状态。而在此处,漏窗作了色彩对比度较强的贴脸收边设计,就是为了把它做得更像一幅画框,更符合现代生活的场景和意趣。而且,漏窗被做成了带有锐角的正六边形,一方面这更符合现代画框的形制特征,另一方面,也凸显了以隐喻性、装饰性为特征的后现代主义设计特点。在融合了后现代主义风格特征的"画框"式空窗当中,呈现出的则是青翠欲滴的数竿绿竹,可谓"以竹当窗",尽显中国传统环境艺术设计的风雅底蕴。

贝聿铭在漏窗的设计中进行了恰切得体的取舍,一方面他选择了漏窗的功能,因而能够从根本上表现出传统设计文化"借景成画"的盎然意趣;另一方面,他对漏窗的形制进行了处理,采取了苏州园林传统漏窗不常用的贴脸收边设计,并有意将线条做锐化处理,从而彰显了后现代主义所提倡的装饰性特征,使漏窗更加符合当代人的审美习惯。因而,苏州博物馆内的这个漏窗,可以说在取舍之间将传统文化的底蕴与现代人的审美习惯有机地联系在了一起,堪称现代环境艺术设计中融入传统文化元素的典范之作。

四、在显要位置突出传统文化元素

南京诸子艺术馆内景:在这个设计案例中,就较好地体现了"在显要位置突出传统文化元素这一设计原则"。首先,我们来看这个房间的整体布局,从屋顶的圆形大灯池,到粉刷洁白的墙壁、两侧的木皮装修,再到富有立体感的木皮地板。这个房间的整体布局到处洋溢着现代气息。然而,虽然这些现代的环境艺术设计元素在房间中似乎占据了绝对优势,但它们仍有一个非常严重的劣势方面,那就是它们处于封闭的空间之中,不具有自然采光的明亮之感。而匠心独运的设计者,则将自然采光的重任赋予了一个扇面形的传统漏窗。这个漏窗的设计采用了硬景花窗的样式,正是它将自然光引进了整个房间,使得房间里透进了明媚的自然光色。因而,这个漏窗虽然所占的面积不大,但因为采光的原因，却居于十分显要的地位。如果把整个房间比作人的面部，那么这个漏窗显然就是"眼睛"，是整个房间布局的灵魂所在。因而，虽然室内充满了大量的现代环境设计元素，但它们都是传统漏窗这一"明亮眼睛"的陪衬。传统漏窗为主，而大量的现代环境设计元素为从，这种独特的主从关系，使得传统文化元素与现代环境设计元素在鲜明对比之中达成了和谐的统一。统一于什么呢？统一于自然、和谐、舒适。在此基础上，在漏窗之下，恰到好处地布置一座古色古香的条案，在两侧的木皮装修壁上挂上两幅行草字框，用来对冲现代环境设计的气息，并作为漏窗的辅助来加强传统文化的意味，起到了锦上添花的效果。

综上所述，传统文化元素用于显要的位置，就能够产生"以一当十""以一当百"的独特效果，即使整个房间看上去是现代艺术设计元素构成的，但显要处的传统文化设计元素仍能提示人们：它的灵魂却是传统的。

五、善于体现传统色彩的文化内涵

西安慈恩镇景区：在上面这个案例中，体现了传统色彩运用的张扬之势。红色，是汉民族文化传统中最为崇尚的色彩，它具有热烈、喜庆、吉祥等美好的寓意。而红色的灯笼，除了具有以上寓意之外，它还提示给人们一种喜庆、热闹的动态之感。因为，灯笼多悬挂于年节之际，比如除夕之夜、元宵赏灯之夜、传统婚礼等。这些场合，都是万头攒动、人声鼎沸的喜庆、热闹场景，因而，红灯笼本身就承载着喜庆、热闹、动感的环境艺术信息。而在上面这个场景案例中，设计者从风帆中获得灵感，将102盏大红灯笼整齐有致地高高悬挂在三座支杆之上，不仅带来了异常强烈的视觉冲击力，强化了扑面而来的气势感，而且更加凸显出了那种喜庆、热闹、动感的环境艺术信息。它会引导人们自然而然地联想起年节之际人流涌动观赏大红灯笼的热烈场景。因而，这102盏高高悬挂的大红灯笼为整个景观注入了无穷的动感。而底部同样用红色灯饰制作的"慈恩镇"三个行书大字，也因大红灯笼所带来的无限动感而更加显现出了飞腾的气势。

而且我们观察周围环境就会发现，仿古建筑虽然章法严谨、中规中矩，但却容易流于单调呆板。而在众多仿古建筑之间设置这样一座色彩鲜艳、气氛热烈的大型灯笼挂架，则能够有效地对称那种单调、呆板之感，从而成为整个景区的灵魂标志。从这个意义上来看，将"慈恩镇"这一景区名称写作三个行书大字放在灯笼挂架底端，正得其宜。

第三节　环境设计中运用传统文化元素的创新方法

一、活用传统文化设计元素

在现代环境艺术设计中使用传统元素，要用出特色、用出创意来，就离不开"活用"

二字。所谓"活用"，就是指不拘泥于传统文化元素本来的形状、样态、材料、质地乃至用途等，而是创新性地赋予传统文化元素以新的样态或用途。

南京诸子艺术馆内景：我们可以看到，室内的灯池、墙体、地板等处充斥着各种各样的直线和折线，富有现代环境艺术设计的简洁、大方之美。但在显要的墙体中间位置，设置了具有传统文化特征的隔扇与印鉴造型，开门见山地赋予了这件会客室以传统的文化底蕴和风格特征。

隔扇，也叫格子门，是带有用木棂条编织的网状窗格的一种门扇，是我国传统民居中常用的部件。隔扇通过木棂条之间的空隙来保持通风效果，又能以木棂条为黏合点糊上纸张或布帛，从而起到隔风避寒的作用。我们仔细观察上图就会发现，这里虽然用了隔扇造型，但却在隔扇的中下部有意拆除了部分棂条，形成了一些对称的"空挡"。为什么要这么设计呢？因为传统的隔扇，棂条编组的网状窗格是非常细密的。过于密，就容易呆板。这是一件具有会客室功能的房间，如果处于显要位置的隔扇造型中棂条过密，图案过繁，就容易产生一种板滞、压迫之感。

因此，设计者转而采用了"掏空"的办法，将部分棂条撤除，将期间的空隙进行有规律的放大，就使得整个造型变得活泼、灵动起来。而且，这些由空隙放大形成的对称图案，多是齐整的矩形造型，有的还可视为两个矩形的交叉叠置，不仅具有现代设计的几何抽象感，而且可以引起审美主体的多义性联想。比如将其想象成墙砖、搓板、花朵等多种事物。这就在无形中平添了隔扇造型的观赏价值及趣味性，也能够向来访的客人提示一种轻松、愉快的氛围。可见，对传统文化元素进行别出心裁的变形活用，就有望将传统文化与现代设计理念完美地融合在一起，给人带来多层面、多向度的丰富审美感受。

月亮门造型的电视墙：上面的这个设计案例，属于室内环境的布局。从图中我们可以看到，这是一间融合了许多传统文化元素的客厅。月亮门又叫月洞门，是古典园林建筑"洞门花窗"体系当中一种非常优美、别致的造型。通常，月亮门都用于园林建筑当中，然而在这里，设计者却独具匠心地把它用在了电视墙当中。这就赋予了月亮门以新的内涵，同时也赋予了整个客厅以全新的内涵。首先，月亮门象征着如中秋之月一般的团圆美满，用在客厅当中是十分得体的，具有象征合家团圆、幸福美满的吉祥寓意；其次，月亮门内套方形的电视，它彰显了一种传统的处世哲学，即"外圆内方"，也叫"人生铜钱论"。

因而，这样一种造型具有雅俗共赏的特点；最后，向客人展示了一种布局的章法之美。俗话说："没有规矩，不成方圆"。而这里的设计也就套用了这句话，即"既成方圆，必有规矩"。因而，从这样的设计中，客人还有可能体会到主人是一个胸存规矩、洞明世事、练达人情的通达之人。

月亮门的活用，就能带来多方面的环境艺术信息，引发客人的多重联想，品味出多重内涵，达到"简约而不简单"的良好效果。

二、善于运用富有传统内涵的植物

植物，是传统园林设计中不可或缺的组成部分。植物不同于其他环境设计元素的最大特点在于，植物是活的，在一定情况下也是能够"动"的，它象征的勃勃生机，是任何"死"的、静态的环境设计元素都难以比拟的。而且，在我国传统文化中，有许多植物都具有丰富的文化内涵，比如松树象征着坚贞不屈，梅花象征着傲岸倔强、菊花象征着隐逸情怀、兰花象征着君子之德、荷花象征着脱俗不染、翠竹象征着坚韧不拔等。

因此，善于运用具有传统文化内涵的植物，也是在现代环境艺术设计中融合传统文化元素的一种有效手段。

深圳万科第五园别墅外景：万科第五园的别墅群，在设色上是非常讲究的。它使用洁白色作为墙体的主色，仅在房檐、墙檐处使用青黑色进行了收边处理。其实，它的色彩选择应该是源自皖南古徽州民居的颜色样式。皖南民居的主色调是白色的粉墙与黑色的瓦片所构成的。为什么要这样配色呢？原来古徽州重商，为了经商得利而特别注重风水。根据我国古老的五行五色理论，金主西方，像白色；水主北方，像黑色。而五行相生的顺序则是金生水。因而，风水学说认为"金盛则水旺"。而且"山主贵，水主财"。因而，皖南民居用黑白两色为主色调，则是为了让"金、水"齐旺，从而招财进宝。由于江南地区历来富庶，民多经商。皖南民居的配色在江南民居中也具有代表性。万科第五园作为高档别墅，其客户群当中自会有很多富裕的商人。

深圳作为一个移民城市，江南各省人又在深圳人中占据较大的比例。故而，第五园的别墅就选用了古徽州民居的配色方案。但是，深圳毕竟是一座快节奏的现代化都市，照搬古色古香的民居原貌只会令人升起"矫揉造作"之感。故而，设计者大胆地选用了直线、锐角、矩形等具有构成主义风格的设计元素来彰显别墅外观的现代主义风格特征。简约的线型，鲜明的棱角，使别墅流露出了一种基于科技理性的简约、大方风范。也使得现代建筑样式与传统的配色和谐地融为一体。然而，如果缺少了门侧的萧萧数竿翠竹，这个设计就会欠缺应有的内涵和品味。这是因为竹子在中国传统文化中具有丰富的内涵。

首先,竹报平安。唐代段成式在其《酉阳杂俎续集》中记载："北部惟童子寺有竹一窠，才长数尺，相传其寺纲维每日报竹平安。"后来，发明了纸卷的爆竹，家家户户在年节之际燃放，意在驱邪，赢得来年的平安吉祥。对于传统的商人而言，大抵就只有两个基本的愿望：一是发财盈利，二是平安团圆。因此，在别墅墙边栽种萧萧数竿翠竹，就寄寓了平安、吉祥的美好寓意。

其次,竹在古代文化中象征着脱俗的"雅"。苏轼在《于潜僧绿筠轩》这首诗中写道："宁可食无肉,不可居无竹。无肉令人瘦,无竹令人俗。人瘦尚可肥,士俗不可医。旁人笑此言,似高还似痴"。

从此之后，竹就成了"高雅脱俗"的代言人。在一座新兴城市中赚得巨额财富的商人，是绝不愿意被视为"暴发户"的。那么，最好的办法就是在居室旁随手种上几竿翠绿欲滴的修竹，来彰显自身的品位和内涵。因此，第五园这座别墅用翠竹来"画龙点睛"，凸显了别墅的风雅内涵，很好地迎合了潜在客户的心理需求。当然，这也带来了一个问题，就是翠竹与白墙相映，都是冷色，设色有过于淡薄、清冷之嫌。因而，设计者将正门设计成了温暖的橙色来进行补救，在这一显要位置成功地对冲了众多白、绿、黑色调所带来的清冷之感。

三、着眼于同现代光、电技术相融合

当代环境艺术设计，是在现代科技环境下进行的，需要接触到各种各样的光、电技术设施。因此，环境艺术设计者也需要研究光电设备与传统文化元素融合的可能性，有时就会产生奇异的设计效果。

圆拱门式的落地镜：从本质上来说，玻璃制造的镜子算不上什么光学技术设备。然而，在我国古代，是没有玻璃镜子的。虽然我国早在战国时期就掌握了制造玻璃的技术，但受工艺水平的制约，所造玻璃透光性很差，无法映出形象。直到清代雍正以后，从西洋传入的玻璃镜子才开始小规模地运用于贵族阶层的家居之中。而镜子在我国普通居民家居中的普遍应用，则属于新中国成立以后的事情了。因此，就古代传统的环境艺术设计而言，是很少接触到使用玻璃镜子的机会的。正是从这个意义上说，玻璃镜子相对于传统文化元素来说，可称为比较现代化的"光学技术设备"。

落地镜被设计成为圆拱门的形状。圆拱门，多用于传统的园林建筑中。由于镜子的反光作用，使得室内的器物与布局看上去仿佛就像园内的景物一样，令人产生"别有洞天"之感。其实，这也是继承了传统造园手法中的"借景"手法，属于间接借景。

比如，利用静止的水面来仰借天光云影之景就属于间接借景的典型手法。只不过，在这里设计者将水面换成了反射率更高的玻璃镜面，将园林的借景思维移植到；r居室之中，利用镜面借了居室当中的"景"。利用光学折射现象，巧妙地拓展了居室的景深和空间感。而圆拱门样的镜子造型，又使得所借之景仿佛出自门内，为现代气息浓厚而略显清冷的居室平添了一份娴雅、幽默的意趣，堪称将现代光学技术与传统文化元素进行"无缝对接"的典范案例。

四、注重以"静"见"动"

环境艺术设计的作品，一般都是静态的。如果能够让审美主体从静态的作品中看出动态的趋向，进而产生各种各样的联想。我们就可以说，这样的环境艺术设计作品是富有创意的高水平作品。

浙江千岛湖浅水湾酒店廊道格栅：这些格栅图案取材于浙江千岛湖畔淳安县的传统

蜡染工艺纹样。蜡染是淳安县的传统手工业品，在浙西、皖南地区享有盛誉。

要用立体的形态来表现蜡染的纹样，就必然要用到镂空的技法。因此，这个作品也借鉴了传统窗格的镂空形态。受皖南文化影响，淳安在历史上也盛行"三雕"，即石雕、木雕和砖雕。虽然这些雕刻手艺并不以雕镂窗格纹样为可称道的能事，但是镂空窗格毕竟也在一定程度上代表了淳安的木雕手艺。根据笔者的观察，这些格栅纹样虽然从根本上是取材于淳安蜡染纹样，但也部分借鉴了传统漏窗中的"冰裂纹"图案，并进行了线型上的锐化处理，突出了一些几何线型的构成感，也突出了某些锐角。

这种几何样的构成感，就使得整个纹样得到了内在精神上的"硬化"，配合立体镂空形态及金属材质，有效地增强了作品的空间感和现代感。然而，我们同时也注意到，作品在对一些几何线型进行锐化和"硬化"处理的同时，也在一定程度上吸收了传统窗格尤其是软景漏窗的"流纹"式处理手法，对另一些线型进行了"软化"处理，甚至对一些线型进行了合并，使其变得不规则起来。这样一来，锐化的几何线条以其硬性的风格特征就与"软化"的线条所反映的流动性的、软性的风格特征形成了一定程度的对比。

这些具有构成主义特点同时又融合了中国传统"流纹"图样的格栅纹样，看上去就具有了西方现代派美术中抽象主义、超现实主义作品的某些特征。于是，锐化、硬性与软化、流型几何线条的对比，又统一于张力和动感。我们注意到，按照西方现代主义艺术的规律去看待这些图样的话，就会发现它所描绘的是抽象化的人的形象。因为一切艺术它在最根本上是为人服务的，而一切手工艺产品包括蜡染，它无疑也是为人而服务的。

要用蜡染图案来表现淳安的历史与文化，舍弃人的形象又何求呢？那些线条的融合处，其实可以视为人的头部和身体，而那些或直或曲的纤细线条，则可视为人体的四肢。锐化的直线体现了人体形象的张力，而流纹化的曲线则象征着人体的柔韧。两者的效果结合在一起，就形成了一股呼之欲出的内在动感。

因而，虽然这些格栅是静态的，它所用的材料也是冷冰冰的金属，但是它的纹样却饱含着动感。它所诠释的，应该就是历史上淳安人坚韧不拔、勤劳创业的人文精神。我们还注意到，格栅采用了长条形的设计，这固然取材于蜡染的布幅图形，但同时也可能是象征着历史的长河。在历史的长河中，一代代淳安人就是染着蜡染、穿着蜡染，走到了今天。

因此，这些格栅作品取材于作为淳安文化符号的蜡染，并用它的纹样表现了富有张力和动态生命力、富有精神品格的淳安人的形象。而且，它通过巧妙地融合构成主义的线型特征与我国传统的软景漏窗纹样特征，赋予了静态格栅纹样以动态的精神内涵，堪称在现代环境艺术设计中融汇传统文化元素，以"静"见"动"的典范案例。

第十二章

现代景观设计中的传统园林文化

第一节 传统文化的继承与发展

一、中国传统文化地界定

所谓传统文化，就是指在长期的历史发展过程之中形成并发展起来的，保留在每一个民族之中具有稳定形态的文化。它是一个民族的历史遗产在现实生活当中的展现，具有特定的内涵以及占据主导地位的基本精神。其承载着一个民族的价值取向，影响着一个民族的生活方式，聚拢着一个民族自我认同的凝聚力。

中国传统文化，是指在长期的历史发展进程当中形成和发展起来的，保留在中华民族之中具有稳定形态的中国文化。包括思想观念、思维方式、价值取向、道德情操、生活方式、礼仪制度、风俗习惯、宗教信仰、文学艺术、教育科技等诸多层面的丰富内容。

中国文化、中华民族多元一体的发展格局，决定了中国传统文化具备了综汇百家优长、兼集八方智慧的显著特点。这一特点，不但体现在其形成之际，也保留在它的发展当中。所以，不管在哪一个历史时期，中国传统文化都可以及时地吸收时代精神要义，不断地实行自我更新和自我完善，以适应社会发展的需要。数千年来，中国传统文化成功地保护并维系了中华民族的持续发展，并长期处于世界领先地位。

二、中国传统文化的基本精神

（一）以人为本

美国哈佛大学教授杜维明认为，"中国文化关注的对象是人"，可以说主要是一种"哲学人类学"。对此，学界几乎没有任何异议。以人为本的人文主义或人本主义，向来被认为是中国文化的一大特色，也是中国文化精神的重要内容。与古希腊文化重视人与自然的关系以及希伯来文化、印度佛教文化注重人与神的关系不同，中国文化侧重于人与社会、人与人的关系以及人自身的修养问题。中国哲学，无论儒、道、佛，本质上都是一种人生哲学。从总体上来讲，以儒道两家为主干的中国传统文化，是一种伦理本位的文化，尤其以儒家为代表的以人为本的思想，在后来的封建社会当中得到广泛的认同与创造性的发展。

必须指出，任何文化，都是人类活动的产物，本质上都是以人为本的，关键在于各自价值趋向的差异。中国传统文化当中的人本主义和西欧文艺复兴时期兴起的人文主义在价值趋向上存在着本质区别。中国人本主义以家庭为本位，以伦理为中心；西方人文主义则以个人为本位，以法治为中心。中国文化重人，并非尊重个人价值和个体的自由发展，而是将个体融入群体，强调"五伦"，强调人对于宗族和国家的义务，是一种宗法集体主义人学，是一种以道德修养为旨趣的道德人本主义。西方文化中的人文主义重个体的价值，强调个人的权利与自由，强调人与人之间的平等契约关系，实质上是一种个性主义，它是西方民主制度与法律体系的重要思想基础，两者不能混为一谈。中国文化当中的人本主义传统，重视道德伦理、角色扮演，履行一定义务，对维系社会正常运转、人际和谐和人生修养等方面都具有积极意义，但也存在着重人伦轻自然、重群体（家族）轻个体的倾向，与专制主义也有一定关联，这是它的消极因素。

（二）持中贵和

中国文化较为重视和谐统一，与西方文化重分别对抗形成强烈反差。中西文化这一重大差、异很大程度上反映了农耕文明与商业文明的不同特性。中国传统文化植根于农耕文明，表现出一种"静态"的特征，注重自然的和谐、人与自然的和谐、人与社会的和谐、人与人之间的和谐以及人自身的身心和谐等。中国传统文化以和为贵的和合精神最为典型地体现在"天人合一"的思想传统中。唐君毅先生深刻地指出："中国文化精神之本原，吾人即可为中国思想，真为本质上之天人合一之思想。"在中国古代思想家看来，天与人、天道与人道、天性与人性是相类相通的，所以能够达到和谐统一。在人与自然的关系之中，中国文化较为重视人与自然的和谐统一，而西方文化则强调人要征服自然，改造自然。尽管中国古代思想中也有"明于天人之分""制天命而用之"的思想，但是这种思想不占主导地位。无论是儒家和道家，都主张天人合一，反对天人对立。以儒家为代表的中国传统文化中"以和为贵"的思想观念主要侧重于人与社会以及人与人之间的和谐统一，这从孔子所谓"礼之用，和为贵"及孟子所说的"天时不如地利，地利不如人和"的思想中，可得到明确印证。

"持中贵和"不仅是中国传统文化当中极为重要的思想观念，而且也培育了中华民族的群体心态，在中国文化的各个领域都有明显的体现。"极高明而道中庸""执其两端而用其中于民""致中和"等，无不是农业自然经济和宗法社会培育的人群心态。经过长期的历史积淀，和谐精神逐渐泛化为中华民族普遍的社会心理习惯。比如，政治上的"大一统"观念，经济上的"不患贫而患不均"的思想，文化上的"天下一家"的情怀，为人方面的"中行"人格，艺术上的"物我通情相忘"的意境，文学上的"大团圆"结尾，美学上的"以和为美"的审美情趣，如此等等，不一而足。

持中贵和的思想，作为中国文化基本精神的一个重要内容，对中国社会带来的影响也是双重的。它的积极作用和影响是主导方面，对保持

社会稳定和发展，对于统一的多民族国家的维护，无疑有着积极作用。但是，不可否认，由于全民族在贵和尚中观念上的认同，中国文化缺乏如西方文化中的竞争、进取精神，这对社会的发展也有不利的影响。

（三）实践理性

所谓"实践理性"，主要体现为一种重现世、重实践、重事实、重功效的思想方法和价值取向。它作为中国传统文化心理结构的主要特征，由来久远，而以理论形态去呈现则在先秦儒、道、法、墨等主要学派中，尤其是深受儒家人文主义精神以及明末清初启蒙思想家经世思潮的影响。作为一种思想方法，它较为重视客观事实，注重历史经验，注重直觉顿悟和整体思维，满足于解决问题的经验论的思维方式。作为一种价值取向，实践理性注重身体力行、经世致用的行动哲学，尤重道德功利主义。它与美国的实验主义精神有相似的地方，也有不同之处，两者不能混同。实践理性对中国文化精神和民族精神的影响至为深远，在实践中也带来了双重效应，但积极效应占主导地位。深得人心的"实事求是"的思想路线是实践理性学术传统在实行中的积极效应。根据相关考证，实事求是，原意是一种严谨治学的科学精神。

三、中国传统文化的现实意义

（一）科学合理地评价中国传统文化

在"文化热"当中，有关中国传统文化再估价、中西文化冲突与融合等论题，开始走出学术沙龙的象牙塔，为全社会所思考与议论。这或许从一个侧面表现了我们这个古老国度时下正在进行着的社会变革的深度和广度，表现了人民对于建构与现代化相适应的新文化体系的强烈要求。

但我们同时也可以发现，"文化热"当中人们对中国传统文化的现代意义的评价异议纷生，莫衷一是。在我们的理解看来，要对中国传统文化的现代意义问题达成某种程度的共识，首先必须解决对中国传统文化的科学评价问题。这可以说是对中国传统文化内蕴的现代意义进行开掘的理性前提，我们在这里所指的科学而合理地评价中国传统文化，实质上就是说要从整体上对中国几千年的传统文化的辩证发展作一规律性的探寻，从而不是主观随意地而是客观理性地对中国传统文化作一总体评价。

（二）传统文化现代意义的开掘所必须遵循的基本原则

第一，对传统文化中的封建糟粕应持彻底批判与摈弃的态度：在传统文化之中绵延了几千年的封建主义文化始终占据着主导地位，所以对传统文化中具有封建文化性质的观念形态，以及反映这些观念形态的一切"物化"了的种种事物，我们必须保持彻底的批判态度。我们应当承认，在道德伦理、秩序制度、价值观念、风俗习惯、民族心理以及思维方式等方面，封建主义影响的痕迹几乎随处可见。大如专制制度、等级观念、宗法思想、人治传统之类，小如待人接物的礼教规范与为人处世的"不敢为天下先"的保守原则等。对于这些传统文化当中遗留于现实社会的沉渣和糟粕，应该坚决予以抛弃。此外，还有一些虽然不为封建文化所独有，但是反映了一般农业文明局限的东西，诸如重农轻商的观念，狭隘短浅的目光，听天由命、求稳怕乱的思想，抱残守缺、不求进取的心态，等等，也应该随着时代的进步而将它们彻底淘汰。

第二，对传统文化中那些糟粕与精华并存的成分，要善于辩证地扬弃，要以时代发展的要求为内在依据批判地予以继承：由于传统文化并不仅仅是封建文化，其中有一些东西，在我们民族的诞生阶段就开始形成，在我们民族的整个发展过程当中也始终存在。

这些文化观念或风俗习惯已经成为我们民族文化最基本的一些规范和原则。对传统文化当中的这一类成分，我们应该在批判和改造的基础上予以继承。而我们之所以要批判地继承，是因为这方面内容往往是精华与糟粕并存的，所以在开掘其现代意义的过程中，我们必须特别注重取其精华去其糟粕。

第三，对传统文化中的优秀遗产必须继承并大力弘扬：在中国传统文化之中有一部分是不为封建社会形态所特有、而与我们中华民族的整个历史共存的积极成分，这些积极成分作为传统文化中的优秀遗产无疑是我们必须积极继承并大力弘扬的。中华民族自古以来就有悠久的爱国主义传统，有注重人际关系和谐的传统，有一贯尊重事实的求实精神，有强烈的民族自尊心、自信心，有勤奋、勇敢、吃苦耐劳的美德，有百折不挠、愈挫愈奋的抗争和自强精神。这些传统并不仅仅与农业文明同始终，而是我们民族过去、现在与将来始终需要的永恒精神。这些精神并不与近代工业文明的优点和长处发生冲突，相反，其一般会具有匡补时弊的功效。因而，传统文化中的这些积极成分过去哺育了我们的祖先成长，今后也将伴随着我们的后代走向未来，它无疑是民族文化中应当继承的宝贵遗产。

概括来讲，中国传统文化中具有积极意义和恒久价值、应该深入开掘和发扬光大的，主要有以下两个方面的内容：一是体现和表达民族精神的内容。如"天下兴亡，匹夫有责"的忧患意识和爱国主义精神；"兴利除弊"的改革精神；"民为贵，君为轻"的重民贵民的民本思想；"自强不息"，不畏强暴，不怕困难的独立自主、自力更生、吃苦耐劳精神；注重和谐的"和合"思想；"厚德载物"的宽容精神和关于吸收异质文化的"会通"精神，等等。二是扬善抑恶，注重人格和道德修养的伦理精神和人生价值观念。如"己所不欲,勿施于人”的“仁爱”精神;“勿以恶小而为之,勿以善小而不为”的律己观念;“三军可夺帅,匹夫不可夺志”的人格正气;“杀身成仁”“舍生取义”“以天下为己任”的重气节和大公无私的人生价值观念;“立己立人,达己达人”的处世原则,等等。

第二节　传统园林中的文化体现

一、中国园林文化

（一）中国古典园林文化

1. 内涵

“古典”一词,在《辞海》当中主要包含两层含义:第一主要是指古代流传下来而被后人认为具有典型性与代表性的;第二则是泛指过去时代具有典范意义或代表意义的。根据社会的发展规律,“上古史”指的是原始社会、奴隶社会的发展史,“古代史”是封建社会的发展史,“近代史”则是社会主义社会的发展史。这个社会发展的一般规律,同样也能够用来规定中国园林发展的历史区间。所以,“古典园林”就是指在清代或清代以前古代社会遗留下的皇家园林、官宦大户私家园林以及寺园、陵园等。但是,由于年代较为久远、朝代在不断变迁,较早期的园林实例有些已经消失,有些则是荒废了,而大量保存下来的只有明清时期的园林。所以,中国古典园林的重点,则是明清之际的园林。

2. 特性

第一,追求自然——同西方的几何规则式的园林相比较来讲,中国的古典园林是以自然山水见长的。在“天人合一”的理论指导之下,在尊重自然、崇尚自然的前提下改造了自然,创造了和谐的园林景观。园林景观源于自然、高于自然,将自然美与人工美巧妙地结合起来,达到了“虽由人作,宛自天开”的境界。

第二,追求意境——文人、画家、造园家以及艺匠将对自然山水的渴望和追求,带到园林的创作当中去,达到了一种意与境、情与景、神与物互渗互融所构成的文化整体,同时也向世人展示出了完整生动的艺术画面。

第三,追求含蓄——在“师法自然”的基础之上,千变万化的自然之美被加以集中、概括到园林当中。但是其并不是简单的临摹或缩小,而是在有限的园林当中含蓄地表现出整个大自然的深广的内涵。

（二）中国现代园林文化

1. 内涵

根据社会发展规律定制的中国园林历史区间来看,1840年鸦片战争开始到1949年中华人民共和国成立，是中国近代园林史。从 1949 年 10 月 1 日中华人民共和国成立开始到今天，是中国现代园林史。在今天，数千的城市公园花园散布在各大中小城市县镇，还有很多的风景名胜区的公园、森林公园以及动物园、植物园，再加上近些年兴建的新型游乐园、主题公园等，都是"现代园林"的组成部分。

2. 特性

随着时代的发展以及社会生活的不断变化，中国现代园林的内容和形式较中国古典园林发生了非常大的变化，以应时而变的新面貌去面对游人。现在的园称为"公园"，重点突出一个"公"字，这不单单是从封建主义到社会主义的转变，更是民族的文化理念以及工匠的设计理念等一系列的社会性变化。现代园林，所要满足的是社会众人，不同的阶层、不同的层次的人们的品位和需求。所以，注重更多的是园林的人民大众性、时代艺术性和社会功能性的有机统一。

中国现代园林在继承与发扬了中国古典园林追求自然、意境以及含蓄的创作手法基础之上加以创新，以赋予自身更新的时代特点，其中最突出的就是建立了以环境保护和生态平衡为首要的任务，放弃了古典园林中以视觉欣赏为主要的目的。正是由于这个首要的任务，植物造景的应用，开阔明朗的空间，宽阔的草坪、水面以及活泼可爱的小动物，构成了现代园林的主要设计内容。同时，公园中除了一些必要的休息座椅和小桥之外，人工构造物减为最少，这样最大限度地降低了人为因素对自然环境的干扰和破坏 L

二、老庄哲学对中国古典园林的影响

在我国的古典园林当中具有非常深厚的哲学底蕴，尤其是老庄哲学，可以说，老庄哲学为中国古典园林抹上了非常浓重的底色。比如，庄子与惠子在濠梁之上的一段对话为古典园林提供了诸如"濠濮间""知鱼亭""鱼乐桥"等意境深幽的景点。

老庄哲学里面最根本的思想就是出世（无为、不争）、道法自然。在《老子》和《庄子》当中，像"上善若水，水善利万物而不争，处众人之所恶""守柔日强""无为而无不为""天下莫柔弱于水，而攻坚强者莫之能胜""以其不争，故天下莫能与之争"这样的句子比比皆是。而在古典园林中，处处可见这些思想的闪光。

三、儒家学说对中国古典园林的影响

孔子所创立的儒家学说自西汉以来一直占据着中国哲学史上正统的地位。儒家思想主要讲究的是"修身、齐家、治国、平天下"，是关于内省修身、建立秩序、保持中庸、仁爱和谐的理论，是一种积极入世的人生态度，其主张以礼制来维系社会。"礼"主要指的是社会的等级制度、法律规定以及伦理道德规范。

孔子所推崇的周礼对于"名位不同,礼亦异数"十分讲究,绝对不可僭越。周朝的时候,周天子之城与诸侯城的规模各不相同,根据《考工记》的记载:"天子城方九里,公盖七里,侯伯盖五里"。甚至对于园林的雏形——囿,也有明确规定的等级——"天子之囿百里,诸侯之囿四十里"。

园林建筑的形制、体量,也都有礼法规定。《明史》中记载,"一品二品厅堂五间九架","三品至五品厅堂五间七架","庶民庐舍不过三间五架"。

在园林的装饰上,周《礼记》当中有明确的要求,如"楹:天子丹,诸侯黝,大夫苍,士黈",到明清时期建筑装饰用色根据等级来定,明黄最为显贵,为皇室所独有,红、绿等色为王公贵胄所用,而黑、灰、白则为民居的专用色。

自汉武帝"罢黜百家,独尊儒术"以后,政治上的大一统、君权神授的思想适应封建专制统治需要,这也反映到皇家园林的建造上。四周高高的围墙、内外有别、雄伟壮观的建筑组群体现出皇帝君临天下、至尊无上的地位。宫殿区的中轴对称均衡的设计、休憩区的中海的设计,色彩上对黄色(黄色代表五行中的土、方位为中)的使用也是为体现"尊者居中""皇权至上"的森严的礼制观念,都是在强调皇帝的中心地位。比如明清北京紫禁城的城市中轴线、颐和园仁寿殿建筑群中轴线等。

由此可见,根据儒家学说而制定的各个朝代的礼仪制度对古典园林的规模、格局、建筑体量、装饰色彩都有严格的等级规范,这直接限定了皇家园林、私家园林在造园上的根本差异与条件,对中国古典园林的产生、发展、分化都产生了深远的影响。

儒家文化强调内省修身、自我道德完善,中国古典园林也能够很好地体现出这一点。不管是极小的芥子园、半亩园还是几十亩、上百亩的私家或寺庙园林甚至数千亩的皇家园林,都是独立于外界的,都有非常严密的围墙。围墙并不仅仅是出自防范保护的目的,更多的是体现了儒家文化当中自成一体、内省完善、中轴对称、等级分明、中庸平和的思想及审美意识。

文人园林虽然具有超然物外的出世思想,也同样体现了儒家哲学思想。由于仕途险恶,辞官归隐几乎是文人们一贯的模式,但是历史上真正的隐者恐怕是极少的。对于大多数文人来说,从幼小开蒙之时就在"学而优则仕""十年寒窗苦,一载成名天下知""光宗耀祖"等思想的熏陶之下。由于儒家入世思想的深刻浸润,即使被贬退隐也总是希望有一天能重新得到朝廷的赏识以实现其政治理想,避世隐居是无奈的或者是表面的。中国古代的很多文人园林是在这种情况下建造的为了抒发这种感情,文人们都喜欢寄情于物,或隐晦或直白地表露出自己的心迹。隐晦者利用不同植物特有的文化寓意寄托园主思想情怀,兰菊竹梅的广泛种植就说明了这一点;直白者在题名或楹联上已经表现出来,如退思园之"进思尽忠,退思补过"就是一例。

屈原是一位典型的君子、文人,在其《渔父》辞当中写到渔父劝他:"沧浪之水清兮,可以濯我缨;沧浪之水浊兮,可以濯我足。"这反映了他本人当时的内心挣扎与斗争。他在抉择是如渔父一样与世推移、超然物外地出世，还是深思高举、清浊明白地入世，最终他选择了"宁赴湘流，葬于江鱼之腹中。安能以皓皓之白，而蒙世俗之尘埃乎！"以死明志。虽然在他所处的时代儒家思想或许没有广泛传播，但屈原实际上就是一位以天下为己任的儒者。

中国历史上的儒家思想的传承者——文人士大夫们多是以治国、平天下为终生抱负的，他们饱读诗书，但是束缚于儒家思想，不会变通，往往因此为奸佞机巧之徒所陷害，重则丢掉性命、抄家灭族，轻则贬谪退隐、终老江湖。两千多年的封建史，人格上的不独立，使这些文人士大夫们经常有郁郁不得志的无可奈何之感。纵观古今，大智者不是若愚，大智者经常不会趋利避害，不懂保全自己，在平庸的人看来是真愚，在小人看来则是愚笨到能够玩于股掌之间，所以才有那么多小人进谗言、使诡计陷害忠良的事。前车之鉴，后事之师，元代以后，文人士大夫们大都学会了"达则兼济天下，穷则独善其身"，明哲保身，但求无过。在封建的高压制度下，文人园林也成为文人们自诩清高、自我标榜、自己疗伤、自我完善的乐土。

四、佛教思想对中国古典园林的影响

佛教起源于印度，传入中国之后吸收了儒、道两家文化思想而演变为中国佛教的禅宗文化。禅宗追求一种完全平静安详的精神境界，认为"色即是空，空即是色"。在禅宗看来世上的一切事物都是无常与虚幻的，正如唐朝诗人常建在《题破山寺后禅院》中所表述的："清晨入古寺，初日照高林。曲径通幽处，禅房花木深。山光悦鸟性，潭影空人心。万籁此皆寂，惟闻钟磬音。"在这种意境中，一切都变得那么单纯和简单，自自然然，没有私心杂念，静寂安宁。这是一种佛国的静美。

五、文学对中国古典园林的影响

（一）诗文是中国古典园林的第五要素

文学对中国古典园林的影响首先体现在诗文上面，其是古典园林当之无愧的第五要素。如果说建筑、植物、山石、水体这些要素是组成园林的硬件，那么，诗文就是中国古典园林不可或缺的软件。所以，其应列为园林要素之一，成为第五要素。可以说，诗文直接参与了园林景象的构成。中国园林内的匾额、碑刻以及对联，是诗文的物质载体，与四要素一样，是组成园景的重要材料，甚至是园景的灵魂所在。中国古典园林实际上很多都是"标题园"，匾额、碑刻以及对联等就是园林各处景点的标题，如"烟雨楼""沧浪亭"等见其名即可想其景，悟其意。所以，这些诗文的物质载体并不是一种可有可无的装饰，而是园林的主题及情趣的表达，同时还起着营造意境、烘托气氛的作用。正因为如此，中国古典园林中才会无景不名、无景不题，才会有随处可见的匾额、楹联、碑刻。

（二）私家园林的文化格调

中国古典园林里面的私家园林，一般多为"文人园"，其文化格调更为高雅。私家园林中原本景致精妙，再加上诗词歌赋的题咏题名启发，使人意兴盎然、情思绵绵，而感受到"象外之象""景外之景"的优美而又迷离的境界。比如，苏州拙政园远香堂北面的土山上植有梅树，附近一亭题名为"雪香云蔚"，使人领会到"忽然一夜清香发，散作乾坤万里春"或者"遥知不是雪，为有暗香来"的超然意境；而亭上匾额"山花野鸟之间"（传为元代山水四家之一倪瓒字迹）及对联"蝉噪林愈静；鸟鸣山更幽"，更阐发了山林清幽淡远的野趣。这些使园林景象和思想内容得到了高度的融合，产生了深远的意境。

第三节　传统文化元素应用于现代景观设计

一、文化传承与转变

（一）文化进化

文化进化，即认为文化的发展过程是持续、分阶段的，每一个阶都是前一阶段的产物，而且在下一阶段能够发挥重要作用；具备积累性与进步性是文化发展的重要特性，是一个由低级向高级、由简单到复杂的循序渐进过程。在文化进化理论当中又存在着单线进化和多线进化两种，前者将人类文化看作是一个整体，后者则认为人类文化具有若干平行的个体。文化进化强调的是文化传承演变的时间形式，是文化发展的普遍规律和原则，人在这一过程之中起到主导作用。不管是深奥的哲学系统，还是社会政治制度抑或精美的艺术品，都是由早期简陋的阶段逐步发展进化而来的。

吴家骅在《景观形态学》中提到："中国传统的景观设计是一个封闭的美学系统，有着独立的自我形成并缓慢变化的理论方法。很明显，中国独特的自然地理环境、长期处于不受外来干涉的孤立状态的生活方式和思维方式都是其中央集权和传统习俗得以延续的原因。中国人的思维方式为一种主流的哲学思想所控制，而人的个性则变得很次要。虽然近些年来中国发生了巨大的改变，但人们仍然可以受到那些强大的无形力量的影响。"在现代景观中，园林的形式语言，如廊桥、亭子、山石等经常会被模仿和重复，说明了人们对古老文明与传统文化的一种保持。但是存在的问题是：过去人们是用精深的设计思想去设计面积较小的空间，现在，人们是用一些自以为良好的方法设计大面积的空间，甚至效仿他人的错误，成了东施效颦，适得其反。中国文化历史背景导致其具有双重性，是形成这种现象的重要因素之一，影响因子也是复杂多样的。从长远角度来看，解决问题的关键在于我们应该怎样打开思想，合理地开放系统，延续传统文脉的同时开拓创新，设计出具有中国艺术精神的作品。

（二）文化涵化

文化涵化，即当外来文化进入某一领域或地区，必然会造成此地区原有文化的阻力产生，当两种文化激烈碰撞以后，对两边的结构都难以保持原来的状态，原有的文化与外来的文化相互之间产生具有模糊边界的地带，并交叉渗透，最后由全社会有意识及无意识地调整，综合、融合出一个非此非彼、即此即彼的新文化。由上述能够了解到，必须经历文化传播、文化冲突、文化融合以及文化重构四个重要阶段才能够完成整个的"涵化"过程。

二、传统文化在城市景观设计当中的应用

（一）城市景观设计中文化表达层面所面临的问题

1. 传统文化的漠视

世界建筑师大会上，吴良镛教授在《北京宪章》里面提道："我们的时代是个'大发展'和'大破坏'的时代。我们不但抛弃了祖先们彰显和谐人地关系的遗产——充满诗意的文化景观，也没有吸取西方国家城市发展的教训，用科学的理论和方法来梳理人与土地的关系。大地的自然系统有生命的'女神'——在城市化过程中遭到彻底或不彻底的摧残。"这段话准确地反映了现代中国城市景观设计的困惑。

由于缺乏对传统文化深层次的了解与挖掘，现代城市景观设计正面临着传统的中断，即对传统文化的彻底漠视，致使传统文化的流失，国外的各种景观设计思想纷至沓来，使得很多中国设计师耳目一新，与此同时，由于设计师文化自觉和自信意识日渐淡薄，没有办法找到一个可以使传统景观空间得以延续而又适应现代生活方式的合适途径。所以，传统景观文化与地域价值受到重创，中国的景观设计师开始漠视甚至忽略自己悠久的城市景观艺术，背离传统的景观设计思想，抛弃了传统文化所赋予城市的独特的人文环境与景观空间，而过度地追求其形式上的多变以及功能上的多新，使传统面临着断层的局面。设计师们漠视传统文化，过多追求功能形式，使得很多现代城市景观失去了地方风格，传统的、富有特色的城市自然景观受到破坏，景观文脉在逐渐消失。自然环境优美、传统底蕴深厚的绿地景观成为现代城市快速发展和过度开发的牺牲品，从而也失去了城市自然景观的独特魅力。

2. 传统符号的简单堆砌

对于现代城市景观设计，其园林景观设计手法也出现了比较严重的问题。有些景观设计师对于传统园林技法、规范及景观深意缺乏了解，简单地采取仿古形式或照抄，导致有些建筑在形式、内涵上，偏离主题。建筑要素上比例失调，有的在结构上粗制滥

造、明显缺乏古建筑的精致细腻，东拼西凑、简单堆砌传统的景观符号，使景观显得生硬，无法与现代生活环境相协调。让我们中华民族精彩的古典园林艺术和古建技法被随意使用，不但达不到效果，反而还抹上了一层黑。一个民族渴求代表自己文化传统和形象的东西是很自然的，但如果仅仅将这种东西理解为某些过去时代或特定地域的建筑符号、形式或风格，那显然是非常肤浅的。虽然古老的形式和特有的景观符号可用来表达对传统文化和地域特色的重视及传承，但是我们所要研究的真正的景观文化内涵并不是一种符号的堆砌，符号只是外在的表现形式，是顺应时代的发展而不断变化的一种要素。怎样运用符号，怎样用现代的设计手法，让符号得以转换，成为一面映照传统文化元素、折射现代设计手法、理念的明镜，值得深思。符号并非一成不变的，并不是随意堆砌的，一成不变的应该是深植于传统历史背景与地域文脉之中的景观意识和传统文化思想。

（二）城市景观设计中传统园林文化的应用

1. 顺应空间层次设计园林加强其功能性

在园林的设计过程中，其功能性的实现能够通过不同的层次来进行，避免单纯为了促销或是为了满足客户的要珍贵的树木而导致园林功能性下降。不管是住宅的楼顶还是楼与楼之间的绿化，或者小区内的道路的绿化、小区中的小花园、中心花园以及各种主题花园的绿化，都应该相互联系，在保持各有特色的同时也应该形成有机的主题。比如，在城市景观的设计当中，除了大型的城市住宅小区，一般的小区应该按照小区的实际功能与作用，多建立一些小的花园，使居民能够就近亲近绿色，接触到绿色的大自然，并且享受到由这种绿化所带来的好处。有些园林在小区造好几年之后，原有的树木死掉、花儿不再生长，只剩下茂盛的野草，这都是园林设计的一种严重损失。同时，园林的功能性作用如果不能够很好地发挥出来，园林也很难成为人们精神生活的一抹明艳的绿色，也不能成为改善小区环境的重要欣赏性和实用性的双功能的载体。

2. 加强景观园林设计中的自然和意境

在很多的促销楼盘的彩页以及宣传页上，我们都可以看到那些高高低低的树林、绽放着小花的鲜嫩小草，还有各种或者欧式或者中式的亭子与喷泉。这些毫无疑问都属于景观设计。但是，如果在住宅区的整体景观设计当中定位不准，或者处理不当，就很容易使景观只能为景观，不能成为住宅区的建筑以及人的组成部分，而不能实现中国园林文化的那种"天人合一"的追求，更无法实现那种对于"意境"的想象和追求。中国园林的审美意识居世界之首，景观创造注重顺应自然之美，讲究景观的整体轴线纵深贯通，左右均衡展开，使山水景观呈众星拱月之势簇拥着以人为中心的住宅，给人以圆满、安定、祥和的精神感染力。度高平远近之差，开自然峰峦之势，达到自然景观人文化、人文景观自然化。环境不仅应幽雅舒适，而且应与周边环境相协调。在规划中，所有的环境景观与绿化设施均是为居住者使用服务的，所以，应该将环境切实利用起来。

三、地域文化在景观设计中的应用

（一）地域文化和景观设计之间的关系

1. 地域文化是景观艺术设计的创作灵感源泉

一般情况下，地域文化在景观艺术设计中体现出来的风格普遍表现为历史文脉、风土人情、地方文化以及民俗风俗等。如今社会发展迅速，对于城市景观设计不再是以美化人们居住环境为主要目的，而是充分地将艺术、技艺、人文科学以及自然科学等多个方面有效地融为一体，进而促使环境景观的创作形成一种地域性的思想道德意识以及生活审美情趣等。景观设计师在进行创作的同时必须要对相应的地域文化进行深入的研究和了解，并在这个研究基础之上把所研究的知识进行充分的消化与理解，并将其充分应用到自身的设计与创造作品当中，从而真正地体现出地域文化的精髓所在。

2. 景观艺术设计通过研究地域文化来获得创造灵感

必须对地域文化的起源与发展过程具有非常深刻的理解，理解其文化和自然之间的互动关系，这样才能够真正地在景观设计的实践过程当中真正的发扬地域性文化。通常景观设计都为地域文化的发展提供了相应的发展载体，同时也应该在进行设计和创造的实践过程中对地域文化进行继承与发扬。所以，设计师们就具有非常广阔的发展和创造空间，同时也直接肩负着对地域文化进行发展与传播的历史使命。从景观艺术设计的角度来看，地域文化不再只是针对场景与物体的本身，其具有的本质直接指向了景物所具有的内涵，所以就需要把地域文化和时代性进行有效结合。

（二）地域文化在景观设计中的特点

景观设计师要想设计出一个符合人们需求的景观作品，在把地域文化融入景观设计的时候应该使其符合民众化特点、综合性特点以及开放性特点。

1. 民众化特点

景观设计在一定程度上能够对生活在这一地域的人们产生心理影响与行为影响，而这种影响会促使人们获得人文关怀，让人们坚持追求自己的信念，进而形成文化传承环境。人们长期生活在这样的文化传播环境当中，能够获得非常强烈的归属感，并形成独特的审美意向。所以，景观设计师在进行景观设计的时候，应该使景观设计充分符合民众的心理需求，让大众审美的公共性呈现在景观设计当中，进而确保景观设计能够被人们接受。

2. 综合性特点

景观设计本身就具有复杂性，设计师在进行景观设计的过程中，通常是把多层次的元素采用组合的方式进行有机融合，而不会采取独立的形式进行设计。当设计师将地域文化应用到景观设计中的时候，通常一般会采取多种表达方式，比如：不同形状的景观设计、不同功能的景观设计以及不同空间布局的景观设计等。

3. 开放性特点

景观设计作为建筑物的外部视觉空间，设计师在进行景观设计的时候，都会选择在其周围设置开放性的公园或广场等基础性设施，其目的是为了让景观设计具备开放性的特点。这种设计不仅能够很好地为人们提供娱乐服务，还可以为人们提供交流沟通的场所。

（三）地域文化的表达方式

1. 水资源与土地资源的有效利用

土地是人类从事农业耕种与生产的有效资源，土地利用也是认识自然和利用自然资源的一种非常有效的方式。水资源是景观设计中非常重要的构成成分，其影响着地域文化的发展。所以，水资源与土地资源的有效利用，可以反映出不同地域的自然环境特征，也是地区文化的主要体现。

2. 雕塑及建筑的体现

雕塑是通过艺术的形式记录下地域的历史文化，浓缩了地域文化的特征，反映了地域的精神气质，也代表了某个地域的文化品位和传统。比如，历史上最著名的大卫人体雕塑，所体现的是文艺复兴时期的人文主义思想，它对人体的高度赞扬，从表面层次来看是复兴了古希腊的艺术，而实际上是反映了人们已经摆脱了当时的黑暗社会，表明当时人们已经逐渐认识到人类的伟大力量。

建筑是地域文化的凝聚，能够鲜明地体现出地域差异。比如北京的四合院，象征着我国传统而古老的文化。院里的各个房间看似独立又互相关联，每个房间的门都是朝向院子中间所开。院子北边的房间高大且宽敞，夏凉冬暖，非常适合长辈居住，而且长辈一旦有什么不适，哪怕刮风、下雨、下雪，儿孙们也能够通过走廊到北房去伺候服侍。这样的房屋布局，充分地展现出我国家庭观念的传统思想以及东方的伦理观念与道德观念。

3. 本土植物的利用

国内很多地区都是以植物为别名或者直接命名的，例如，陕西省榆林市、广州市花都区、被称为牡丹之都的洛阳市等，这些都充分说明相关植物在地区的发展过程中具有特殊的标识意义，植物景观也代表着地区的景观。还有一些地区通过植物来反映出地域的精神文化、审美意识以及价值观念等特征，例如，海南省遍地的椰子树，反映了海南岛独有的海岛风情；南京的梅花是傲雪精神的象征等。在景观设计中对本土植物的有效利用，可以使当地的文化特色得到强烈的反映。

（四）景观设计中地域文化的应用

1. 充分关注自然环境

景观的有效设计主要就是针对自然环境和人文环境进行合理有效地运用，而为了更好地提高其生态性效果，还应该注重加强对于自然环境的关注，这样也可以最大程度上提高园林景观的应用效果。

2. 充分关注历史文化

基于园林景观设计工作来说，要想促使其可以较好地体现出地域文化的相关影响与特点，还需要注意从历史文化角度进行思考，因为任何一个地域内的文化都是在历史的长期积累之下形成的，如果要想在园林景观当中体现出这种地域文化特点，就应该充分考虑这些历史文化因素，将园林景观之中的相关组成部分构建成历史文化的一个缩影，如此也可以较好地体现出历史文化的作用，呈现出一定的文化底蕴。

3. 充分关注当地特色

园林景观设计工作中对地域文化的有效利用还应当从当地特色角度进行恰当思考。这种地域文化特色主要就是指经过当地居民的长期生活积累而形成的一些风俗与习惯，这些风俗和习惯如果可以在园林景观设计当中得到较好体现，也就势必能够更好地获得当地居民的认同，进而也就能够最大程度上提升其应用效果，在此基础之上，更受当地居民的欢迎。

4. 以人为本原则

地域文化在园林景观设计中的高效运用还需要关注以人为本的基本原则，这是园林景观设计工作的一个核心要点和目标任务所在。园林景观设计的最终目的就是为人服务，更为具体地来讲是为当地居民服务，而地域文化在一定程度上也可以说是为当地居民服务的，所以两者并不存在明显的冲突，具备着较好的一致性。所以，在将地域文化运用于园林景观的过程中，也就应该充分关注于以人为本的基本原则，充分考虑当地居民的正常需求和各方面建议，在此基础上优化园林景观的设计内容和呈现方式，促使其能够更好地在后续的应用中表现出较强的积极作用和应用效果。

参考文献

[1] 邵靖著 . 城市滨水景观的艺术至境 [M]. 苏州：苏州大学出版社 .2017.

[2] 彭彤，支宇重构景观中国当代生态艺术思潮研究 [m]. 上海：上海社会科学院出版社 2018.

[3] 王佩环著 . 景观概念设计中的审美重构 [M]. 武汉：武汉大学出版社 .2016.

[4] 曾凡英主编 . 中国盐文化第 9 辑 [M]. 北京：中国经济出版社 2017.

[5] 张孟常著 . 艺术设计名家特色精品课程设计概论新编升级版 [M]. 上海：上海人民美术出版社 .2017.

[6] 焦成根著 . 设计艺术鉴赏第 3 版 [M]. 长沙：湖南大学出版社 .2018.

[7] 杨学成主编 . 中国景观设计年鉴 2017 下 [M]. 辽宁科学技术出版社 .2018.

[8] 彭彤，支宇 . 重构景观中国当代生态艺术思潮研究 [M]. 上海：上海社会科学院出版社 2018.

[9] 孙君，王磊著中国乡村民居设计图集陶岔村 [M] 北京：中国轻工业出版社 .2018.

[10] 白颖，胡晓宇，袁新生主编；曲旭东，彭金奇副主编 . 环境绿化设计 [M]. 武汉：华中科技大学出版社 2018.

[11] 王党荣著 . 传统文化回归美丽乡村环境规划设计 [M]. 石家庄：河北美术出版社 .2018.

[12] 曹盼宫著 . 中外园林艺术研究 [M]. 吉林出版集团 .2018.

[13] 王廷信主编 . 艺术学界第 19 辑 [M]. 南京：江苏美术出版社 .2018.

[14] 吴忠主编 . 景观设计 [M] 武汉：武汉大学出版社 2017.

[15] 吴阳，刘慧超，丁妍主编 . 景观设计原理 [M]. 石家庄：河北美术出版社 .2017.

[16] 蔡文明，刘雪著 . 现代景观设计教程 [M]. 成都：西南交通大学出版社 2017.

[17] 何昕著 . 景观规划设计中的艺术手法 [M]. 北京：北京理工大学出版社 .2017.

[18] 顾小玲编著 . 景观植物设计 [M]. 上海：上海人民美术出版社 .2017.

[19] 刘滨谊 . 现代景观规划设计第 4 版 [M] 南京：东南大学出版社 2017.

[20] 邵靖著 . 城市滨水景观的艺术至境 [M]. 苏州：苏州大学出版社 2017.

[21] 曾凡英主编中国盐文化第 9 辑 [M]. 北京：中国经济出版社 .2017.

[22] 张孟常著 . 艺术设计名家特色精品课程设计概论新编升级版 [M]. 上海：上海人民美术出版社 2017.